本書で扱われる発達モデル(スパイラル・ダイナミクス)のイメージと概要

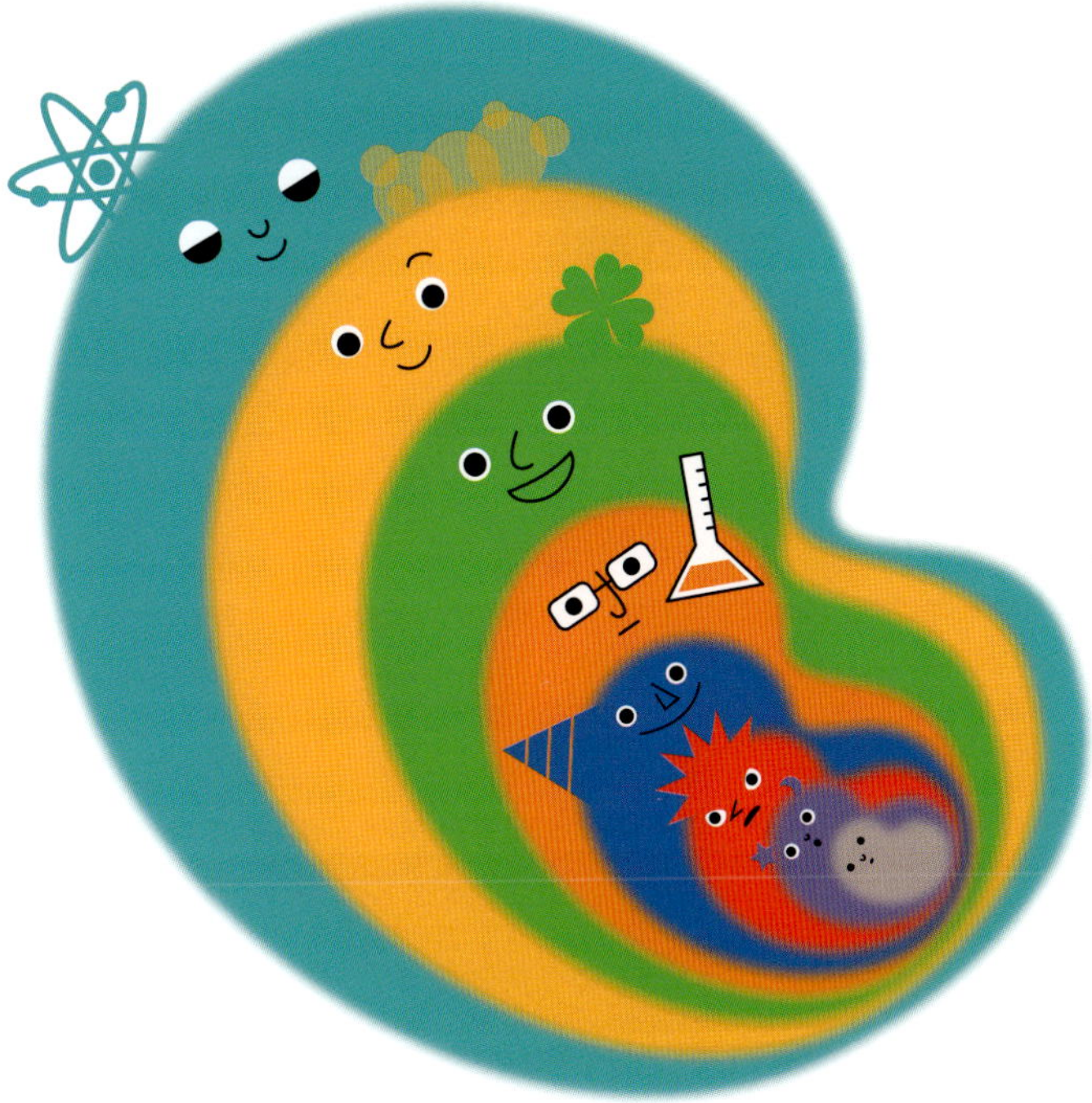

	色	世界観	名称	特徴	人口	勢力
第二層	ターコイズ	8 全体的	全体の眺め	シナジーを起こす、巨視的な視野からマネジメントする	0.1%	1%
	イエロー〔ティール〕	7 統合的	しなやかな流れ	複数のシステムを統合し、調整する	1%	5%
第一層	グリーン	6 多元的	人間らしい絆	内なる自己を探求する、他者を平等に扱う	10%	15%
	オレンジ	5 合理的	努力への意欲	分析し、戦略を立て、繁栄する	30%	50%
	ブルー〔アンバー〕	4 神話的	真理の力	目的を見つけ出す、秩序を生み出す、未来を確実なものにする	40%	30%
	レッド	3 呪術-神話的	力のある神々	衝動を表現する、自由になる、強い存在になる	20%	5%
	パープル〔マジェンタ〕	2 呪術的	血族の精神	神秘に包まれた世界の中で調和と安全を求める	10%	1%
	ベージュ〔インフラレッド〕	1 古代的	生存の感覚	本能と生まれもった感覚を研ぎ澄ます	0.1%	0%

※本書の記述をもとに作成。

インテグラル理論

A THEORY OF EVERYTHING

An Integral Vision for Business, Politics, Science, and Spirituality

多様で複雑な世界を読み解く
新次元の成長モデル

Ken Wilber
ケン・ウィルバー 著
Yohei Kato　Shou Kadobayashi
加藤洋平 監訳　門林 奨 訳

日本能率協会マネジメントセンター

A THEORY OF EVERYTHING
by Ken Wilber

Japanese translation published by arrangement with
Shambhala Publications,Inc.
through The English Agency (Japan) Ltd.

はじめに

少し先の未来から振り返ったとき、２０１９年は私たちにとって、大変重要な年となることでしょう。「平成」という時代が幕を閉じ、新たに「令和」という時代が始まりました。来るべき変化の波を感じている方も少なくはないかと思います。

いかなる時代にも光と闇があるように、平成という時代にも、光と闇がありました。さまざまな問題があったことは確かですが、平成の後半には、社会全体として「光」とも言える出来事が生まれ始めたのもまた事実です。例えば、ダイバーシティという言葉で象徴されるように、個性尊重の潮流が芽生え、多様性を受け入れようとする機運が高まりました。また、女性活躍推進の動きもより本格化しました。

特にビジネスに関して言えば、過度に押し進めてしまうと「業績のためなら個人を犠牲にするのも厭わない」という状況にもなりかねない合理性一辺倒・業績中心の企業経営から、組織で働く「人」を大切にする機運が高まり、人間的側面に着目した組織開発を目指す潮流へのシフトが進みつつありますし、新たな組織形態も生まれつつあります。また、ＳＤＧｓの取り組みなど、ビジネスという枠組みにおいて持続可能性が語られるようになったこともまた、光と呼べる変化に値するかもしれません。

このように、社会全体を概観すると、少しずつではありますが、より良き姿の実現に向けて、確実な歩みを進め始めているように思えます。

しかしながら、令和という新しい時代を迎えた私たちが置かれた状況は、単純に楽観視できるものではないことも確かです。

端的に言えば、平成という時代のひとつの価値は、前時代から引き継いだ画一的な価値観や枠組みが限界を迎え、そこからの脱却を図ろうとしてきたことにあると言えるでしょう。こうした背景の中で、私たちが直面し、そして未だ解決できていない課題のひとつとして、多様な価値観を受け入れたその先のあり方、すなわち**現代社会が抱える多様性・複雑性をより高い次元でまとめ上げ、ひとつの「統合的なあり方を実現する**ことが挙げられます。

そして、こうした統合的な時代の幕開けを迎えた私たちを支えてくれるのが、本書でその基本を紹介する**「インテグラル理論」**です。

本書の著者であるアメリカの思想家ケン・ウィルバーが提唱した「インテグラル理論」は、**多様化、複雑化した世界を読み解き、人・組織・社会というあらゆるセクターで存在している課題に向き合うにあたり、大きなヒントを与えてくれる**ものです。

現実的に、私たちが生きている社会は、複雑化の一途をたどっています。昨今目覚しい発展を遂げているＡＩやブロックチェーン技術の台頭は、新たな恩恵をもたらす一方で、新たな課題を生み出しているのもまた事実です。こうした現実に直面した私たちに対して、「インテグラル理論」が与えてくれる示唆のひとつは、**「個人の内面、そして社会・文化の発達度合い」**という視点です。

私たち一人ひとりの個人、そして社会は、科学技術の発展に足並みを揃える形で、発達の歩みを適切に進めていると言えるでしょうか？　仮にその問いに「Ｙｅｓ」と答えられないのであれば、この社会はどこか歪《いびつ》な発達を遂げていると言えそうです。現代に暮らす一人ひとりの心身の健全さ、組織の健全さ、そして国としての文化的・制度的な健全さに対する一抹の不安が社会を覆っている――そうした感覚を抱いているという方も少なくはないかもしれません。

どこか健全さを欠いた混迷の時代の中、何を拠り所にして生きていけばよいのでしょうか？　ＶＵＣＡとも呼ばれる世界において、増加し続ける複雑性に押しつぶされないようにするためにはどうしたらよいのでしょうか？　また、さまざまな領域――ビジネス、政治、医療、教育など――が分断される中で、領域横断的な対話を実現させ、現代社会が抱える課題を乗り越えていくには、どうすればいいでしょうか？

「インテグラル理論」が示すフレームワークおよび成長モデルは、こうした問いに対しても、優れた洞察と実践の道筋を与えてくれることでしょう。

これは、私自身、はじめてウィルバーの理論に出会ったときに感じたことでもあります。

本書の中心テーマとなる「発達」に関して言えば、昨今、日本では、ハーバード大学教育大学院教授ロバート・キーガンの**成人発達理論**や、**『ティール組織』**（英治出版）で示された次世代型組織が世に知られるようになっています。インテグラル理論の枠組みは、組織の進化形態を説いた『ティール組織』の重要な理論モデルのひとつであり、本書の著者ケン・ウィルバーも『ティール組織』に解説文を寄せています。また、キーガンとウィルバーは親交が深く、キーガンはウィルバーを、**「東洋と西洋の叡智を統合する試みにおいて、彼ほどの知性と情熱をもって取り組んでいる人物は他にいない」**と表しています。まさに**本書は、人・組織・社会の「発達」という現象を切り口として、ウィルバーが東洋と西洋の叡智を統合しようとした試みの産物**であると位置づけることができます。

なお、原著“A Theory of Everything: An Integral Vision for Business, Politics, Science and Spirituality”は、２０００年に出版されたものです。この出版年を見たときに、幾分古い書籍のように思われる方もいることでしょう。しかし、本書で紹介されている物の見方、特に人・社会の発達に対する観点は、決して古いものではありません。政治経済が益々複雑化し、混迷を極める現代こそ、本書で紹介されている観点を学ぶ必要があると考えています。

前述のように、我が国にも少しずつではありますが、『ティール組織』やロバート・キーガンの著作を含め、人・組織・社会の発達を取り扱った書籍が増えてきました。このことは非常に歓迎するべきことでありながらも、発達の本質に関する幅と深さに物足りなさを感じている人もいらっしゃるのではないでしょうか。本書の意義は、既存の書籍にはない包括的な観点で発達の本質を考察している点にあり、既存の書籍と合わせて読むことによって、より深い理解が獲得されるでしょう。

なお、本書では、「発達」について個人の内面の発達（意識の発達）に加えて、外面の発達（組織・社会の発達）も同様の重要性をもって取り上げられています。

少し気をつけなければならないのは、個人の内面の発達に関心をもつ方の中に、外面世界を無視してしまう方もいる点です。真の発達・変容を実現するためには、自分の内側だけを見ていては不十分であり、自己を取り巻く世界そのものを深く把握していく必要があります。本書でも指摘しているように、**深い自己理解を実現させていくためには、「内と外」の両方の視点が必要となる**のです。内のない家は存在しませんが、同時に、外のない家も存在しません。これは私たち自身にも当てはまり、外側のない自己（社会から切り離された自己）は存在しないのです。

また、そもそも自己を変容させていくことと組織・社会を変容させていくことは、両輪としてなされるべきものです。本書において主張されるように、内面世界と外面世界は絶えず相互に影響を与えあっています。この混迷の時代に生きる私たちに求められるのは、単に内面だけに目を向けるのではなく、また、テクノロジーや制度といった外面のみを考慮するのでもなく、私たちがどのような生存状況の中で日々を生きているのかを適切に把握することであり、**個人と社会のより健全な発達を実現させていくために、内と外の双方を冷静に見つめ、両者を共に変容させていく**ことです。

本書においてウィルバーは、政治、宗教、医療などのさまざまな領域を例に、内と外の双方を深く理解していくことの大切さ、および内と外の変容を同時に行っていくことの重要性を私たちに伝えようとしています。

少し私自身の話をすると、私は今から十年前に、ある書店で本書と運命的な出会いをしました。ウィルバーの思想に大変共感するものがあり、その後、当時勤めていた会社を退職し、ウィルバーが提唱したインテグラル理論、そして成人発達理論を体系的に学ぶことができる、米国のジョン・エフ・ケネディ大学に留学しました。

当時はまさに、インテグラル理論が、ビジネス、政治、医療、教育など、多様な領域で積極的に活用される気運が米国を中心に高まっていた時代です。留学中は、実際にインテグラル・コミュニティに身を置き、インテグラル理論がどのように現実世界の中で活用されているのかを目の当たりにしてきました。本書の巻末の「監訳者による解説」の中では、私が目撃したインテグラル理論の活用事例を紹介するとともに、今後、本書で得た視点を実践・活用する私たち一人ひとりに何が求められるのかをお伝えしていきます。

本書は数あるウィルバーの書籍の中でも、入門書に位置づけられます。ウィルバーの書籍は、一見すると難解に思われるかもしれませんが、一文一文を丁寧に追っていけば、実はそれほど難しい内容が語られているわけではないことに気づきます。また、本書には、インテグラル理論が現実世界においてどのように活用されているのかについての紹介もあり（第5章）、親しみやすい内容になっています。

それでは早速、私たち自身の変容を促し、現代社会の課題を乗り越えていくための優れた羅針盤を提供してくれるインテグラル理論を一緒に探求していきましょう。

本書の読み方と各章のガイド

本編に入る前に、簡単に本書の読み方と各章の内容を紹介します。

まず、本書は、自己と世界に関する包括的な地図を提供していますが、**すぐさま全てを理解する必要はありません。**現実においても、例えばある街を一度訪れただけで、その街の全てを把握することができるでしょうか？　おそらくそれは不可能だと思います。その街を真に理解するためには何度も訪れる必要があり、街に足を運ぶたびに、新たな気づきと発見が得られるというのは多くの人が経験していることでしょう。

本書も一読するだけではなく、繰り返し読むことを推奨します。私たちを真に深めてくれる良書というのは、繰り返し読むたびに、新たな気づきや発見をもたらしてくれます。

また、自分が変化しているかどうかを知りたい場合、同じ書籍を繰り返し読み、読書の前後の自分を比較してみることが有益です。例えば、初読の際に得られた気づきや発見を自分の言葉で書き出し、再読の際にも同様のことを実践し、両者を見比べてみれば、自分の変化に気づくことができるでしょう。

以下に、各章のポイントを簡単に紹介します。読み進める中で迷うことがあれば、その都度このガイドに戻ってきていただければと思います。

第1章「私たちはどこへ向かっているのか　～現代の発達心理学の視点より～」を通じて、著者がなぜ包括的な見取り図としてのインテグラル理論を提唱したのかという背景、また、『ティール組織』で採用されることになった意識の発達段階モデルについて、各段階のおおよその人口分布や特徴を知ることができます（口絵でも概要を示しています）。

背景を知ることは、インテグラル理論そのものへの理解を深めるきっかけになるでしょう。また、発達について馴染みのない方であっても、本章で紹介されるモデルを一読することで、**私たちの意識がどのようなプロセスで発達していくのか**の概要をつかむことができるでしょう。

第2章「発達とは何か　～自己愛とケア――発達の本質と現代社会の病～」では、米国が抱える「ベビーブーム世代の病」についての洞察が示されています。これは、何も米国、また特定の世代だけに当てはまるわけではなく、私たちすべてに当てはまる問題であると考えられます。そのため、自分たちが置かれた状況に引きつけて読み進めていくと、現代社会が抱えるさまざまな課題に対する理解がより増していくでしょう。

「そもそも発達とは何か」「発達段階が高いものと低いものを混同してしまう理由とその危険性」「段階分けをすることに対する批判」などのテーマも扱われており、人間発達の本質を深く考察していく上で重要なポイントがいくつも盛り込まれています。

第3章「インテグラル理論とは何か　～統合的ヴィジョンの概要～」では、本書の核とも言える、ウイルバーが提唱した「インテグラル理論」の全体像が提示されています。何度も読み返していただきたい章とも言えます。

書籍は何も最初から読まなければいけないというものではなく、行きつ戻りつを繰り返しながら重層的に読むことによって理解が深まるものです。ウィルバーのインテグラル理論とは何かについて真っ先に知りたい方は、この章から読み進めてもいいでしょう。その後、インテグラル理論が現実世界にどのように応用されているのかを知りたければ第5章に、またインテグラル理論を自分自身の変容に適用することに関心があれば第7章へと読み進めることをお勧めします。

第4章「宗教をどう考えるか　～「瞑想の科学」としてのスピリチュアリティ～」においては、「科学」と「宗教（スピリチュアリティ）」の関係を取り扱います。

宗教、と聞くと、まるで自分には関係のないことだと思われるかもしれませんが、決してそんなことはありません。まず、宗教について理解することは、昨今、より重要視されるようになってきた異文化理解を深めるために有益です。

近年ますます進展するグローバル化に伴い、異なる文化的背景をもっている人と接する機会、協働する機会が増しているのではないでしょうか。異文化理解を深めるためには、さまざまな宗教観を理解することが不可欠です。

また、ウィルバーは一貫して、私たち一人ひとりに備わる精神性／霊性《スピリチュアリティ》を尊重し、健全に育んでいくことの大切さを主張しています。近年、ＷＨＯ（世界保健機関）が提唱する健康の定義の中にも、心身の健康のみならず、「Spiritual Health（スピリチュアルな健康）」が含まれています。加えて、近年の発達研究においても、ＩＱ（認知的知能）やＥＱ（感情的知能）のみならず、ＳＱ（スピリチュアルな知能）が提唱され、その研究が進められています。そうした流れを背景に、精神性《スピリチュアリティ》／霊性とは一体どのようなものであり、現代社会においてどのように育んでいけばいいのかを、私たちは真剣に考えていく必要があるでしょう。まさに本章は、こうした現実に対する理解を深める助けとなるものです。

第5章「インテグラル理論を活用する　～現実世界への応用――ビジネス、政治、医療、教育など～」を通じて、第3章で紹介された「インテグラル理論」が、現実世界のどのような領域に対して、どのように活用されているのかを知ることができます。

本章で取り上げられている実践領域は幅広く、政治から医療、ビジネス、教育、エコロジーに至るまで、実に多様な領域への応用事例が紹介されています。もちろん、ご自身が関心をもつ領域だけを見ていくのも良いですが、意識の発達というのは、ある意味では関心領域の拡張でもあります。これまで関心をもってこなかった領域での応用事例を参照することで、インテグラル理論自体への理解を深め、そして応用に向けた視点を育むことにつながるでしょう。

第6章「多種多様な世界観を結び合わせる　～世界観のメタ分析～」では、ウィルバーが取り上げたいくつかの重要な書籍に対して、インテグラル理論の観点から考察が行われています。ウィルバーの考察をたどることによって、インテグラル理論の枠組みをどのように活用していけばいいのかのヒントを得ることができるでしょう。本章は一見、さまざまな書籍の紹介のように見えますが、真の目的は、知的な分析を通じて、私たちが知性《マインド》と心《ハート》を開き、目の前に広がる世界について慈悲をもって抱擁できるように導いていくことです。

本章の後半では、近年注目を浴びているマインドフルネス瞑想などの実践によって体験されうる「変性意識状態」や、スポーツや芸術などによって体験されうる「至高体験」といったものをどのように捉えるべきかの枠組みを提供しています。

最終章の**第7章「自分自身を変容させる　～統合的実践を始めるために～」**は、インテグラル理論を私たち自身の変容に役立てていくうえでのガイダンスという位置づけと言えます。本章を読めば、特に、個人の変容を実現させるために開発された「統合的変容のための実践」の概要をつかむことができます。統合的変容のための実践についてより深く知りたい方のための推薦図書にも言及しているため、本書を起点に実践をさらに深めていこうと考えておられる方にとっては重要な章となるでしょう。

最後に、本書の巻末の注は大変充実したものです。ウィルバーはかつて、「私の書籍では、本文よりも注の方が大事だ」と述べているくらいに、注には非常に重要な情報と洞察が含まれています。

ウィルバーの書籍はどれも、非常に幅広い領域を扱っており、それゆえに書籍の中にさまざまな用語や人名が登場します。それは本書においても同様であり、本文を読み進める中で馴染みのない用語や人名が出てきても、それらにとらわれることなく読み進めていただければと思います（一部は、訳注として解説しています)。

本文を読みながら関心をもった用語や人物が出てくるたびに注釈を読むという一般的な方法のほか、初読時は一切注釈を読まず、再読時に注釈を丁寧に追っていくという読み方もあります。

理想は、本文も注釈も繰り返し読むことです。そうすることで、理解がさらに深まります。それはすなわち、自己理解そして、インテグラル理論をこの現実世界に適用していく応用力の深まりをもたらしてくれるでしょう。

また、読書会などを通じて本書を他者と一緒に読むことによって、理解がさらに深まることが期待されます。私たち一人ひとりがもつ固有の経験・知見をもち寄りながら行う読書会には大きな価値があります。一人で理解を深めていくのもひとつの方法ではありますが、取り巻く人たちと一緒に学ぶことで、インテグラル理論の「協創的応用」が実現し、令和という新たな時代を皆でつくっていくことにつながればと願っています。

2019年5月　加藤洋平

目次

第2章

発達とは何か
～自己愛とケア――発達の本質と現代社会の病～

第3章

インテグラル理論とは何か
～統合的ヴィジョンの概要～

第4章 宗教をどう考えるか

～「瞑想の科学」としてのスピリチュアリティ～

第5章

インテグラル理論を活用する

～現実世界への応用――ビジネス、医療、政治、教育など～

205

第6章

多種多様な世界観を結び合わせる
～世界観のメタ分析～

【本文中の記載について】

- 本書は、2002年にトランスビュー社から発行された『万物の理論――ビジネス・政治・科学からスピリチュアリティまで――』（絶版）を復刊したものである。復刊にあたり、全面的に訳を改め、邦題を変更するとともに、監訳者によるはじめに、解説および訳者による注の追加を行った。
- 本文中の（　）内の表記は原著に沿ったものであるが、〔　〕内の表記は理解を補足するものとして訳者が加えたものである。
- 原著者による注は、本文中において[1]などの数字表記で示し、注の内容は巻末にまとめて収録している。加えて、日本語版に伴う追加の補足事項などを訳注としてまとめている。訳注は本文中において、[*訳注1]などの表記で示し、注の内容はページ下部に記載している（ただし短いものなどは、上記の通り〔　〕内にまとめている）。
- 本書の翻訳に際して、基本的には原著の記載事項に忠実であることを意図したが、状況に応じて改変・削除した部分が存在する。
- 各章のタイトルおよび一部の図版は、理解を補足するために修正を加えている。

序文

2000年代の幕開けにあたって、知の最前線を占めているもっとも刺激的な話題とは何だろうか？　学問の世界にも、『アトランティック・マンスリー』や『ニューヨーカー』のような知的雑誌にも、どちらにも関心を呼び起こしている内容とは、何だろうか？　一般市民の興味も、専門家の興味もともに惹きつけている内容とは、どんなものだろうか？　長らく隠されてきた人間の条件をとうとう明らかにすると謳《うた》っているのは、どんな話題だろうか？　「事情通」の人たちが、たとえ説明できなくともすぐに名前を出し、その焼けつくほどに刺激的な考えに顔を輝かせる話題とは、何だろうか？

それは「進化心理学」であると言う人たちもいる。これは、進化生物学のさまざまな原則を、人間の心や行動にも当てはめようという研究分野である。ご存知の通り、人間のオスは性的にだらしがなく、他方、メスは巣づくりに励むものだとされている。なぜなら、100万年にも及ぶ自然選択の結果、そうなったからだ。

確かに進化心理学は、非常に刺激的な話題になっているが、その理由の大部分は、進化心理学が、過去30年間にわたる後-近代主義《ポストモダニズム》の潮流をようやく追い払ったからなのだ。ポストモダニズムは、かつては最高にカッコいいものだったのだが、今では、退屈そうなあくびをしながら、軽く冷笑されるものになってしまった。**ポストモダンの思想は、もはや時代遅れのものになったのである**（皮肉なことではないだろうか?）。ポストモダニズムは、他のあらゆる人の考えを脱構築するというその能力をもとに、大量の追随者たちを生み出してきたのだが、結局、こうした解体作業人たちを、学問世界の一画を支配する王ないし女王にして、置き去りにしてしまったのだ。

進化心理学は、人々の足をすくっていた人々に対して、さらにその足をすくったのである。

その方法とは、進化の諸原則のほうが、ポストモダニズムの標準的な主張――全ての行動は文化に依存した相対的なものであり社会的に構築されたものである――よりも遥かにおもしろく、遥かに説得力があることを示すというものであった。進化心理学が明らかにしたのは、**人間の条件の中には、普遍的特性が確かに存在する**ということであり、そしてまた、筋道の通らない思考をしない限り、進化という見方は否定できないということであった。そして何より、ポストモダニズムはもはや全く楽しいものではないということである。

実際、進化心理学という分野は、進化そのものを、根本的に新しい観点から研究する分野なのだ。従来のネオダーウィニズム的な見方によれば、進化とは基本的に、ランダムな遺伝的変異によって生じるものであり、そうしたランダムな変異の中で、（生存という観点から見て）相対的に望ましい性質が、自然選択によって次の世代へと伝えられるのだとされた。だが、こうした見方に対しては、いつも多くの人々が、とても落ち着かない感覚を抱いてきた。生命の驚くべき活力と多様性の全てを、物理法則〔と自然選択〕だけに支配された宇宙が生み出すことなど、本当に可能だったのだろうか？　結局のところ、物理法則が予言しているのは、宇宙は徐々に動きを失い、やがて停止するということなのだから。熱力学第二法則〔エントロピー増大の法則〕によれば、この現実の世界において、無秩序さは常に増大していくのである。しかし、周りを見渡してみればすぐわかるように、あらゆるところで、生命は秩序を生み出している。宇宙を動かすぜんまいは、下ではなく、上を向いているように思われるのだ。

現に、カオス理論や複雑系の科学といった分野においては、新たな革命的発見がなされている。**物質的な宇宙にさえも、実は、秩序を生み出す傾向が内在している**のである——ちょうど、浴槽の排水溝に向かう無秩序な水の流れが、突然、自らを組織化させ、美しい渦を巻き始めるように。*訳注1 生物そのものが、ある種の渦巻きなのであり、至るところで、混沌《カオス》から秩序《オーダー》を生み出しているのだ。そしてこうした新しい構造、高度な秩序をもった構造が、あらゆるレベル——物理的レベルから文化的レベルまで——におけるさまざまな選択〔淘汰〕のプロセスを受けながら、次の世代へと伝えられていくのである。

特に人間の領域においては、こうしたプロセスは、まさしく進化心理学が扱っているような人間の行動の中に現れることになる。確かに、これは刺激的な話題だ。

とはいえ、進化心理学は刺激的な話題ではあるが、もっとも刺激的な話題ではない。１９８０年代前半に始まり、１９９０年代後半にかけて広まったことであるが、物理学の世界において、とうとう「万

＊訳注１：こうした現象は一般に「自己組織化」と呼ばれており、ノーベル化学賞を受賞したイリヤ・プリゴジンの散逸構造論などが有名である。

物の理論」が完成するかもしれないという噂が流れ始めたのである。すなわち、既に知られている宇宙の全ての法則をひとつの包括的な理論へと統合し、**この世界に存在している文字通り全てのものを説明することのできるモデル**が、完成するかもしれないのだ。神の手の内は、数式の中に見つけ出すことができるとつぶやく者もいた。究極の神秘を覆い隠しているベールが、ついに剥がされようとしていると述べる者もいた。究極の答えはもうすぐそこだ――人々のあいだの静かな合意が、そのことを裏づけているようであった。

その理論は、**弦理論**〔ひも理論〕（もっと正確に言えば、**M理論**）と呼ばれている。弦理論は、物理学における既知のモデル全てを――電磁気力、強い核力、弱い核力、重力という四つの力を――統合し、全てのモデルを包括する超-モデルとなる理論だと考えられている。この超-モデルの基本的な構成単位は「ひも」、すなわち、振動する1次元の弦であり、こうした弦が奏でる多種多様な「音」こそが、宇宙に存在する全ての粒子と力の正体なのだ。

M理論（「M」の意味は確定しておらず、「マトリックス」のM、「膜《メンブレン》」のM、「神秘《ミステリー》」のM、あるいは、全ての理論の母だという意味で「母《マザー》」のMなど、さまざまである）は、確かに有望かつ刺激的なモデルであり、もし今後の研究によってその妥当性が実証されるならば――現時点では、M理論の正しさを裏づける大規模な証拠は何も存在していない――人類史上、もっとも深遠な科学的発見のひとつとなるだろう。そしてだからこそ、事情通の人々にとって、弦理論（ないしM理論）は他のどんな話題よりも刺激的な知的話題なのである。この凄まじく革命的な超-モデルによって、進化心理学さえもが、ただ興味深いだけの平凡な一分野へと押し下げられているのだ。

M理論が、知識人たちの思考を引きつけているのは確かである。つまり知識人たちは、これまでとは別の考え方をするようになっているのだ。**もし万物を説明する理論が本当に存在するのだとしたら、それは何を意味しているのだろうか？** 物理学におけるこの新しい理論は、例えば、人間が書いた詩の意味をも解明するのだろうか？ 経済がどのような仕組みで動くのかも、人間の性-心理がどのような段階を踏んで発達していくのかも、明らかにするものなのだろうか？ この新たな物理学は、生態系の変遷や、歴史を動かす力学や、人類の戦争がこれほどまでに一般的である理由を、解き明かすものなのだろうか？

弦理論によれば、クォークの内側には、振動する弦が存在しており、こうした弦こそが万物の基本的な構成単位であるという。なるほど、しかしそうだとしても、その「万物」はとても馴染みの薄いものであり、ぼんやりとしていて、生気が感じられず、私やあなたが日々の生活の中で体験している世界の豊かさとはかけ離れたものだ。弦が世界を構成する大切な部分であること、すなわち、世界の基本的な要素であることは明らかであるが、同時にそれは、世界においてあまり重要な要素ではないように思われる。私たちは既に、弦が——仮に実在することがわかったとしても——世界を構成するほんの小さな一部分にすぎないことを知っているのだ。周りを見渡すたびに、バッハの音楽を聴くたびに、愛し合うたびに、雷鳴のとどろきを聞いて立ち尽くすたびに、恍惚としながら夕焼けの空に見とれるたびに、この光り輝く世界について黙想するたびに、私たちは、そのことを自覚するのである。この世界は、顕微鏡でしか見えないほど小さな1次元の輪ゴムよりも、遥かに多くのものから成り立っているように思われるのだ……。

ギリシャ人たちは、**コスモス（Kosmos）**という美しい言葉を用いていた。コスモスとは、万物を——物理的な領域、情動的な領域、心的な領域、精神的《スピリチュアル》／霊的な領域の全てを——包含する豊かな全体を意味する言葉である。究極の実在とは、単なる物理的領域としての宇宙（cosmos）ではなく、コスモス全体、すなわち、物理的な領域、情動的な領域、心的な領域、精神的《スピリチュアル》／霊的な領域の全てだったのである。生気も活力もない物質の世界だけではなく、物質、身体、心、魂、スピリットからなる有機的な全体を意味していたのだ。

コスモス！　ここにこそ、本物の「万物の理論」はある！

だが、哀れな現代人は、コスモス（Kosmos）を物質的宇宙（cosmos）へと還元してしまった。私たちは、物質と身体と心と魂とスピリットの全てを、物質だけに還元してしまったのである。そして、この単調で陰鬱な科学的唯物論の世界のなかで、物理的領域だけを統合する理論が、本当に万物の理論であると信じ込んでしまっているのだ……。

実際、新たな物理学は、神の心を明らかにすると言われている。なるほど、しかしおそらくそれは、神が物質について考えているときだけの話だ。

それゆえ、物理学の統一理論を構築することの重要性を少しも否定することなく、同時にこう問いかけてみよう。

単なる物理的宇宙だけでなく、コスモス全体を包括する理論を生み出すことはできるだろうか？　本物の「万物の理論」など、存在しうるのだろうか？　こうした問いを発することに、そもそも何らかの意味があるのだろうか？　そして、もし意味があるとしても、私たちはどこから手をつけ始めればよいのだろうか？

本書で紹介する**「統合的ヴィジョン」**――あるいは、本物の「万物の理論」――とは、**物質、身体、心、魂、スピリットの全てを、自己、文化、自然の全ての領域において包含しようとする試み**である。統合的ヴィジョンとは、できるだけ包括的に、偏りなく、全てを包含しようとする試みなのだ。それゆえに、統合的ヴィジョンとは、科学と芸術と倫理の全てを大切にするものであり、物理学から精神性《スピリチュアリティ》／霊性まで、生物学から美学まで、社会学から瞑想まで、さまざまな分野を等しく包含するものであり、統合的政治、統合的医療、統合的ビジネス、統合的霊性といった多種多様な応用例を生み出すものなのである*訳注2。

本書は、ありうるひとつの「万物の理論」についての簡潔な全体像を示したものである。もちろん、こうした試みは全て、多くの点において、失敗することを宿命づけられている。欠陥を抱えており、不当な一般化にあふれており、専門家たちを狂気に追いやってしまい、大抵の場合、万物を全体論的《ホリスティック》に抱擁するという本来の目標を達成することに失敗してしまうのである。

とはいえ、これはただ単に、こうした試みが、一人の人間の知性によって実行可能な範囲を超えているという意味ではない。そうではなく、そもそもこうした試みそのものが、本質的に、実行不可能な事柄なのだ。知識は、それを分類する方法よりも速く拡大してしまうからである。ホリスティックな探求

＊訳注２：こうした統合的ヴィジョンのことを、現在は「インテグラル理論（Integral Theory）」と呼んでいる。

とは、常に遠ざかっていく夢であり、あたかも地平線のように、近づけば近づくほど、後ろに引き下がっていくものなのである。それは、虹の先端にあると言われる黄金の壺《つぼ》のように、決して到達できないものなのだ。

そうだとすれば、なぜ、不可能なことをわざわざ試みるのだろうか？　なぜなら、私の考えでは、たとえ少しばかりの全体性《ホールネス》であっても、全体性が全くないよりはマシだからであり、統合的ヴィジョンは、細かくバラバラに切り分けられた他のヴィジョンよりも、かなり大きな全体性を提供するものだからである。私たちは、今よりも全体的《ホール》になることもできれば、今よりも全体的でなくなることもできる。今よりも断片化された状態になることもできれば、今よりも断片化されていない状態になることもできる。今よりも疎外された状態になることもできれば、今よりも疎外されていない状態になることもできる。統合的ヴィジョンは、私たちに、自らの仕事や生活、さらには自らの運命そのものを、**もっと全体的で、もっと断片的でないもの**へと変化させてみないかと、招待しているのである。

以下のページで見ていくように、統合的ヴィジョンをとり入れることで、ただちに、さまざまな効果を得ることができる。

第1章から第4章では、こうした「万物の理論」とはどんなものであるのかを紹介する。そして第5章から第6章では、こうした見方が「現実世界」に対してどんな重要性をもっているのかということを、大まかに述べていく。そこで、統合的政治、統合的ビジネス、統合的教育、統合的医療、統合的霊性などの具体的な応用例についても検討する。こうした応用は、熱烈な関心のもとで、既に幅広く実行されつつあるものである。特に、最後の第7章では「統合的変容のための実践」について検討する。これは、統合的なアプローチを、一人ひとりの心理的および精神的／霊的《スピリチュアル》な変容へと応用しようとするものであり、もし読者がお望みであれば、実践を始めることもできる（巻末の注は、さらに学びたい読者のために、あるいは、二度目の読書のために用意したものである。また第7章では、統合的ヴィジョンをさらに探求したい読者のために、推薦図書を紹介している）。

どうか、以下で紹介する考えを、単なる提案として使っていただきたい。そして、自分にとって意味のあるものであるかどうか、さらに改善できそうなものかどうか、読者自身の統合的な考えや大志を生み出すことに少しでも役立つものかどうかを、確かめてみてほしいのだ。

かつて、私の知っている教授が、こう述べたことがある。優れた理論とは、「もっと優れた理論へとたどり着くまでは持ちこたえられるもの」なのだ。

これと同じことが、万物の理論についても言える。以下で述べる理論は、不変の理論でもなければ、最終的な理論でもない。この理論は、私たちがさらに優れた理論へとたどり着くためのものなのだ。

その一方で、探求そのものには常に、不思議さと栄光があふれている。こうした探求自体が、存在そのものの輝きに満たされており、常にすでに、そもそも探求が始まる以前から、完成されているのである。

２０００年春　コロラド州ボールダーにて

ケン・ウィルバー

第1章

私たちはどこへ向かっているのか

～現代の発達心理学の視点より～

私たちは、驚くべき時代に生きている。古今東西の全ての文化に、ある程度は——歴史的資料を通して、あるいは、生きた姿のままで——触れることができるのだ。地球の歴史において、こんなことは一度も起きたことがない。

想像するのは簡単ではないが、人類がこの惑星に現れてからずっと、つまりおよそ数百万年の間、人はある文化に生まれると、他の文化のことなど、ほとんど何も知ることがなかった。例えば、中国人として生まれたら、中国人として育ち、中国人と結婚し、中国の宗教を信仰していたのだ。しかも多くの場合、生涯にわたって同じ小屋の中で暮らし、先祖たちが何世紀にもわたって定住してきた土地の一画で、一生を終えたのである。

しかし人類は、孤立した部族や氏族から始まり、小さな農村へと、古代国家へと、征服を求める封建的帝国へと、国際的な法人型国家へと、そして地球共同体へと、歩みを進めてきた。この驚くべき進展の先に、統合的共同体《インテグラル・ヴィレッジ》が現れることは、もはや必然であるように思える。

言い換えれば、今日、意識進化の最先端は、来たるべき統合的時代——少なくとも、その可能性——の一歩手前にまで到達しているのである。統合的時代とは、全ての人間が、人類が現在もっている全ての知識、知恵、テクノロジーに触れることができる時代である。そしてもちろん、私たちは遅かれ早かれ、全てを説明する「万物の理論」を手にすることになるだろう……。

しかしこれから見ていくように、統合的な知性へと至る道には多くの障害が存在しており、もっとも先進的な意識を有する人々でさえ、その障害から自由ではないのである。加えて、人間の意識にはもっと一般的で平均的な形態も存在するが、そうした意識は統合的だと言えるどんなものからも程遠く、しかも自分自身の面倒を見ることで精一杯なのだ。この二つの問題――もっとも先進的な人々と統合的ヴィジョンとの関係、もっと一般的で平均的な人々と統合的ヴィジョンとの関係――が、本書の中心的なテーマのひとつである。もし私たちが「万物の理論」を手にし、どんなものも周縁に追いやることなく、思いやりをもって全てを抱擁したとしても、その理論は本当に、全ての人々のためになっているのだろうか？　そして、本当に全ての人々のためになっていると言えるものにするためには、どうすればよいのだろうか？

端的に言えば、問いとはこうである。

今日、文化的なエリート層の中で、および、一般的な世界の中で、統合的ヴィジョンは、どんな地位を占めているのだろうか？

以下ではまず、意識進化の最先端について説明し、そして、文化的エリート層が統合的ヴィジョンへと至るうえでどんな障害に阻まれているのかを述べよう。

断片化する最先端の世界

統合的《インテグラル》という単語は、統合すること、ひとつにまとめること、一緒にすること、結びつけること、包み込むことを意味している。ただし、ここでの統合とは、さまざまなものを画一化してしまうという意味ではない。人類にそなわる豊かな差異や色合いや凹凸を、アイロンをかけるがごとく平たく引き伸ばしてしまうという意味でもない。そうではなく、**豊かな差異と一緒に見出されるさまざまな共通性を大切にする**という意味であり、**多様性《ダイバーシティ》の中にある統一性《ユニティ》を尊重する**という意味なのだ。しかも、人類だけでなく、宇宙全体の中に差異と共通性を見出すのである。

統合的であるとは、今よりも包括的な見方、今よりも包括的な「万物の理論」を探り出すということであり、しかもその見方は、**芸術、倫理、科学、宗教のそれぞれに正当な居場所を与える**ものでなければならない。自分が個人的に好きな領域に、宇宙の全てを押し込めようとする見方であってはならないのだ。

そしてもちろん、私たちが真に全体的《ホリスティック》で統合的な見方を形成することに成功すれば、同時に、新たなタイプの社会批判理論も形成されることになるだろう。すなわち、個人と文化の両面において、今よりも包括的で望ましい状態を想定し、その地平から、現在の状態を批判的に分析する理論が形成されるのである。このとき、統合的パラダイムが批判の矛先を向けるのは、相対的に見て、部分的で、偏狭で、浅薄なアプローチ、あまり包括的でなく、あまり統合的でないアプローチになるだろう。

以下のページで、こうした統合的ヴィジョン、こうした「万物の理論」の詳細を探求していく。しかし、これは**最終的な見方でもなければ、固定した見方でもなく、唯一の見方でもない**。こうした見方はただ、できるだけ多くの分野にある、できるだけ多くの研究を、首尾一貫した形で尊重し、包含しようと試みたもの（これが「統合的な見方」のひとつの定義であるのだが）にすぎないのである[1]。

だが、こうした試みそのものが、興味深い問いを提起している。そもそも、真に統合的なヴィジョンなど、存在しうるものなのだろうか？　さまざまな文化戦争《カルチャー・ウォー》が起こり、アイデンティティ政治《アイデンティティ・ポリティクス》が幅を利かせ、何十万個もの新たなパラダイムが対立し、脱構築的ポストモダニズムやニヒリズム、多元的相対主義や自己の政治学《ポリティクス・オブ・セルフ》*訳注3が蔓延しているこの今日の風潮のなかで、そんなことが可能なのだろうか？　このような状態の文化のなかで、統合的ヴィジョンは、そもそも受容されるかどうか以前に、存在を認識してもらえるのだろうか？　文化的エリートたち自身が、かつてないほどに分断された状態、怨恨に満ちた状態に陥っていないだろうか？　おそらく人類の大部分は、部族間の闘争や他の民族の浄化に必死なのだろう。しかし文化的エリートたち自身にも、同じような傾向はないだろうか？

言い換えれば、ここでの論点とは、**意識進化の最先端とはどのようなものであるか**ということ、そして、そうした人々も**統合的ヴィジョンへの準備が本当に整っているのか**ということなのだ。最終的には、こうした全ての点において、読者は非常に良い知らせを聞くことができるだろう。

しかし最初に、悪い知らせだと思われる内容について、少し述べておこう。

＊訳注３：以前は純粋に個人的な事柄であると考えられていた領域が、政治的対立の場となっている状況を指す言葉。ウルリッヒ・ベックの「サブ・ポリティクス」論、アンソニー・ギデンズの「ライフ・ポリティクス」論などがよく知られている。

ベビーブーム世代の病

どんな世代にも長所と短所があるものだが、ベビーブーム世代*訳注4も例外ではない。

その長所とは、活力や創造性にあふれており、理想を果敢に追求し、伝統的な価値観に縛られない新しい考え方を積極的に試してみようとする点である。社会評論家の中には、ベビーブーム世代を「目覚めの世代」であると考えている者もいる。音楽からコンピュータ技術、政治行動、ライフスタイル、エコロジーへの感受性、市民権に至るまで、この世代はさまざまな領域において、驚くべき創造性を発揮してきたからである。私も、こうした試みには、多くの真理と、多くの善なる要素が含まれていると思う。この点において、ベビーブーム世代はかなり立派である。

大半の批評家が口をそろえて述べているように、ベビーブーム世代の弱点とは、**自己陶酔や自己愛の傾向が非常に強い**ということだ。ベビーブーマー自身を含めて、ほとんどの人々が、この世代を「自己中心世代《ミー・ジェネレーション》」と呼ぶことに異論を差し挟まないほどである。

このように、ベビーブーム世代（私自身の世代でもある）においては、偉大さと自己愛が全く混ぜこぜになっており、ほとんどあらゆる行動が、この奇妙な混合物からの影響を受けているのである。私たちベビーブーム世代は、ただ新しい考え方を見つけるだけでは満足できず、歴史上もっとも重大な変容が起こるだろうと告げてくれるパラダイムを必要とするのだ。本当は、単に紙や容器をリサイクルしたいのではなく、この惑星をドラマチックに救う存在になりたいのである。私たちベビーブーム世代は、

＊訳注４：本書のベビーブーム世代とは、直接的にはアメリカでのベビーブーム世代（1946年～1964年頃に生まれた世代）のことを指している。だが、第２章で指摘されているように、本書が「ベビーブーム世代の病（ブーマライティス）」と名づけている病は、どの国でも、どの世代においても現れうるものである。

単に庭の手入れをするのではなく、歴史上もっとも驚くべき変容のなかで、この惑星の姿そのものを変貌させなければならない。私たちが先頭に立って、この前例のない事柄を進めることが必要なのだ。そうした事柄を担うのが自分たちであるとは、なんと不思議なことだろう。

そう、これは全く笑ってしまいそうなことで、私はこうした傾向を手厳しく非難したいわけではない。どんな世代にも欠点はあるものであり、これこそが私たちの世代の欠点なのだ——少なくとも、ある程度はそう言えるだろう。

思うに、私たちの世代の人間で、こうした自己愛的な傾向から逃れられている人はほとんどいない。このことには多くの社会評論家が同意しており、中でも代表的な著作を挙げるなら、クリストファー・ラッシュの*The Culture of Narcissism*（邦題『ナルシシズムの時代』）、リチャード・レスタックの*The Self Seekers*、ロバート・ベラーの*Habits of the Heart*（邦題『心の習慣——アメリカ個人主義のゆくえ』）、アーロン・スターンの*Me: The Narcissistic American*だろう。そしてこうした傾向は、大学の中にさえも見受けられる。フランク・レントリッキア教授は、アメリカの大学におけるカルチュラル・スタディーズ〔文化研究〕の現状を調査し、雑誌*Lingua Franca: The Review of Academic Life*の中で、こう結論づけた。「これだけは確実に言えるが、学問の世界における文芸評論や文化批判は、英雄的なまでの自己肥大《セルフ・インフレーション》に陥っており、それはどんなに誇張しても言い足りないほどなのだ」

おお、耳が痛い。だが、もしカルチュラル・スタディーズに関する本や、オルタナティブな霊性や新しいパラダイムを紹介する本を熟読すれば、あるいは、「世界が私の革命的な考え方に耳を傾けさえすれば、大いなる変容が起こるだろう」と論じている本に出会えば、遅かれ早かれ、あなたにも「英雄的なまでの自己肥大」の意味がわかってくるはずだ。

しかし、自己肥大と言うが、実際には何が起こっているのだろう？　私はそう思って、この一風変わった問題――私たちの世代の暗部《シャドー》であると思われるもの――について研究を行い、そして一冊の本を執筆した。私たちの世代は、並外れて高度な認知能力と驚くほど創造的な知性をもっていながら、感情面においては、異常なほどの**自己愛**《ナルシシズム》を抱えているのだ。もちろん、先にも述べたように、どんな世代にも欠点はたくさんあるもので、私はベビーブーム世代の人々をいじめたいわけでは決してない。ただ単に、「目覚めの世代」と名づけられる人々は一般に強烈な個性をもっており、それゆえその暗部も強烈であることが多いだけなのだ。そしてベビーブーム世代にとって、その暗部とは、少しばかりの**自己肥大**であり、自分との情事なのである（オスカー・レヴァントが親友のジョージ・ガーシュウィンに向けて述べた皮肉のように。「ジョージ、もし人生を最初からやり直さなくてはいけないとしても、君はやはり自分自身と恋に落ちるのかい？」）。

私はその本を『ベビーブーム世代の病《ブーマライティス》』〔未訳、原著名*Boomeritis*〕と名づけた。これまで、何十もの分野や学問領域において、自己はあまりにも強力であまりにも重要なものだとみなされ、そしてそのために、重要だが部分的でしかない真実が大げさに書き立てられてきた――その内容を列挙したのがこの本である。[2]　第2章で、この本の大まかな結論を簡単に紹介するが、なぜこのテーマを扱うのかと言えば、統合的ヴィジョンとはどのようなものであるのか、そしてそうしたヴィジョンが今日の世界において受け入れられるとはどういうことであるのかという点に、直接関わってくるテーマだからに他ならない。

とはいえ、その発想は極めて明快だ。**「自己愛の文化《カルチャー・オブ・ナルシシズム》は、統合的文化《インテグラル・カルチャー》とは正反対のものである」**（なぜなら、自己愛的で、孤立した自己は、他者と深く交流することに激しく抵抗するから）。

そしてそうであれば、残る論点はこうなる。

現在の世界には、統合的な未来を実現するための準備は整っているのだろうか？　そして、もしまだそうでないとすれば、そのことを妨げている要因は何なのだろうか？

実存の諸段階

発達心理学とは、心〔知性〕の成長や発達を研究する分野である。言い換えれば、人間の内面がどのように発達していくのか、あるいは、意識がどのように進化していくのかを研究するのである。そこで、こう問うてみよう。発達心理学という分野は、先ほど述べたような問題を考えるにあたって、何らかのヒントを与えてくれるのだろうか？

現代の発達心理学に関して衝撃的なのは、**ほとんどの発達モデルが、大枠においては非常に似通っている**ということだ。実際、私は著書『統合心理学』〔未訳、原著名*Integral Psychology*〕において、100名を超える研究者が各々導き出した結論を集めて整理したが、その中の一人が述べていたように、「さまざまな発達モデルは、ひとつの共通の発達論的空間の中に、平行させて並べることができる。そしてこうした美しい関係が見られるということは、おそらく、さまざまな発達モデルを融和させることは可能なのだ」[3]。

クレア・グレイブス[*訳注5]からアブラハム・マズロー[*訳注6]まで、ディアドラ・クレーマー[*訳注7]からジャン・シノット[*訳注8]まで、ユルゲン・ハーバーマス[*訳注9]からシェリル・アーモン[*訳注10]まで、カート・フィッシャー[*訳注11]からジェニー・ウェイド[*訳注12]まで、そしてロバート・キーガン[※訳注13]からスザンヌ・クック＝グロイター[*訳注14]に至るまでのさまざまな人物が、意識の進化に関して、驚くほど一貫性のあるひとつの物語《ストーリー》を提示している。もちろん、意見が一致しない箇所は何十とあるし、細かな対立に至っては何百とある。しかし、その誰もが、心の成長や発

＊訳注５：Clare W. Graves　アメリカの心理学者（1914-1986）。スパイラル・ダイナミクス（後述）の基礎となる人間発達モデルをつくりあげた。

＊訳注６：Abraham Maslow　アメリカの心理学者（1908-1970）。人間は「生理的欲求」「安全欲求」「所属と愛の欲求」「自尊心の欲求」「自己実現欲求」（そして「自己超越欲求」）を階層的に展開させていくと主張する欲求階層論で有名。訳書に『人間性の心理学』など多数。

達に関するひとつの物語、大まかに見れば同じような物語を述べているのだ——**心の成長や発達とは、一連の段階《ステージ》が次々と開き出されていく《アンフォールド》こと**なのである。

発達理論に批判的な人々は、こうした発達のスキームを、硬直的で、直線的で、枠に無理やり押し込めただけのものとして伝えているが、実際には、ほとんどの理論はそうではない。発達とは、梯子のように直線的に進んでいくものではなく、流動的で、流れるように進んでいくものであり、螺旋状に動いたり、ぐるぐると回ったり、細かな水流に出くわしたり、波に乗ったりしながら——ほとんど無限とも思えるほどの多種多様な様態をとりながら——展開していくものなのだ。

実際、現代の高度な発達理論のほとんどにおいて、こうした要因は考慮されているし、しかもそれは——もっと重要なことだが——かなりの量の研究によって裏づけられているのである。

例として、そうした発達理論のうちのひとつをご紹介しよう。この発達モデルは**「スパイラル・ダイナミクス」**と呼ばれており、クレア・グレイブスの先駆的な研究を基礎にして作成されたものだ。グレイブスは人間の発達についての深遠でエレガントな理論体系を提唱したが、このモデルはその後の研究を通して妥当性を確認されており、しかも改良を加えられてきた。

「簡潔に言えば、私が提唱しているのはこういうことだ。人間の心理とは、次第に開き出されていく《アンフォールド》プロセス、次第に創発《エマージェント》していくプロセスであり、振り子のように揺れたり、螺旋状に動いたりしながら進んでいくものである。このプロセスにおいては、低次の古い行動システムが、高次の新しい行動システムに従属するというパターンが繰り返される。そしてそれに伴って、その人にとっての実存的な課題

＊訳注７：Deirdre Kramer　アメリカの心理学者。成人以後の認知的発達に関する研究、および、感情的成熟と認知的発達の関係についての研究を発展させた。

＊訳注８：Jan Sinnott　アメリカの心理学者。成人以後の認知的発達、親密な関係性、ポジティブ心理学、スピリチュアリティなどについての研究を発展させた。

＊訳注９：Jürgen Habermas　ドイツの哲学者・社会学者。公共性論やコミュニケーション論で有名。訳書に『公共性の構造転換』など多数。

も変化することになる。それぞれの段階《ステージ》ないし波《ウェイブ》ないし水準《レベル》は、ひとつの存在状態《ステート》をなしており、人々はこうした一連の存在状態を漸進的に移行していく。さらに、意識の中心をある存在状態に置いている人は、その存在状態に特有の心理を示す。その人の感情、動機づけ、倫理観、価値観、生化学、神経の活性度、学習方法、信念体系、心の健康《メンタルヘルス》とは何なのかということ、心の病気とは何であってそれにどう対処すべきなのかということ、経営《マネジメント》や教育や経済や政治とは何であってどんなものが望ましいのかということ――こうしたものはすべて、その存在状態に適合したものになっているのである」[4]

グレイブスは、主な「人間の実存《エグジスタンス》に関する段階」としておよそ八つの段階を提唱し、その概要を描いた。その内容はこの後すぐに見ていくが、ここで覚えておいてほしいことは、こうした発達段階論のほぼ全て――アブラハム・マズローからジェーン・レヴィンジャー*訳注15、ロバート・キーガン、そしてクレア・グレイブスに至るまで――が、**膨大な量の調査とデータに基づいて作成された**ものだということである。こうした理論は、単なる概念上の見解でもなければ個人的な意見でもなく、あらゆる点において、多数の証拠に支えられており、しかもそうした証拠は注意深く検証されたものなのだ。実際、段階モデルの多くは、第一世界、第二世界、第三世界の全てにおいて、注意深く検証されている[5]。グレイブスのモデルもそうだ。現在に至るまで、世界各地の5万人を超える人々に調査が行われたが、その一般的な枠組みに関して、重要だと言える例外は見つかっていない[6]。

もちろん、だからと言って、こうしたさまざまな発達モデルのどれかひとつを見れば物語の全体がわかるということではないし、物語の大半がわかるとさえ言えないだろう。こうしたモデルはすべて、人生という大河の一部分を切り取ったスナップ写真にすぎないのだ。特定の角度から川を見るためには有

*訳注10：Cheryl Armon　アメリカの心理学者。人々の「善き人生」に関する考え方がどのように変化していくのかについての縦断的な研究を実施し、発達モデルをつくりあげた。

*訳注11：Kurt W. Fischer　アメリカの発達心理学者。人間の能力が複雑で動的な成長プロセスをたどっていくことを説明する「ダイナミック・スキル理論」を提唱した。解説書に『成人発達理論による能力の成長: ダイナミックスキル理論の実践的活用法』。

用なものだが、他の写真も同じように有用でありうるし、また、今後の研究を通してもっと精確な写真が撮られるようになるかもしれない。

　しかし、確かに言えることは、**人間が悪戦苦闘しながら統合的な包容力をどのように獲得していくのかを理解しようとするのなら、こうした発達研究のことは必ず考慮に入れるべき**だということである。

＊訳注12：Jenny Wade　アメリカの発達心理学者。人間の出生前から死後までを包括する総合的な意識発達モデルをつくりあげた。著書に*Changes of Mind*〔未訳〕など。

＊訳注13：Robert Kegan　アメリカの発達心理学者。人間の発達を「主体だったものが客体になる」プロセスとして捉える「主体客体理論」を提唱。「発達志向型組織」という組織の在り方を推進している。訳書に『なぜ弱さを見せあえる組織が強いのか』『なぜ人と組織は変われないのか』など。

ヒトイシキプロジェクト

実際、こうした発達研究は、本物の「万物の理論」にとっては不可欠の構成要素であると思われる。もし私たちが、万物の物理的な側面、生物的な側面、心理的な側面、そして精神的／霊的《スピリチュアル》な側面を全て包含しようとするのなら、私たちはこうした研究を学ぶことによって、心理的な側面における多くの可能性を、もっと豊かに見渡せるようになるのだ。

ある意味で、こうした研究は「ヒトゲノムプロジェクト」の心理版であるといえる。ヒトゲノムプロジェクトとは、人間のＤＮＡに含まれる全遺伝子の地図を作成しようとする科学プロジェクトである。同じように、こうした包括的な心理研究――いわば「ヒト意識プロジェクト《ヒューマン・コンシャスネス・プロジェクト》」――においては、人間の意識にそなわるさまざまな状態《ステート》や構造《ストラクチャー》、さまざまな模倣因子《ミーム》、さまざまなタイプやレベル、さまざまな段階《ステージ》や波《ウェイブ》などについて、文化横断的な地図を作成することが目標となる[7]。

そしてこれから見ていくように、こうした意識の地図は、「万物の理論」の心理的な面を構成する要素になるだろう。さらに、同じくこれから見ていくように、私たちはこうした心理的な地図を学ぶことによって、現在どんなことが障害となって、自らの潜在的可能性についての統合的なヴィジョンを尊重することが難しくなっているのかを、把握しやすくなるだろう。

それでは、クレア・グレイブスの理論に戻ろう。

＊訳注14：Susanne Cook-Greuter　アメリカの発達心理学者。スイス出身。人間の高次の発達についての詳細な調査・研究を行い、レヴィンジャー（後述）の自我発達理論をさらに拡張する発達モデルを提唱した。邦訳論文に「自我の発達: 包容力を増してゆく９つの段階」。

グレイブスの理論は、ドン・ベックとクリストファー・コーワンによって改良や改善が進められ、名前も「スパイラル・ダイナミクス」と呼ばれるようになった。[8] ベックとコーワンは、口先だけの理論家では全くない。南アフリカ共和国でのアパルトヘイト問題において、実際に制度の撤廃へとつながった議論に何度も参加していた人物である。他にも、スパイラル・ダイナミクスの原則はさまざまな分野に活用されており、多くの成果を挙げてきた。例えば、企業組織の再編成、地域の活性化、教育制度の改革、スラム街の緊張緩和などだ。

スパイラル・ダイナミクスによれば、人間の発達とは、八つの段階――あるいは八つの**「ミーム」**――を通って進んでいくものである。ミーム〔模倣因子〕という言葉は近年よく用いられているが、その意味はさまざまで、人によって相反する意味で用いられることも少なくない。実際、多くの批判者たちが、この言葉には何の意味もないと述べている。[9]

だが、スパイラル・ダイナミクスにおいては、ミームとは単に発達の各段階のことを指している。ミームとは「何らかの行動として表れうる発達の基本的な段階」なのである（この点については、これから多くの例を見ていく）。そしてベックとコーワンによれば、ミーム（あるいは段階）とは、厳格な基準ではなく、波のように流動的なものであり、多くの部分は互いに重なり合っており、入り混じっている。それゆえ、**人間の意識とは、網目細工《メッシュワーク》のように、あるいはダイナミックな螺旋《スパイラル》のように、展開していくもの**なのである。

ベックは言う。「この螺旋は、雑然としており、均整のとれたものではなく、それを構成しているのは、明瞭に区分された類型というよりはむしろ、さまざまな成分からなる混合物である。それぞれの段

＊訳注15：Jane Loevinger　アメリカの発達心理学者（1918-2008）。認知領域の発達とパーソナリティ領域の発達を結びつけ、人間の自我の発達についての包括的な理論を構築した。

図1-1●発達の螺旋《スパイラル》

9. 統合的-ホロン的：コーラル
（現在、ゆっくりと出現しつつある）
8. 全体の眺め：ターコイズ
シナジーを起こす、巨視的な視野からマネジメントする
7. しなやかな流れ：イエロー
複数のシステムを統合し、調整する
6. 人間らしい絆：グリーン
内なる自己を探求する、他者を平等に扱う
5. 努力への意欲：オレンジ
分析し、戦略を立て、繁栄する
4. 真理の力：ブルー
目的を見つけ出す、秩序を生み出す、未来を確実なものにする
3. 力のある神々：レッド
衝動を表現する、自由になる、強い存在になる
2. 血族の精神：パープル
神秘に包まれた世界の中で調和と安全を求める
1. 生存の感覚：ベージュ
本能と生まれもった感覚を研ぎ澄ます

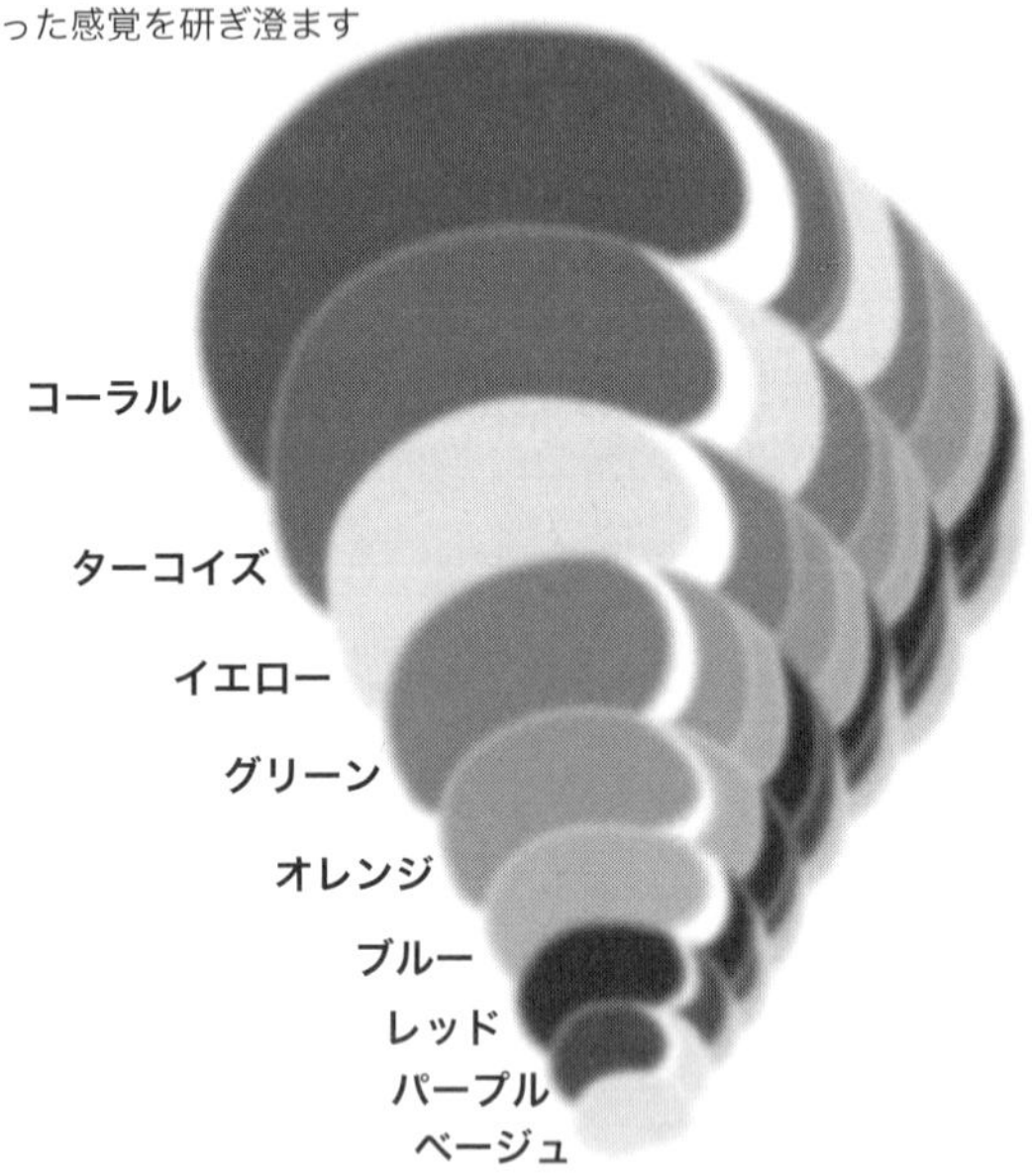

（Spiral Dynamics: Mastering Values, Leadership, and Changeより）

階は、小断片《モザイク》の寄せ集めであり、網の目《メッシュ》であり、混ぜ物《ブレンド》なのである」[10]

ベックとコーワンは、こうしたさまざまな段階《ミーム》ないし波《ウェイブ》を表すために、さまざまな名前と色を用いている。

ほとんどの人は、最初、色を用いることに嫌悪感を抱く。だが、極度の緊張状態にある地域で活動するなかで二人が見出したことは、こうすることで、人々の注意を「肌の色」から引き離しやすくなるということだった。各段階《ミーム》の色へと意識を集中することで、肌の色のことを忘れやすくなるのである。さらに、多くの研究で実証され続けていることは、**たとえどんな人であっても、潜在的には、これらの全ての段階《ミーム》を利用できる**ということだ。そしてそれゆえに、社会的な緊張関係を分析するための軸は完全に書き換わることになる。基本となる分析軸は、肌の色でもなく、経済的な階級でもなく、政治的な勢力関係でもなく、その人がどの段階《ミーム》に基づいて行動しているかという点なのだ。論点は、もはや「黒人と白人の対立」ではなく、例えばブルーとパープルの対立、オレンジとグリーンの対立なのだ。

肌の色を変えることはできないが、意識の色を変えることはできる。ベックは言う。「焦点となるのは、その人がどのタイプに属するかではなく、その人がどのタイプを表現しているかである」

最初の六つの段階は、「生存の段階《サブシスタンス》」と呼ばれており、その特徴は「第一層の思考《ファースト・ティアー》」と呼ばれるものである。しかしその後、意識に、革命的とも言える変化が起きる。「第二層の思考《セカンド・ティアー》」を特徴とする「存在の段階《ビーイング》」が出現するのである。そしてこの「存在の段階」は、主に、二つの段階から構成されている。
以下で、これら八つの段階《ウェイブ》すべての性質を、簡潔に紹介しよう。加えて、それぞれの段階に世界の全人口のどれくらいの割合がいるのかということ、および、それぞれの段階が社会的な勢力《パワー》としてはどれくらいの割合を構成しているのかということも述べよう[11]。

1．ベージュ（古代的《アルカイック》*訳注16-本能的な段階）〔インフラレッド*訳注17〕

基本的な生存活動の段階である。食べ物、水、暖かさ、セックス、安全を重視する。さまざまな習性や本能を用いるが、それはすべて生き残るためである。明確な自己はほとんど現れておらず、現れたとしても維持することができない。**生存のための集団**を形成することで、生命を永続させようとする。

【具体例】 最初期の人間社会、生まれたばかりの子ども、老衰した高齢者、後期アルツハイマー病の患者、精神障害を抱えた路上生活者、飢餓状態にある大衆、戦争神経症に罹患した人々

【比率】 成人人口の約0・1パーセント、社会的勢力としては0パーセント

＊訳注16：「古層的」と訳されることも多いが、本書では読みやすさを重視して「古代的」と訳している。

＊訳注17：本書で用いられているスパイラル・ダイナミクスの「色」には、インテグラル理論でよく用いられる「色」とは異なるものがある。そのため、両者が異なるものについては、〔　〕内に、インテグラル理論での一般的な「色」を併記している。なお、ひとつ目の段階であるベージュ（インフラレッド）は、『ティール組織』では「無色」とされている。

2. パープル（呪術的‐アニミズム的な段階）〔マジェンタ〕

思考はアニミズム的である。大地はさまざまな呪術的精霊に満たされている。精霊には善い霊も悪い霊もいて、さまざまな恵みや災いをもたらしたり、不思議な力によって何が起きるかを決めたりしている。**部族的集団**を形成する。先祖には霊が宿っており、そうした霊のおかげで、部族はひとつに結びついている。政治的な諸関係は、血統や親族関係に基づいて定められる。「全体論的《ホリスティック》」であるように聞こえるが、実際には原子論的《アトミスティック》である。言うなれば、「川のどのカーブにも名前がついているが、川そのものには名前がついていない」のである。

【具体例】　祟《たた》りへの信仰（ブードゥー教のような）、「血の誓い」、古くからの恨み、開運のお守り、家族で行われるさまざまな儀式的行事、文化に固有の呪術的な信仰や迷信。特に、第三世界の国々、ギャング集団、運動競技のチーム、部族型の企業などにおいて、勢力は大きくなる

【比率】　成人人口の10パーセント、社会的勢力としては1パーセント

3. レッド（「力のある神々」の段階）

部族集団と区別された「自己」が初めて出現する。力強く、衝動的で、自己中心的で、勇敢である。呪術‐神話的な霊魂、龍、獣《けもの》、特別な力をもった人々が存在する。元型としてのさまざまな神や女神、

特別な力をもったさまざまな生命、頼りにするべきさまざまな勢力が存在するが、その中には、良いものも悪いものもある。封建的な領主が、服従し労働することと引き換えに、下層の者たちを保護する。力と栄光に基づく**封建的帝国**の基礎にある段階である。世界とはジャングルであり、危険や敵に満ちた場所である。征服すること、相手を出し抜くこと、支配することを好む。後悔したり、自責の念に駆られたりすることなく、最大限に楽しんで過ごす。「今ここ」を生きるが、近視眼的である。

【具体例】「魔の二歳児《テリブル・トゥー》」の段階にある子ども、反抗的な若者、開拓者精神《フロンティア・メンタリティ》、封建的な王国、叙事詩に登場する英雄、「007」シリーズに登場する悪役、ギャング集団のリーダー、報酬と引き換えに活動する傭兵《ソルジャー・オブ・フォーチュン》、ニューエイジ思想における自己愛的傾向《ナルシシズム》、ワイルドな大物ロック歌手、フン族の王アッティラ、小説『蝿《はえ》の王』に登場する少年たち

【比率】成人人口の20パーセント、社会的勢力としては5パーセント

4. ブルー（神話的秩序の段階）〔アンバー〕

人生には意味があり、目的があり、方向性がある。どんな結末がもたらされるかは、全能の絶対的存在《アザー》ないし絶対的秩序《オーダー》によって決められている。絶対的秩序が定める行動規範には従わなければならない。こうした行動規範の根底には、何が「正しいこと」で何が「間違ったこと」なのかについての絶対不変の原理が存在する。規範やルールを破れば、重大な罰を受けることになる。それは永

遠の罰であることもある。規範に従うことで、忠実であることの報いを得ることができる。古代国家の基礎にある段階である。厳格な社会階層が存在し、父権主義的《パターナリスティック》であり、あらゆることを「唯一の正しい考え方」に基づいて考える。「法と秩序《ロー・アンド・オーダー》」を重視する。衝動性は罪の意識によって抑制される。具体的で原理主義的な信念をもっており、その内容は字義通りに解釈される。絶対的秩序が定める規則に服従する。慣習に従う傾向が非常に強く、順応的である。多くの場合、「宗教的」ないし「神話的」であるが、もっと世俗的ないし無神論的な秩序や使命《ミッション》を有することもある。

【具体例】清教徒《ピューリタン》時代のアメリカ、儒教時代の中国、ヴィクトリア朝時代のイギリス、シンガポールの厳格な罰則規定、全体主義《トータリタリアニズム》、騎士道の行動規範、慣習的な慈善活動、宗教的原理主義（キリスト教原理主義、イスラム教原理主義など）、ボーイスカウトおよびガールスカウト、愛国主義ないし愛国心、モラル・マジョリティ〔伝統的な道徳観を支持する多数派の人々〕

【比率】成人人口の40パーセント、社会的勢力としては30パーセント

5．オレンジ（科学的達成の段階）

この段階《ウェイブ》において、自己はブルー段階の「群衆心理」から脱出し、個人として真理や意味を探し求めるようになる。その方法は仮説-演繹的、実験的、客観的、機械的、操作的《オペレーショナル》である——すなわち、

一般に「科学的」と呼ばれる方法が用いられる。世界とは、自然法則に基づいて円滑に動く合理的な機械である。世界の仕組みを学ぶことや、世界を自在に使いこなすことは可能であり、世界を巧みに操作することで、自分たちの目的を実現することができる。達成主義的な傾向が強く、特に（アメリカでは）、物質的な利益を追求する傾向にある。政治も、経済も、人間社会の諸々の出来事も、科学の諸法則によって規定されている。世界とはチェス盤のようなものであり、ゲームに勝利した者は、敗北した者よりも高い地位と特別な報酬を得ることができる。市場において提携関係を結ぶ。地球の資源を巧みに利用し、戦略的に利益を獲得する。**法人型国家**の基礎にある段階である。

【具体例】　啓蒙時代のさまざまな思想、アイン・ランドの小説『肩をすくめるアトラス』*訳注18、ウォール街、世界中に出現しつつある中流階級、美容産業、ファッション産業、トロフィー・ハンティング〔野生動物の狩猟を行う娯楽〕、植民地主義、東西冷戦、唯物論／物質主義、世俗的ヒューマニズム、リベラルな立場に基づく自己利益《セルフ・インタレスト》の追求

【比率】　成人人口の30パーセント、社会的勢力としては50パーセント

6. グリーン（「感受性豊かな自己」の段階）

共同体主義《コミュニタリアニズム》的であり、人間らしい絆を重視し、エコロジーへの関心が高く、ネットワーク的に思考する。人間の精神は、強欲さや、独断的《ドグマ》な考えや、分断された状態から、解放されなければならない。

＊訳注18：少しわかりにくいが、例えば、医薬品や化粧品、衣料品を巧みに活用することで、外見的な魅力を高めたり、加齢による影響を小さくしたりすることは、オレンジ段階のひとつの在り方だと言えるだろう（そしてそれ自体は何も悪いことではない）。

大事なのは、冷たい合理性ではなく、気持ちや気遣い《ケア》である。大地、ガイア、生命を大切にする。階層型組織《ヒエラルキー》に反対し、横方向のつながりを形成する。自己は開かれており、関係性に基づいている。集団は、網の目のように相互に絡み合った構造をもつ。他者と対話すること、関わり合うことを重視する。**価値の共同体**（共通の感受性をもっていることを基準として自由に結ばれる連帯関係）の基礎にある段階である。対立している考えを和解させ、合意《コンセンサス》を形成することによって、意思決定を行う（負の面として、このプロセスを果てしなく続け、いつまでも意思決定を行えないことがある）。精神性《スピリチュアリティ》／霊性を新たな形でよみがえらせ、世界に調和をもたらし、人間の潜在的可能性を拡張する。平等主義的な傾向が非常に強く、階層的な見方に反対し、多元的な価値観をもち、リアリティとは社会的に構築されたものであると考え、多様性《ダイバーシティ》を重視し、多文化主義の立場をとり、相対主義的な価値システムを有する（こうした世界観は、しばしば、**多元的相対主義**と呼ばれている）。主観を重視した思考や、非線形的な思考を好む。温かな感情、思いやり、気遣いにあふれており、これらは地球とそこに暮らす全ての生命に向けられている。

【具体例】　ディープ・エコロジー、ポストモダニズム〔後・近代主義〕、オランダの理想主義、ロジャーズ派のカウンセリング、カナダのヘルスケア制度、人間性心理学、解放の神学《リベレーション・セオロジー》、協同的探究、世界教会協議会〔キリスト教の教会一致運動を推進する超教派団体〕、グリーンピース〔国際的な環境保護団体〕、動物の権利《アニマル・ライツ》をめぐる運動、エコフェミニズム、ポスト植民地主義《コロニアリズム》、フーコーやデリダの思想、ポリティカル・コレクトネス〔差別や偏見を

含まない政治的に公正な言葉を使用すること」、ダイバーシティ推進運動、さまざまな人権問題、エコサイコロジー

【比率】　成人人口の10パーセント、社会的勢力としては15パーセント

グリーンの段階《ミーム》を終えると、人間の意識は、「第二層の思考」へと飛躍する準備が整うことになる。グレイブスによれば、これは「極めて重大な飛躍」であり、そこでは「意識に途方もなく大きな変化が起こる」という。第二層の意識とは、本質的には、**垂直的な思考と水平的な思考の両方を行うことのできる意識**である。この意識は、階層的《ヒエラルキー》な見方と並列的《ヘテラルキー》な見方、順位づけ《ランキング》と結びつけ《リンキング》の両方を活用することができるのだ。それゆえに、人は生まれて初めて、**内面的発達のスペクトラム全体を明確に理解する**ようになる。そして、螺旋《スパイラル》全体が健全であるためには、どの段階《ミーム》の存在も極めて重要であるということを認識するようになる。

私はこのことを、**「超えて含む」（transcend and include）**[*訳注19]という言葉で説明したい。それぞれの段階《ウェイブ》は、前の段階の及ばない場所へと進んでいる、つまり、前の段階を超えているのだが、同時にまた、前の段階を自らの一部として包み込んでいる、つまり、含んでいるのである。

例えば、分子が原子を超えているとは言っても、分子は原子のことを嫌っているわけではない。むしろ、原子のことは好きであり、原子を自らの一部として包み込んでいるのだ。分子は原子を含んでいるのであり、原子を排除しているわけではない。これと全く同じことが、人間の発達についても言える。

＊訳注19：日本語では順序を逆にして「含んで超える」と述べることも多い。

どの段階も、以後の全ての段階にとっての基本的な構成要素なのであり、それゆえ、大切に尊重されなければならないものなのだ。

さらに言えば、それぞれの段階《ウェイブ》は、私たちの生存環境に応じて、活性化されうるものである[12]。緊急事態においては、私たちはレッドの「力への衝動」を活性化させるかもしれない。大きな混乱が起きている状況では、ブルーの秩序を活性化させることが必要かもしれないし、新しい仕事を探すためには、オレンジの「達成への衝動」を活性化させることが必要かもしれない。あるいは、配偶者や友人との関係においては、グリーンの親密な絆を大切にするかもしれない。こうしたどの段階《ミーム》も、私たちに、何らかの重要な贈り物を与えてくれるのである。

しかし、**第一層の段階《ミーム》はどれも——独力では——他の段階を十分に尊重することができない**。第一層においては、どの段階《ミーム》も、自らの世界観こそが唯一正しい最善の見方だと考えているのである。自らの世界観に疑いをかけられると、その意見を否定しようと反発するし、自らの世界観が脅かされると、その段階に特有の方法を用いて、相手を激しく攻撃するのだ。ブルーの秩序にとっては、レッドの衝動性も、オレンジの個人主義も、非常に不愉快である。オレンジの個人主義から見れば、ブルーの秩序を信じるのは騙《だま》されやすいカモだけであり、グリーンの平等主義とは、軟弱な人間のためのエセ理論でしかない。そしてグリーンの平等主義にとっては、能力や価値への順位づけ、大きな地図《ビッグ・ピクチャー》、階層的な見方、あるいは権威主義的に見えるものは何であれ、受け入れることが難しい。それゆえグリーンは、ブルーにも、オレンジにも、そしてグリーン以後の段階にも、強く反発するのである。

だが、こうしたことは全て、第二層の思考の出現とともに変化し始める。第二層の意識は——たとえ専門的な言葉を用いて明確に述べることはできなくとも――内面的発達にはさまざまな段階が存在していることを十分に認識しており、それゆえ、一歩引き下がって全体を見渡し、大きな地図《ビッグ・ピクチャー》を認識することができる。そして、**全ての段階《ミーム》にはそれぞれ、求められている役割がある**ということを理解する。第二層の意識は、特定の段階《レベル》だけを見るのではなく、螺旋《スパイラル》全体を見て考えられるのである。

グリーンの段階《ミーム》では、多種多様な文化が存在すること、そしてその中には数えきれないほどさまざまなシステムや文脈が存在することが認識されるようになる（だからこそ、グリーンは「感受性豊か《センシティブ》な自己」〔敏感な自己〕の段階と呼ばれるのだ――社会から除《の》け者にされている人々がいないかということに敏感《センシティブ》なのである）。

しかし、第二層の思考は、もう一歩先まで進む。こうした無数のシステムを結びつけられる奥深い文脈《コンテクスト》は存在しないだろうかと、探し求めるのである。バラバラになっているさまざまなシステムを包み込んで、それらをホリスティックな螺旋《スパイラル》、あるいは、統合的な網目細工《メッシュワーク》へとまとめ上げようとするのだ。言い換えれば、私たちは、第二層の思考を用いることで、**相対主義的な見方から全体的《ホリスティック》な見方へ**と、あるいは、**多元的な見方から統合的な見方へ**と移行するのである。

グレイブス、そしてベックとコーワンによる広範な研究が示していることは、こうした第二層の統合的意識には、少なくとも二つの主要な段階《ウェイブ》が存在するということである。

7. イエロー（統合的な段階）〔ティール〕

人生とは万華鏡のようなものである。そのパターンをつくるのは、おのずと生まれてくるさまざまな階層やシステムや形態である。柔軟であること、自発的であること、機能的であることがもっとも重視される。差異や多元性は統合されて、自然な流れ《フロー》をつくり、さまざまな流れが相互に依存し合っている。自然な順位づけ、自然な優秀さは存在するのであり、こうした見方によって平等主義は補完される。力や地位や感受性よりも、知と能力が重視される。世界が現在の姿になっているのは、現実とはさまざまな段階《レベル》から構成されており、人々が発達のダイナミックな螺旋《スパイラル》を上下に運動することは避けられないからである。こうした諸段階は、次第に複雑になっていくものであり、入れ子状の階層構造を形成している。優れた統治《ガバナンス》とは、全ての段階において、必要なものが出現するように支援《ファシリテート》をすることである。

【比率】　成人人口の1パーセント、社会的勢力としては5パーセント

8. ターコイズ（ホリスティックな段階）

世界全体を包括するホリスティックな体系を生み出す。さまざまな統合的エネルギーがホロン構造〔第3章参照〕をなしている。感じることと知ることはひとつに融合される。多様な段階が織り合わされて、単一の意識システムを形成している[13]。普遍的な秩序は存在するが、それは外面的な規則（ブルー）でも集団の絆（グリーン）でもなく、生命や意識の中に表現されるものである。「大いなる

統一」を実現することは、理論的にも実際的にも可能である。ときに、新たなタイプの精神性《スピリチュアリティ》／霊性が生み出される。それは、全ての存在が網目細工《メッシュワーク》のように絡み合っているという認識に基づくものである。発達の螺旋《スパイラル》全体を踏まえて思考し、多種多様なレベルの相互作用が存在することを認識する。どんな組織の中にも、調和を見出し、神秘的な力を感知し、フロー状態が遍満していることを見抜く。

【比率】　成人人口の0・1パーセント、社会的勢力としては1パーセント

現在、第二層の思考を使いこなせるのは人口の2パーセントにも満たず（ターコイズに至っては0・1パーセント）、その割合はかなり少ない。しかしそれは、ちょうど第二層の意識が、人類の集合的な進化の「最先端」を形成しているからなのだ。

ベックとコーワンによれば、第二層の例として挙げられるのは、テイヤール・ド・シャルダンの「精神圏《ヌースフィア》」の概念、トランスパーソナル心理学、カオス理論や複雑系の科学、統合的かつホリスティックなシステム思考、マハトマ・ガンディーやネルソン・マンデラがもたらした多元的統合、などである。こうした意識の出現頻度は間違いなく増大しつつあり、そしてもっと高次の段階《ミーム》さえもが、まもなく現れようとしているのだ……。

第二層の意識への跳躍

ベックとコーワンが指摘しているように、第二層の思考が出現しようとすると、第一層の思考からの多大な抵抗に遭うことになる。実際、後‐近代的なグリーンの段階《ミーム》は、その多元主義と相対主義の思想によって、統合的でホリスティックな思考を積極的に攻撃してきたのだ。だが、グレイブスとベックとコーワンが指摘しているように、第二層の思考がなければ、覇権を求める段階《ミーム》間の闘争が終わりを迎えることは決してないだろう。それはいわば、人類にとっての「自己免疫疾患」なのであり、第二層の意識なくして、こうした病理を癒すことはできないのである。

このように、多くの議論の根底にあるのは、**どちらのほうが優れた客観的証拠を提示できるかということではなく、議論を行っている人々の主観がどの段階《レベル》にあるか**ということなのだ。オレンジの科学的証拠をどんなに積み上げたとしても、ブルーの神話信仰者を説得することはできないだろう。グリーンの絆をどんなに主張したとしても、オレンジの好戦的態度が変化することはないだろう。ターコイズの全体論的《ホーリズム》思想をどんなに訴えたとしても——その人が発達の螺旋《スパイラル》をさらに進んでいく準備を既に整えているのでない限り——グリーンの多元主義をくつがえすことはできないだろう。だからこそ、複数の段階《レベル》をまたぐ論争は、めったに解決しないのである。そして大抵の場合、全ての陣営が、自分たちの主張を聞いてもらえない、自分たちの主張を正しく理解してもらえないと感じるのだ。

同じように、本書でどんなことを述べたとしても、あなたの認知のパレットが既に少しでもターコイズ色に染まり始めているのでない限り、あなたが本書の内容に納得し、「万物の理論」を実現することは可能だと確信することはないだろう（そしてもしターコイズ色に染まり始めているのなら、多くのページで「そう、それはもうわかっていたんだよ！　ただ、どう言葉にすればいいかわからなかったんだ」と思うことだろう）。

先にも述べたように、第一層の段階《ミーム》は、大抵の場合、第二層の出現に対して抵抗する。オレンジの科学的唯物論は、その還元主義的な考え方によって、第二層におけるさまざまな概念を攻撃するだろう。内面的発達の全ての段階を、ニューロンの発火のような客観的現象に還元して説明しようとするのである。ブルーの神話的原理主義は、多くの場合、定められた絶対的秩序を変えようとする者に対して激しい怒りを示すだろう。レッドの自己中心主義は、第二層の存在そのものを完全に無視するだろうし、パープルの呪術的思考は、第二層に呪いをかけるだろう。そしてグリーンは、第二層の意識のことを、権威主義的で、家父長制的で、硬直した階層に基づいており、抑圧的で、人種差別《レイシスト》的で、性差別主義《セクシスト》的で、さまざまな意見を周縁に追いやる《マージナライズ》ものであると非難するだろう。

さて、グリーンの段階《ミーム》は、過去30年間にわたって、カルチュラル・スタディーズ〔文化研究〕の世界を主導してきた。おそらくあなたも、グリーンの主張する一般的なスローガンとはどんなものであるか、既によくご存知だろう。例えば、多元主義、相対主義、多様性、多文化主義、脱構築、反-階層《ヒエラルキー》といったものである。

グリーンの多元的相対主義は、従来の文化研究の射程を広げ、これまで周縁化《マージナライズ》されてきた多くの人々、多くの考え、多くの物語にも目を向けさせた[14]。これは立派なことである。グリーンはまた、社会のさまざまな不均衡を是正するために、あるいは、人々の排外的な行動を防ぐために、その豊かな感受性と思いやりに基づいて、さまざまな行動を起こしてきた。公民権運動や環境保護運動をその根底において主導していたのも、グリーンである。さらにグリーンは、哲学や形而上学に対して、あるいは、伝統的宗教（ブルー）や科学（オレンジ）の社会的な活動に対して、激しい批判——多くの場合、説得力のある批判——を展開してきた。そうした理論や活動には、排外的で、家父長制的で、性差別主義的で、植民地主義的な意図《アジェンダ》が隠れていることが多いのである。

他方で、**グリーンは、グリーン以前の諸段階に対する重要な批判者であっただけでなく、グリーン以後の全ての段階に対しても、批判の矛先を向けてきた**。だが、このことが不幸な結果をもたらした。こうした態度のために、グリーンは、さらにホリスティックで統合的な見方へと進んでいくことが極めて困難になったのである。多くの場合、それはもはや不可能なことであった。

グリーンの多元的相対主義は、ブルーの神話的絶対主義やオレンジの形式的合理性のさらに先へと進んで、一人ひとりの豊かな差異を尊重する文脈をもたらしたが、その主要な特徴のひとつは、**主観主義の見方を強くもっている**ということだ。言い換えれば、何が真実であり、何が善いことであるのかを決めるのは、基本的には、各個人の好みなのである（ただし、他者に害を与える場合は除く）。あなたにとって真実であることが、私にとっても真実であるとは限らない。正しさとは単に、ある特定の瞬間において、個人や文化がそのことに合意しているということにすぎず、普遍的な知識、普遍的な真実といったものは存在しない。各個人は、自分自身の価値を自由に選択するのであって、自らの価値を他者に押しつけることはできない。通俗的な表現で言えば、要するに「お前はお前、俺は俺」なのだ。

だからこそ、この段階の自己は「感受性豊《センシティブ》かな自己」でもあるのだ。

グリーンの自己は、多種多様な文脈が存在すること、そしてまた、数えきれないほど多様なタイプの真実が存在することを認識しており、まさにそれゆえに、それぞれの真実に発言権を与えてあげよう、どの真実も軽視したり周縁に追いやったりしないようにしようと、懸命に努力するのである。「反-階層」「多元主義」「相対主義」「平等主義」などの標語を見かけたときと同じく、もし誰かがどこかで「周縁化《マージナライゼーション》」という言葉を用いて批判を展開しているのを見かけたら、そこには必ずと言っていいほど、グリーンの段階《ミーム》が存在していると思ってよい。


もちろん、こうした高貴な試みには、負の面がある。グリーンの原則に基づく会議や大会は、いつも同じような道をたどりがちである。全ての参加者が自分の気持ちを表現することができるが、大抵、それには何時間もの時間がかかる。意見収集のプロセスだけが果てしなく続いていき、結局、どんな決定も下されず、どんな行動方針も定まらないことが多い――特定の行動方針を採用すれば、おそらく誰かが排除されてしまうからである。

このように、どんな見方も周縁化せず、思いやりをもって包含しようという意思はあるのだが、具体的にどうすればよいのかということが語られることはめったにない。それは、実際には全ての見方が等しく重要であるわけではないからである。たとえ何の結論も出なかったとしても、全ての人が自分の気持ちを共有する機会を与えられたのであれば、その集まりは成功であったとみなされる。どんな見方も他の見方より優れているわけではないので、全ての見方を共有するということ以外には、どんな行動方針も推奨することができない。確信をもって主張できることがあるとすれば、それは、自分たち以外の見方が、どれほど抑圧的で、危険であるかということだけなのだ。

1960年代によく言われていた諺《ことわざ》がある。

「自由とは、終わりなき会合《ミーティング》のことである」

そう、この「終わりなき」という部分は、確かに正しいのだが。

学問の世界《アカデミア》においては、こうした多元的相対主義こそが、支配的な立場になっている。

コリン・マッギンは言う。

「こうした考え方によれば、人間の理性とは、本質的に、ローカルなもの、文化に依存した相対的なものである。理性の根底にあるのは、人間の性質や歴史といった変化しやすい事実であり、ただ、互いに異なるさまざまな『実践』や『生活形式』や『準拠枠』や『概念図式』が生まれているだけのことなのだ。理性の基準となるものは、特定の社会や時代で受容されている内容を超えては何もないし、全ての人が大切にしなければならない信念――大切にしなければ認知的な機能障害だとみなされるような信念――が存在するという客観的な証拠も全くないのである。妥当であるということは、妥当であると捉えらえているということであり、さまざまな人々がさまざまな捉え方をするのは、全く正当なことである。結局、ある信念の正しさを証明する方法はただひとつであり、それは『私にとっては正しい』と述べることなのだ」[15]。

クレア・グレイブスは言う。

「こうしたシステムにおいては、世界は相対主義的に捉えられる。どんな思考をするときでも、ほとんど過激なくらいに、そしてほとんど強迫症的とも言えるほどに、あらゆるものを相対主義的で主観的な準拠枠から捉えることが重視されるのである」

おそらく、私の言いたいことはおわかりだろう。こうした多元的相対主義は、主観主義の傾向があまりにも強いために、自己愛的《ナルシシズム》態度に陥りやすいのである。そして、これこそが問題の核心なのだ。**多元主義は、自己愛《ナルシシズム》を引き寄せる強力な磁石となる**のである。多元主義は、図らずも自己愛《ナルシシズム》の文化の温床となっており、そして自己愛の文化は、統合的文化の出現を妨げるのだ（なぜなら、自己愛的傾向の強い人は、自分自身の主観的領域の外へと踏み出そうとせず、それゆえ自分以外の誰かが真実をもっていることを認められないから）。だからこそ、自己愛の文化は、本物の「万物の理論」の実現を妨げる障害のひとつだと言えるのである。

そして、ここにおいて、ベビーブーム世代の病《ブーマライティス》が問題となるのだ。

第2章

発達とは何か
～自己愛とケア――発達の本質と現代社会の病～

自己中心的な人とは、〝僕〟ではなく自分自身に関心があって、おもしろみのない人のこと。

――アンブローズ・ビアス

辞書によれば、自己愛《ナルシシズム》とは「自らの自己、自らの重要性、自らの能力に対して過剰な関心を示すこと。自己中心主義とも言う」と定義されている。だが、実際には、自己愛においては、単に自分や自分の能力が過大評価されるだけではない。それと同時に、**他者や他者の役割が過小評価される**のである。ただ単に自尊心が強いだけでなく、他者を価値の低い存在だとみなすのだ。

臨床医たちが述べているように、多くの場合、こうした状態にある自己は空虚で断片化しており、その空虚さを埋めようとして、自分を大きく他人を小さく見せてくれる自己中心的な認識を形成するのである。

その雰囲気はこういう感じだ。

「誰も私に指図するんじゃない!」

多くの心理学者が合意していることは、自己愛をどう捉えるかはさまざまであるが(加えて、自己愛にもさまざまなタイプがあるが)、一般的に言って、自己愛とは子どもに見受けられる標準的な特徴であり、大人になれば——完全にとは言えなくても、かなりの程度までは——脱却しているべきものだということである。実際、**発達とは、自己中心性が次第に減少していくこと**であると定義できる。

生まれたばかりの子どもは、基本的には自分自身の世界に没入しており、周囲の環境や人の会話には、ほとんど気づいていない[1]。だが、子どもの意識が成長してくるにつれて、子どもは自分自身に、さらには他者に気づけるようになる。そしてやがては、他者の立場に身を置いて物事を考えられるようになり、思いやりや慈悲の心を発達させ、寛大さに満ちた統合的な包容力を獲得するに至るのである——言い換えれば、こうした能力はどれも、私たちに生まれつきそなわっているものではないのだ。

発達とは自己中心性の減少である

ハーバード大学の発達心理学者であるハワード・ガードナーはこう述べている。

幼い子どもは、全く自己中心的である――しかしこれは、子どもが利己的に自分自身のことだけを考えているという意味ではなく、その逆で、自分自身のことを考えられないということなのだ。こうした子どもはまだ、自分という存在を、世界の他の部分と区別して捉えることができない。自分自身を、他者や事物から切り離して考えることができないのである。

そのため、自分の感じている痛みや快感は他の人も感じていると思っており、モゴモゴと話すだけでも相手には必ず伝わると思っており、他の人もみな自分と同じ見方をもっていると思っており、さらには、動物や植物にも自分と同じ意識があると思っているのだ。かくれんぼをすれば、他の人からよく見える場所に隠れるだろう。なぜなら、自己中心性が強いために、他の人には自分の場所が見えているということがわからないからである。人間の発達とは、全体的な方向性としては、自己中心性が次第に減少していくことだと考えられるのである。[2]

このように、発達においては基本的に、**自己愛《ナルシシズム》の減少**と**意識の拡大**という二つの出来事が起きる。言い換えれば、発達が進むにつれて、それまで意識されていなかったさまざまな人々、さまざまな場所、さまざまな物事のことを考慮に入れて、それらを気遣えるようになるのである。

例えばキャロル・ギリガンは、女性の道徳性〔倫理性〕が、主に三つの段階を通って発達する傾向にあることを見出した――**利己的な段階、ケアの段階、そして普遍的なケアの段階**である。各段階を進むごとに、**気遣い《ケア》と思いやりの範囲は拡大し、自己中心性は減少していく**。最初の段階では、女性は主に自分自身のことを気遣う。次の段階では、自分だけでなく他者（例えば家族や友人）のことも気遣えるようになる。そして最終的には、人類全体にまでその気遣いと好意を広げるようになる（そしてやがては統合的な包容力を獲得するようになる）のである。ただし、高次の段階に移行しても、自分自身への気遣いをやめてしまうわけではない。そうではなく、ただ、以前よりも多くの人々に対して、本物の気遣いと思いやりを示すようになるということなのだ。

付け加えておくと、男性も同じ三つの段階を通って発達するが、ギリガンによれば、男性は気遣いと関係性よりも、権利と正義を重視する傾向にある。そしてギリガンの考えでは、**三つ目の段階を超えると、どちらの性別においても、反対の性別の特徴が統合される**ことになる。これは普遍的-統合的な段階であり、そこでは、男性も女性も、両方の声をかなりの程度まで自分自身の中に統合する――正義と思いやりをひとつに結びつける――ようになるのである。この統合の段階は、いわば頂点であり、三つ目の主要な段階である普遍的なケアの段階がやがて行き着く場所なのだ（スパイラル・ダイナミクスなど他のモデルとの対応関係は、この後すぐに説明する）。

こうした三つの段階は、かなり一般的に見受けられるものであり、ほとんどの種類の発達において、これと同様の三つの段階が存在する。それらはさまざまな名前で呼ばれているが、例えば「前-慣習的段階」「慣習的段階」「後-慣習的段階」、あるいは「自己中心的段階」「自集団中心的段階」「世界中心的段階」、あるいは「『私』の段階」「『私たち』の段階」「『私たち全員』の段階」などである。

一つ目の利己的な段階は、しばしば、**前-慣習的段階**と呼ばれる。なぜそう呼ばれるのかと言えば、幼児や小さな子どもはまだ、社会の慣習的なルールや役割を身につけていないからである。いわゆる「社会化」の過程を経ていないのである。また、他者の立場に立って物事を見ることがまだできないので、本物の気遣いや思いやりも生まれていない。それゆえ、この段階は、自己中心的で、利己的で、自己愛的なのである。

しかしこれは、小さな子どもは他者に何の感情も抱いていないという意味ではないし、道徳心をもっていないという意味でもない。そうではなくて、ただ、この段階にある子どもたちの感情や道徳心は、**以後の段階に比べると、自らの衝動や本能や生理的欲求に基づいたものである面が非常に大きい**ということなのだ（もっとも、ロマン主義的な理論家の中には、幼児（乳児を含む）は非-二元的な自由の状態にあり、人としての本来の善良さにも満ちあふれていると考える者もいる。だが、赤ん坊は本当に自由なのだろうか？　よく言えば、幼児期とは、潜在的可能性にあふれており、開かれた心をもっている時期であると思われる。しかし実際には、幼児はあまり自由ではない。さまざまな衝動や、空腹感や、不安や、感情放出の欲求などによって突き動かされているからである。いずれにせよ、さまざまな研究が一貫して示しているのは、幼児は他者の立場に立って物事を見ることができないということ、そしてそれゆえに、本物の思いやりや気遣いや慈愛を表現することはできないということである）[3]。

だが、6歳か7歳頃になると、子どもの意識に非常に大きな変化が起き始める。**他者の立場に立って物事を見る**ことが、徐々に可能になってくるのだ。例えば、表面が青色で、裏面がオレンジ色の本があるとする。まず、5歳の子どもにその本の表面と裏面をよく見せよう。それから、その本を手にとって、あなたと子どもの間に持ってこよう。あなたには裏面のオレンジ色が見えていて、子どもには表面の青色が見えている。そうしたら、子どもに聞いてみよう。「何色が見える?」子どもは、青色だと正しく答えるだろう。それでは、今度はこう聞いてみよう。「私には、何色が見えている?」5歳の子どもなら、きっと青色と答えるだろう。しかし7歳の子どもなら、オレンジ色と答えるはずだ。

言い換えれば、5歳の子どもは、**あなたの立場に身を置いて、あなたの視点から物事を見ることができない**のである。認知的な能力が不十分であるために、自分自身の皮膚の外側に出て、あなたの側から物事を見てみることができないのだ。それゆえに、あなたの視点やあなたの思いを、本当の意味で理解することは決してないだろう。お互いの視点を認め合うということが、どうしてもできないのである。さらには、**あなたの見方に対して、本当の意味で気を遣ってくれることもないだろう**(たとえ情動的にはあなたのことを深く愛していたとしても)。だが、こうしたことは全て、他者の立場に立って考える能力が出現すると、変化し始める。だからこそ、ギリガンは、利己的な段階から**ケア(気遣い)の段階**への移行だと呼んでいるのである。

ケアの段階は、一般的には、7歳頃から青年期まで続く。この段階は、**慣習的段階**、**順応的段階**、**自民族中心的段階**、**自集団中心的段階**などとも呼ばれており、**特定の集団**(家族、仲間、部族、国家など)

を重視するようになる段階である。

子どもは、自分自身の限られた視点の外に出て、他者の見方や視点をとり入れられるようになる。ただ、その傾向が非常に強いために、**多くの場合、他者の見方の中に捕われてしまう**のだ——それゆえに、他者や集団に対して順応的になるのである。

この段階は、「いい子」の段階、あるいは「正しかろうと間違っていようと我が祖国」の段階であると呼ばれることも多い。大抵の場合、**順応的な傾向が強く、同調圧力に突き動かされており、集団が個人に優越している。**この段階の個人にとって、自分自身の視点の外へ出ることはそれほど難しくないが、自分の属する集団の視点の外へ出ることはかなり難しい。「私」の段階から「私たち」の段階へと移行することで、自己中心性は大きく減少したが、しかしまだ、基本的な発想は「正しかろうと間違っていようと我が集団」なのだ。

だが、こうした傾向も全て、青年期になると大きく変化し始める。**後‐慣習的**な意識、**世界中心的**な意識が現れ始めるのである（ギリガンの「普遍的なケア」の段階に相当する）。

そしてこの変化によって、再度、自己中心性は大きく減少する。なぜなら、今回は、**自分の属する集団の視点そのものが、批判的検討の対象になる**からである。自分にとってではなく、あるいは自分の部族や国家にとってでもなく、**全ての人間**——人種、宗教、性別、信条にかかわりなく——**にとって正しいこと、公平なこととは、何なのだろうか？**

こうして、青年は理想主義に燃え上がり、あらゆる可能性を追求し、正義のために社会運動を起こし、在野の革命家として世界を揺さぶるのである。もちろん、中には、多量のホルモンが分泌されているだけで、お世辞にもただ熱狂しているとしか言えないものもある。しかし、その良い面とは、**普遍的な気遣い《ケア》や正義や公平さを求めるようになっている**ということだ。

そして実際、この段階において、真に統合的な包容力を獲得しうる可能性が現れ始めるのである。

思いやりの螺旋

もちろん、こうした三つの段階——自己中心的段階、自民族中心的段階、世界中心的段階——はただの要約にすぎず、本当は、もっと多数の意識段階《ウェイブ》が存在する。だが、これまで見てきたように、発達において自己中心性が減少していくのは確かである。それぞれの発達段階《ウェイブ》を進むごとに、自己愛は減少し、意識は拡大していくのである（言い換えれば、それまでよりも広く深い視点を活用できるようになるのである）。

当然ながら、もっと多くの段階からなる複雑な発達モデルが存在する。第1章で紹介したスパイラル・ダイナミクスはその例であり、ここで他のモデルとの対応関係を述べておこう（図2-1を参照）。スパイラル・ダイナミクスにおいて、前-慣習的な段階に相当するのは、ベージュ（古代的-本能的な段階）、パープル（呪術的-アニミズム的な段階）、レッド（自己中心的な段階）の三つの段階である。ただし、レッドは「自己中心的」な段階と呼ばれているものの、それ以前の段階はさらに自己中心的である（発達とは自己中心性が次第に減少していくことであるから）。レッドは単に、前-慣習的な領域（自己中心的な領域）の頂点に位置しているために、その**自己中心的な力をもっとも効果的に発揮できる**ということなのだ。

しかし、次のブルー（順応的段階）になると、自己愛は分散していき、**集団**が重視されるようになる。

自分はともかく、自分の国はいつだって正しいのだ！　こうした慣習的で順応的な態度は、オレンジ（合理的段階）が出現するまで続く。

　そして**オレンジを起点として、後-慣習的な諸段階**（グリーン、イエロー、ターコイズ）**が現れ始める**のである。こうした後-慣習的な諸段階（特にオレンジとグリーン）においては、前-慣習的段階や慣習的段階において信奉されていたさまざまな神話、集団の価値観、自民族中心的な見方などが、その妥当性を徹底的に再検討されることになる。

　要するに、前-慣習的段階から慣習的段階、そして後-慣習的段階へ（あるいは、自己中心的段階から自民族中心的段階、そして世界中心的段階へ）と発達が進んでいくにつれて、自己愛《ナルシシズム》や自己中心

図2-1●世界観と自己感覚＊訳注20

	スパイラル・ダイナミクス	世界観	自己感覚
前-慣習的段階（自己中心的）	ベージュ（インフラレッド）	古代的（本能的）	
	パープル（マジェンタ）	呪術的（アニミズム的）	衝動的
	レッド		自己中心的
慣習的段階（自集団中心的）	ブルー（アンバー）	神話的（メンバーシップ的）	順応的
後-慣習的段階（世界中心的）	オレンジ	合理的（形式操作的＊訳注21）	良心的
	グリーン	多元的（相対的）	個人主義的
	第二層 イエロー（ティール） ターコイズ ↓ トランスパーソナル	統合的 ホリスティック	自律的

＊訳注20：図では、オレンジ段階は後 - 慣習的段階とされているが、定義によっては、オレンジ段階までを慣習的段階とし、グリーン段階以後を後 - 慣習的段階とすることもある。ウィルバー自身、文脈に応じてどちらの定義も用いている。

＊訳注21：formal operational / formal　心理学者ジャン・ピアジェ（1896-1980）の発達段階論における「形式操作的段階」（形式的操作段階と訳されることも多い）を踏まえた表現である。形式操作的段階とは、仮説に基づいて結論を導いたり、命題論理を用いたり、さまざまな可能性を並べて考えたりすることができるようになる段階のことを指している。

性は、ゆっくりと、しかし確実に減少していくのである。それゆえ、後-慣習的な意識をそなえた人は、世界や他者を自分自身の延長として捉えるのではなく、**世界ないし他者自身の言葉を通して、世界や他者に触れられるようになる**のだ。そして、このように成熟した人々同士の交流は、相互理解と相互尊重の精神に基づいたものになる。

言い換えれば、**発達の螺旋とは、思いやり《コンパッション》の螺旋でもある**のだ。「私」への思いやり、「私たち」への思いやり、そして「私たち全員」への思いやりへと、その対象が広がっていくのである——そしていずれは、統合的な包容力を獲得することになるだろう。

ただし、急いで補足しておかなければならないことがある。発達とは、甘美で、光輝くようなことだけがもたらされるプロセスではないのだ。

発達とは、梯子を登るかのように直線的に進歩していくことでもなければ、素晴らしい未来へと単純に上昇していくことでもない。なぜなら、**それぞれの発達段階《ステージ》は、新しい能力をもたらすだけでなく、新しい悲劇をもたらしうる**からである。それぞれの段階ごとに、新しい可能性だけでなく新しい病理が、新しい強さだけでなく新しい不健全さが出現しうるのである。

一般的に言って、進化において、新たなシステムが現れると、そのシステムは必ず新たな問題に直面することになる——犬はガンになるが、原子はならないのだ。悩ましいことに、私たちは、意識が拡大するたびに、その代価を支払わなければならないのである。こうした**「進歩の弁証法」(dialectic of progress)**（発達や進化においては、良いことと悪いことの両方が新しく出現する）という原則が存在していることを、私たちは常に忘れてはならない。

とはいえ、さしあたっての要点は、意識の各段階《ウェイブ》が開き出されていくにつれて、気遣いや思いやり、正義や慈悲の範囲が――少なくとも、潜在的可能性としては――次第に拡大していくということであり、そしてその先に、統合的な抱擁が実現されるということなのである。

体制側と闘争せよ！

そういうわけで、自己愛《ナルシシズム》が生まれる理由のひとつは、単に、**成長や進化に失敗する**ということなのだ。特に、自己中心的な段階から自集団中心的な段階への成長は難しく、意識の一部がこの変化を拒絶し、自己中心的な領域に「固着」してしまうことがある。**社会のルールや役割にうまく適応し損ねる**のである。

もちろん、社会のルールや役割の中には、尊重するに値しないものもあり、そうしたものに対しては、今すぐに批判を加えて、拒絶することが必要かもしれない。しかし、社会のさまざまな規範について丁寧に調べ、深く考え、批判を行うという後-慣習的な態度が現れるためには、その前に、慣習的な段階を経験していることが必要なのだ。なぜなら、**慣習的な段階を通して獲得されるさまざまな能力があって初めて、後-慣習的な意識を形成することが可能になる**からである。言い換えれば、慣習的な段階と仲良くなれていない人は、後-慣習的な立場から社会を批判するのではなく、前-慣習的な理由で社会に反抗することになりがちなのだ。自己愛《ナルシシズム》の中核にある「誰も私に指図するんじゃない！」の精神は、主に、前-慣習的な段階《ウェイブ》に由来するものなのである。

批評家たちが合意しているように、ベビーブーム世代は、反抗的な世代として悪名が高い。とはいえ、その社会的反抗の中に、後-慣習的な人々が引き起こしたものがあることは確かだ。

こうした人々は、社会の不公平な部分、不正な部分、倫理的でない部分を改革することに、心の底から関心を抱いていたのである。だが、それと全く同じくらいに確かなことは——多くの研究によって実証されているように——こうした反抗的態度のうちの大部分が、前-慣習的な衝動によって引き起こされたものだということだ。こうした衝動に突き動かされている人々は、慣習的なリアリティとほとんど和解できていないのである。「反体制」や「反権力」といった1960年代の一般的な掛け声は、前-慣習的な衝動に基づいて発することも簡単だったのだ。そして実際、調査によれば、後-慣習的な関心よりも、前-慣習的な関心に基づいている場合のほうが多かったのである。

古典的な例として、1960年代後半にバークレー大学で起きた学生運動（主な抗議の対象はベトナム戦争であった）を挙げよう。学生たちは、異口同音に、自分たちは高次の倫理観に基づいて行動しているのだと主張していた。だが、実際に道徳性の発達を調べるテストを実施したところ、大半の学生の道徳性は、後-慣習的な段階ではなく、前-慣習的な段階にあると判定されたのである[4]（なお、慣習的な段階にある学生は非常に少なかったが、それは定義上、この段階はあまり反抗的ではないからである）。

もちろん、少数の人たちが後-慣習的で世界中心的な道徳性に基づいて行動していたことは、称賛されるべきである（ただし、考え方そのものというより、非常に成熟した道徳的推論によってその考え方に到達したということを評価すべきだろう）。しかし同時に、多くの学生が前-慣習的な自己中心性に基づいて行動していたということも、私たちは認識しなければならない。

こうした実証的研究に関してもっとも興味深いことは、しばしば、「前《プレ》」と「後《ポスト》」の混同という事態が起きることだ。**「前-〇〇」と「後-〇〇」は、ともに「非-〇〇」である**（例えば、前-慣習的段階と後-慣習的段階はどちらも非-慣習的であり、慣習的な規範やルールには従わない）ために、両者が混同されるのである。

　そして多くの場合、こうした状況においては、**「前-〇〇」の勢力も「後-〇〇」の勢力も、全く同じ言葉《レトリック》を使い、全く同じ信条《イデオロギー》を掲げている**。しかし実際には、両者は異なっており、**その成長や発達の度合いには、とてつもない差がある**のである。

　バークレー大学での抗議運動においては、ほぼ全ての学生たちが、自分たちは普遍的な倫理観に基づいて行動しているのだと主張していた（例えば「ベトナム戦争は人間の普遍的な権利を侵害している。それゆえ私は、ベトナム戦争で戦うことを拒否する」というように）。だが、道徳性発達のテストによって明白に示されたことは、後-慣習的な倫理観に基づいて行動していた人はわずかであり、多くの人は、前-慣習的で自己中心的な衝動によって行動していたということだ。「誰も俺に指図するんじゃない！　俺は戦争になんて参加したくないんだよ、このクソが」というように。

　この例において言えるのは、どうやら、非常に高次の道徳的理想が、実際には、低次の衝動を支えるために使われていたらしいということである。こうした欺瞞《ぎまん》を行うことができたのは、発達における「前《プレ》」と「後《ポスト》」の性質が、不思議なことに、表面的には似ているからである。前-慣習的な自己愛《ナルシシズム》が、後-慣習的な理想の中に、寄生してしまったのだ。

　こうした混同、すなわち、前-慣習的段階と後-慣習的段階を混同することは、**「前《プレ》/後《ポスト》の混同」**（pre/

post fallacy) と呼ばれている。*訳注22 そして、ベビーブーム世代の理想主義も、少なくともその一部は、こうした観点から厳しく捉え直さなければならないのだ。

これは極めて重要な論点である。なぜなら、ある理念——例えばエコロジー、文化的多様性、世界平和——がどれほど気高く、どれほど理想主義的で、どれほど利他的なものに聞こえたとしても、こうした理念を強く支持していると**口で述べることは誰でもできるのであり、それだけでは、その人がどんな動機によってその理念を大切にしているのかはわからない**からである。あまりにも多くの社会評論家が、例えば「平和、愛、相互尊重、多文化共生」の重要さを訴えている人々を見ると、こうした人々は利他的で理想主義的な方向に進んでいるはずだと、単純に考えてしまうのだ。

しかし多くの場合、ベビーブーム世代の人々は、内面的な成長を深める方向には進んではいない。それどころか、利他的な視点を声高に主張することで、自らの自己中心的な態度を覆い隠そうとしているのである（この点についてはまた後で見ていく）。

とは言っても、ベビーブーム世代の人々が全員こうした罠に捕らえられているという意味ではない。そうではなく、ただ、**後-慣習的な理念の中に、前-慣習的な動機が寄生していることが多い**という話なのだ。そして、この奇妙な混合物のことを、私たちは「ベビーブーム世代の病」〔Boomeritis: Boomer《ブーマー》（ベビーブーム世代）＋itis《アイティス》（の病）：ブーマライティス〕と呼んでいるのである。

＊訳注22：「前／超の虚偽」（pre/trans fallacy）と呼ばれることもある。

成長型の階層構造と支配型の階層構造

多元主義、平等主義、多文化主義などの立場は、その最良の形態においては、非常に高次の発達段階であるグリーンの段階《ミーム》から生まれてくるものである。そしてグリーンの段階は、多元的な公平さを実現しようとして、他の全ての段階を、同じだけの気遣い《ケア》と思いやりによって平等に扱おうとする。偽りなく言えるが、こうした意図は本当に気高いものだ[5]。

しかしグリーンは、あまりにも強く平等主義を信奉しているために、**自分自身の立場がかなり稀なものであり、選り抜き《エリート》の立場である**（人口の10％程度）**ということを、認識し損なってしまう**のである。こうした選り抜きの立場を身につけないと、平等主義を本当に実践することはできないのだ。

さらに悪いことに、グリーンは、どんな順位づけもせずに全ての見方を平等に扱いたいという思いから、発達段階《ステージ》の存在を精力的に否定するが、**そもそもグリーンの段階は、そうした発達段階を進んだ結果として生まれた**ものなのである。

これまで見てきたように、グリーンの平等主義は、少なくとも六つの発達段階を進むことで生じてくる立場である。しかし、今やこのグリーンの段階が、くるりと後ろを振り返って、平等主義の名のもとに、あらゆる段階を否定しようと精力的に活動しているのだ。

こうした混乱のかなりの部分は、階層《ヒエラルキー》という概念を誤解しており、**自然な成長や発達においても階層**

が生じうるという事実を見落としていることに原因がある。

ここで、それぞれの段階《ミーム》が、階層という概念をどう捉えているかを見てみよう。パープル（呪術的段階）は、階層という概念をほとんど認識していないが、それは主に、形式や規則を認識することが困難だからである。レッド（自己中心的な力の段階）は、冷酷な力の階層が存在することを認識している（封建的帝国の基礎にあるのはこうした階層である）。ブルー（神話的秩序の段階）においては、非常に厳格な社会的階層が多数見受けられる。例えば、生まれによって身分が決まるカースト制度、中世の教会における聖職者の位階制度、封建的帝国や初期の国家における明確な社会階級などである。そしてオレンジ（個人的達成の段階）は、個人の自由と機会の平等を実現するために、ブルーの階層を断固として否定する。オレンジの階層はブルーの階層とは全く異なり、その人の生まれや階級ではなく、能力や優劣を基準として形成されるのである。

だが、グリーンの段階に達すると、感受性豊《センシティブ》かな自己が、ほとんどあらゆる種類の階層《ヒエラルキー》に対して一斉攻撃を仕掛けるようになる。その理由は単純で、階層という見方は、恐ろしい社会的抑圧の原因になることが多いからなのだ。誰かが反‐階層《ヒエラルキー》の立場を精力的に主張しているのを耳にしたら、大抵の場合、そこにはグリーンの段階《ミーム》が存在していると思って間違いない。

しかし、**第二層の出現とともに、階層という見方が再び現れる**。ただし、今回の階層はもっと柔軟であり、しかも、入れ子《ネスト》状の構造（小さなものが大きなものの中に次々と含まれる構造）をなすものである。こうした入れ子状の階層は、しばしば、**「成長型の階層構造《グロース・ヒエラルキー》」**と呼ばれている。例えば、原子、分子、細胞、有機体（動物や植物）、生態系、生物圏、宇宙といった階層だ[6]。**それぞれの構成単位は、たとえ**

どれほど「低次」のものであっても、階層全体にとって絶対的に不可欠である。全ての原子を破壊すれば、同時に、全ての分子、全ての細胞、全ての有機体も破壊されるからである。さらに、後ろの段階《ウェイブ》は、先行する全ての段階を包み込んでいる。有機体は細胞を含んでおり、細胞は分子を含んでおり、分子は原子を含んでいるのである。

言い換えれば、**発達《ディベロプメント》とは、包み込むこと《エンベロプメント》**なのである。それゆえに、それぞれの段階《ウェイブ》は、前の段階よりも包括的で、インクルーシブで、統合的なのだ——前の段階よりも、誰かを周縁化したり、排除したり、抑圧したりすることが少ないのである（言い換えれば、それぞれの段階は「超えて含む」のである——自らの偏狭さを超えて、他者を含むのだ）。

さらに、発達の螺旋《スパイラル》そのものも、自然界におけるほとんどの成長プロセスと同じく、入れ子状の階層すなわち成長型の階層構造《グロース・ヒエラルキー》をなしている。実際、ベックとコーワンによれば、第二層を特徴づける思考とは、入れ子状の階層構造に基づく思考なのである。

著書 *The Chalice and the Blade*（邦題『聖杯と剣——われらの歴史、われらの未来』）で有名なリーアン・アイスラーは、こうした2種類の階層のことを**「支配型の階層構造《ドミネーター・ヒエラルキー》」**と**「実現型の階層構造《アクチュアリゼーション・ヒエラルキー》」**と呼んで区別している。

支配型の階層構造とは、抑圧をもたらす厳格な社会階層のことである。それに対して、実現型の階層構造とは、成長において生じる階層であり、個人や文化が（そしてほぼ全ての生物学的システムが）その潜在的可能性を実現するうえで、どうしても必要なものなのだ。言い換えれば、**前者が抑圧の手段で**

あるのに対して、後者は成長の手段なのである。

そして成長型の階層構造《グロース・ヒエラルキー》が存在するからこそ、バラバラに断片化していたさまざまな要素はひとつにまとまることができるのだ――バラバラだった原子がまとまって分子になり、バラバラだった分子がまとまって細胞になり、バラバラだった細胞がまとまって有機体になるというように。要するに、成長型の階層構造《グロース・ヒエラルキー》とは、ただの寄せ集めをひとつの全体へとまとめ上げるもの、さまざまな断片をひとつに統合するもの、疎外された状態を克服して協同的な関係を生み出すものなのだ。

さらに、スパイラル・ダイナミクスによれば、**こうした性質への認識は、第二層になると急速に拡大する。**第二層の統合的意識は、入れ子状の構造をなす成長型の階層構造《グロース・ヒエラルキー》のことを熟知しているのである。

あらゆる階層を否定すれば、支配型の階層構造《ドミネーター・ヒエラルキー》がもたらすさまざまな不公正と闘うことはできるかもしれないが（それは素晴らしいことだ）、それと同時に、自分自身が第二層の統合的意識へと発達することも、非常に難しくなってしまうのだ。グリーンの段階《ミーム》は、ブルーやオレンジにおける絶対主義、普遍的真実、支配型の階層構造《ドミネーター・ヒエラルキー》などを的確に批判するのだが、全ての階層がブルーやオレンジと同じ秩序をもっているはずだと誤って考えているために、その結果、全ての階層を否定することになり、第一層の思考の中に固く閉じ込められてしまうのである。

（これと同じことが、「普遍的真実」や「大きな物語《メタ・ナラティブ》」への批判においても言える。まず、前-慣習的な段階においては、普遍的真実も大きな物語も存在していない。ブルーになると、こうした見方が、厳格で抑圧的な形態をとりながら出現するようになる。グリーンになると、こうした見方は攻撃され、脱構築される。そして第二層になると、こうした見方はもっと柔軟なもの、しかも入れ子状のものとして、再び現れるのだ。もし、誰かがどこかで「大きな物語」や「普遍的真実」を攻撃しているのを見かけたら、そこには必ずと言っていいほど、グリーンの段階《ミーム》が存在していると思ってよい）

ベビーブーム世代の病

要点は明快である。グリーンの多元主義という非常に高次の発達論的立場——少なくとも六つの段階を階層的に進んだことで現れた立場——が、くるりと向きを変えて、全ての階層を否定しているのだ。言い換えれば、グリーンの多元主義は、**多元主義という高尚な立場を生み出すことになった歩みそのものを、自ら否定している**のである。そしてその結果、あらゆる立場を——どれほど浅薄な立場であっても、どれほど自己愛的《ナルシスティック》な立場であっても——平等に抱擁しようとするのだ。だが、平等主義の原則を実行すればするほど、実際には、自己愛《ナルシシズム》の文化を奨励し、促進することになってしまう。そして自己愛《ナルシシズム》の文化とは、統合的文化の正反対にあるものなのである。

（これまで見てきたように、自己愛《ナルシシズム》の中核にあるのは、「誰も私に指図するんじゃない！」という強い主張である。それゆえ、自己愛的傾向の強い人は、普遍的なものは何でも否定しようとする。なぜなら、何かが普遍的に成立するということは、自分に対しても何らかの要求や義務が課されるということであるからだ。「誰も私に指図するんじゃない！」と思っているために、普遍的なものは何であれ必死に脱構築しようとするのである。言い換えれば、自己愛的な態度は、いとも簡単に、多元的相対主義の教義によって強化されてしまうのだ）

要するに、かなり高次の発達段階に由来する多元主義の立場が、かなり低次の感情である自己愛《ナルシシズム》の傾向を、あたかも強力な磁石のように、強く引き寄せてしまっているのだ。

そしてここにおいて、ベビーブーム世代の病《ブーマライティス》が現れるのである。

ベビーブーム世代の病《ブーマライティス》とは、非常に高次の認知的能力（グリーンの段階《ミーム》、および、その多元主義の立場）が、かなり低次の感情である自己愛《ナルシシズム》に「感染」してしまい、その結果、高次の認知能力と低次の感情的状態からなる奇妙な混合物が生まれてしまう病のことである。こうした特徴は、多くの社会評論家たちが指摘してきたものでもある。非常に高次の発達段階に由来する多元主義の立場が、ある種の「避難所」となり、その中で、極めて自己中心的な低次の段階（パープル、レッドなど）が再活性化されるのである。

　グリーンは、順応主義的なルールを克服しようという高尚な試みを行ったり（実際、そうしたルールの多くは公平ではなく、多くの人々を周縁に追いやるものである）、あるいは、本物の動機に基づいて、硬直した合理性を脱構築しようとしたりするのだが（実際、そうした合理性の多くは抑圧的で、人々の気力を奪ってしまうものである）――言い換えれば、グリーンは、**後-慣習的**であろうとして素晴らしい努力を行うのだが――多くの場合、不注意にも、**非-慣習的**なものを全て包含してしまうのだ。それゆえに、**前-慣習的**なもの、退行的なもの、自己愛的なものまでも、たくさん包含してしまうのである。

　このような奇妙な混合物――**非常に高次の後-慣習的な段階《ミーム》と、自己愛的で前-慣習的な段階《ミーム》との混合物**――こそが、ベビーブーム世代の病《ブーマライティス》の本質である。その結果として一般的に何が起こるかと言えば、感受性豊《センシティブ》かな自己が、自分は極めて重要な存在であると、興奮しながら大げさに主張するのである。

　私たちが新しいパラダイムに到達し、まもなく、歴史上もっとも重大な変容が起こるだろう。私たちが現在の社会に大変革を起こし、その姿を完全に変えてしまうだろう。私たちが、過去のあらゆるものを書き改めるだろう。私たちが、この惑星を救済するだろう。そう、私たちこそが、もっとも驚くべき存在なのだから……。

こうした点こそ、過去30年間、ベビーブーム世代がカルチュラル・スタディーズ〔文化研究〕の分野にもたらしてきた負の面なのだ。そしてこれは、その現場を生きてきた人物による報告、例えば第1章で言及したレントリッキア教授による報告と全く同じなのである（「これだけは確実に言えるが、学問の世界における文芸評論や文化批判は、英雄的なまでの自己肥大《セルフ・インフレーション》に陥っており、それはどんなに誇張しても言い足りないほどなのだ」）。

ただし、もう一度言っておくと、こうした性質は、ベビーブーム世代の全てを表現しているわけでもなければ、その大部分を表現しているとさえ言えない。にもかかわらず、これがベビーブーム世代のひとつの特質であることは、紛れもない事実であると思われる。

ベビーブーム世代の病《ブーマライティス》のために、学問的研究の方向性は大きく偏ることになり、これまでさまざまな悪影響が及ぼされてきた。いわゆる「文化戦争《カルチャー・ウォー》」の背後にも、多くの場合、ベビーブーム世代の病《ブーマライティス》が潜んでいる。

ほとんどのニューエイジ思想にも、この病は浸透している。脱構築の運動やアイデンティティ政治《アイデンティティ・ポリティクス》も、多くの場合、この病によって突き動かされている。そして毎日のように、この病に基づく「新しいパラダイム」が生み出されているのだ。要するに――私が著書*Boomeritis*《ブーマライティス》〔未訳〕で長々と書き記したように――

たとえどれほど悪意なく述べられていたとしても、ほとんど全ての話題が、同じテーマの焼き直しなのである。

それでは、もし標準的な発達においては、グリーンの多元主義はやがて第二層へと道を譲り、統合的な包容力を獲得するに至ると言うのであれば、どうしてこの世代は、グリーンの段階《ミーム》にこんなにも固着するようになったのだろうか？　どうして多元的相対主義に、極端な平等主義に、猛烈な反-階層思想に、脱構築的ポストモダニズムに、分裂型の多元主義に、そして「俺は俺、お前はお前。統合的《インテグラル》なものなんかクソ喰らえ」という思考に、固着してしまうのだろうか？

主な理由のひとつは、グリーンの段階《ミーム》が信奉する強烈な主観主義が、自己愛的傾向《ナルシシズム》を引き寄せる最大の「磁石」ないし「避難所」になってしまっているという点であると思われる。実際、多くの社会評論家が、理由はどうあれ、この世代の中には自己愛的傾向《ナルシシズム》が蔓延していると述べているのだ。そして**ベビーブーム世代の病《ブーマライティス》のために、グリーンの段階への固着が強化されて、そこから脱出することがほとんど不可能になっている**のである。自己愛《ナルシシズム》が、多元主義の立場の中にとても幸せな居場所を見出してしまったために、お互いがお互いから離れられなくなっているのだ。

高次の立場である多元主義と低次の感情である自己愛の組み合わせ、これこそがベビーブーム世代の病《ブーマライティス》なのであり、そしてこの病は現在、統合的な抱擁を実現するうえでの最大の障害のひとつなのである。

グリーンの段階が与えてくれるもの

ベビーブーム世代の病《ブーマライティス》は、今なお、統合的な未来を実現するうえでの最大の障害のひとつであると、私は考えている。だが、本当に重要な点は、グリーンがこれまで何を間違ってきたのかということではなく、グリーンが与えうる重要な真実とは何かということなのだ。なぜなら、**グリーンの豊かな土壌の中からしか、第二層は出現しえない**からである[7]。

グリーンが生み出す多元的な視点がなければ、統合的でホリスティックな網目細工《メッシュワーク》を構築することはできないのである。

この事実は強調されるべきだ。

発達とは、一般に、差異化（differentiation）と統合（integration）のプロセスを通して進んでいくものだからである（例えば、受精卵は最初、単一の細胞であるが、**差異化**〔分裂〕して2個の細胞になり、4個の細胞になり、やがて8個、16個、32個の細胞へと分かれていく。しかし同時に、こうして**差異化**〔分化〕した細胞群は、それぞれ**統合**されて、さまざまな組織や器官や器官系を形成する）。

グリーンの段階《ミーム》は、勇敢にも、オレンジの段階《ウェイブ》の特徴――抽象的で、普遍的で、しばしば硬直した、形式的な見方――を何とかして差異化しようとする。そこでグリーンは、オレンジの合理性のように、全てを画一的に捉えて、自らの分類に当てはまらないものを全て無視したり周縁化したりするのではなく、その代わりに、多種多様な文脈、豊かな文化的差異や一人ひとりの差異、さまざまな多元的見方が存在し、それらが美しい織物を形づくっていることを指し示すのである。こうしてグリーンは、まだ社会に届いていないさまざまな声に対して、敏感《センシティブ》に反応するのだ（だからこそ「感受性豊《センシティブ》かな自己」なのである）。

先に、螺旋《スパイラル》全体が健全であるためには、どの段階《ミーム》も極めて重要であると述べたが、**こうした多元的な感受性こそ、グリーンが与えてくれる素敵な贈り物のひとつ**なのである。

このようにして素晴らしい差異化が行われると、今度はこうしたさまざまな差異を、さらに深く広大な文脈へまとめ上げることが可能になる。そしてこの文脈こそが、真にホリスティックで統合的な世界を開き出す——第二層の意識への飛躍を引き起こす——のである。

しかしこれは、グリーンの段階《ミーム》がすでに重要な仕事を成し遂げていたからこそできることなのだ。**差異化の後に初めて、統合は起こる**。グリーンが始めた仕事を、第二層が完成させるのだ。

こうして私たちは、多元的で相対主義的な見方から、普遍的で統合的な見方（成熟したヴィジョン・ロジック[*訳注23]の段階、ジャン・ゲブサー[*訳注24]の統合的‐非視点的段階、ジェーン・レヴィンジャーの統合的段階）へと移行するのである。グリーンが生み出した多元的視点を第二層が統合するとは、こういう意味なのだ。

要するに、第一層の最終段階であるグリーンは、第二層へと跳躍する準備を整える段階でもあるのだ。だが、第二層の世界へと移行するためには、グリーンの段階《ミーム》、特にその多元的相対主義への固着を緩める必要がある。もちろん、グリーンの成し遂げたさまざまな偉業は、完全に包含されて、次の段階へと

＊訳注23：明確に定義されているわけではないが、基本的には、図1-2（第1章の注13参照）における「中期ヴィジョン・ロジック」の段階（イエロー）および「後期ヴィジョン・ロジック」の段階（ターコイズ）を指している。

＊訳注24：Jean Gebser　スイスの哲学者（1905-1973）。ドイツ出身。多種多様な分野における歴史的証拠をもとにして、人間の意識の構造には「古代的」「呪術的」「神話的」「心的」「統合的」という五つの形態があることを論じた。著書に *Ursprung und Gegenwart*（英訳: *The Ever-Present Origin*）など。

受け渡されることになる。しかしその際、グリーンの立場への執着は、どうしても緩めなければならないのだ。そして、グリーンへの執着を手放すことを非常に困難にしている原因が、まさしく、ベビーブーム世代の病《ブーマライティス》（相対主義的な見方に基づく強烈な主観主義を信奉しており、しかもその主観主義に対して自己愛的《ナルシシスティック》な執着をもっているという病）なのである。

私たちは、自分がグリーンの段階に固着しているのだということを明確に認識することによって、もっとすみやかに、グリーンの素晴らしい偉業を「超えて含む」ことができるようになるだろう。そしてそのとき、さらなる寛容さをもって、全てを抱擁できるようになるのである。

多元主義を超えて

しかし、なぜベビーブーム世代の病《ブーマライティス》は、統合的ヴィジョンが出現するうえでのもっとも大きな障害のひとつだと言えるのだろうか？　神話的段階（ブルー）における厳格な順応的態度は問題ではないのだろうか？　あるいは、合理的段階（オレンジ）における厄介な唯物論は？　あるいは、第三世界の国々の多くが直面しているひどい経済状況は？　あるいは……。

そう、これら全ては確かに問題である。

だが、これまで見てきたように、**多元的な意識（グリーン）の中からしか、統合的な意識（ホリスティックな第二層の意識）は出現しえない**のだ。

もちろん、グリーン以前の全ての段階《ミーム》が、統合的な見方の出現を「阻止」しようとする。しかし、私が強調したいのは――これがベビーブーム世代をやり玉に挙げている唯一の理由なのだが――ベビーブーム世代とは（グレイブスの研究が裏づけているように）、歴史上初めて、多数の人々がグリーンの段階《ウェイブ》への進化を果たした世代なのだ。そしてそれゆえに、ベビーブーム世代とは、第二層の意識へと大規模に移行しうる本物の可能性――さらには、第二層の意識を活用して、社会の諸制度を真に統合的なものへと変えていく本物の可能性――を手にした最初の世代なのである。

だが、こうしたことは、未だ十分に実現していない。なぜなら、ベビーブーム世代はまだ、第二層への移行を大規模には果たしていないからだ（成人の2パーセント未満である）。しかし、**そうなる可能**

性は残されている。第二層へと移行できるのはグリーンだけであり、ベビーブーム世代は今も、第二層という高次の空間に跳躍するための準備を整えているのだ。これは確かに、偉大な歴史的変容であり、実際にこうした変容が起これば、現在の社会の姿は根本的に変化することになるだろう。

そしてこうした主張は、ベビーブーム世代の病《ブーマライティス》が生み出すただの誇大妄想ではない。多くの証拠によって、特に、文化や個人を対象とするさまざまな発達研究によって、裏づけられたものなのである。

「統合的文化」

社会学者のポール・H・レイによれば、レイ自身によって「カルチュラル・クリエイティブス」*訳注25と名づけられた新たな文化的勢力が、現在、アメリカの成人のなんと24パーセント（およそ４４００万人）を構成しているという。レイは、この運動をかつての**伝統主義**や**近代主義**《モダニズム》の運動と区別するために、この新たな文化を**統合的文化**と呼んでいる。

こうした文化集団が本当にどれほど「統合的」なのかということは、十分に検討されなければならない。しかし、レイの示した数字は、実際の傾向をかなり正確に反映したものだと私は考えている。伝統主義者たちは、前-近代的で神話的な価値観（ブルー）を大切にしている。近代主義者《モダニスト》たちは、合理的で産業的な価値観（オレンジ）を大切にしている。カルチュラル・クリエイティブたちは、後-近代《ポストモダン》的な価値観（グリーン）を大切にしている。こうした三つの運動は、意識発達や意識進化についての私たちの研究から予想される内容と、正確に一致しているのである。

しかし、重要な論点は他にもある。レイが「統合的文化」と呼んでいる文化は、私の定義では、統合的ではないのだ。レイの統合的文化の基礎にあるのは、普遍的な統合的思考でも、第二層の意識でも、あるいは、成熟したヴィジョン・ロジックでもない。むしろ、レイの調査結果が示しているのは、カルチュラル・クリエイティブの大半が、基本的に、**グリーンの段階《ミーム》を活性化させている**ということなのだ。

このことは、カルチュラル・クリエイティブがどんな価値観を重視しているのかを見れば、明快にわ

＊訳注25：Cultural Creatives　伝統的で保守的な勢力とも、近代的で進歩的な勢力とも異なる形で、西洋社会において新しく出現しつつある人々のこと。物質的な豊かさよりも人間関係や自己実現を大切にする、エコロジーや持続可能性の問題を真剣に考える、健康的な食生活や代替医療を重視する、などの傾向が見られる。

かることでもある——反‐階層的であり、対話を重視し、階層のないフラットな全体論的思想《ホーリズム》を掲げ（本物のホーリズムには必ず入れ子状《ホラーキー》の階層構造という見方があるが、カルチュラル・クリエイティブは大抵、階層的な見方を避けるために、物理学やシステム理論が指し示すようなフラットな全体性《ホールネス》のみを主張する）、ほぼ全ての慣習的方法に対して疑いの目を向け、少数派《マイノリティ》が周縁に追いやられていないかということに敏感であり、多元的な価値観や主観主義的な見方に傾倒しており、あまり変容的ではない精神性／霊性《スピリチュアリティ》をそなえているのである。[8]

　ドン・ベック自身が、多くの研究結果をもとに、こう述べている。

「本質的に言って、レイの『統合的文化』は、グリーンの段階《ミーム》に由来するものである。イエローやターコイズの存在を示唆する特徴は、全く存在しないわけではないが、非常に少ない。言い換えれば、カルチュラル・クリエイティブの大半は、第二層の段階《ミーム》に基づくものではないのである」[9]

　その後の実証研究においても、こうした解釈は強く支持されている。レイによれば、アメリカ人の24パーセントがカルチュラル・クリエイティブであり、統合的文化を形成している。私の考えでは、レイは確かに、ある種の潮流を正確に測定していた。しかしカルチュラル・クリエイティブのほとんどは、実際にはグリーンの段階に位置しているのだ。ジェーン・レヴィンジャーとスザンヌ・クック＝グロイターの用語を使えば、**自律的段階**（イエロー）や**統合的段階**（ターコイズ）ではなく、**個人主義的段階**＊訳注26（グリーン）に位置しているのである。

　実際、調査によれば、自律的段階ないし統合的段階に位置するアメリカ人は、成人の2パーセントに満たない（この結果は、第二層に位置する個人は成人全体の2パーセントに満たないというベックの調

＊訳注26：第１章で紹介したスパイラル・ダイナミクスにおいて、グリーンは「共同体主義的」な傾向があると述べられていたが、ここでグリーンが「個人主義的段階」と名づけられているのは間違いではない。個々人の差異や感受性を大切にするためにこそ、誰もが対等に対話し、関わり合う社会をつくろうとするのである。
実際、スザンヌ・クック＝グロイターは、自らの調査データから、個人主義的段階（グリーン）には共同社会的な傾向があることもあればないこともあると述べている（論文「自我の発達：包容力を増してゆく９つの段階」を参照）。

査結果と非常によく合致している。さらに、他のほとんどの発達研究者も、同じような数字にたどり着いている）。

　要するに、カルチュラル・クリエイティブ――その大半はベビーブーム世代の人々である――は、本当の意味で統合的とは言えず、基本的には、グリーンの段階《ミーム》を活性化させているだけなのだ[10]。

　もっと言えば、グリーンの段階《ミーム》とは――自らの段階への執着を手放さない限り――第二層の出現を妨げるものであることを踏まえると、レイが「統合的文化」と呼んでいる文化は、**実際には、本物の統合的文化の出現を妨げている**のである。

　結局、データをどんな角度から切り取ってみても、レイの「統合的文化」はあまり統合的ではないのだ。

　だが、**本当に統合的になる可能性はある**。これこそが、極めて重要な論点なのだ。

　カルチュラル・クリエイティブが人生の後半期に突入するこのタイミングこそ、さらなる意識の変容、グリーンから第二層への変容が、もっとも容易に起こりうる時期なのだ。そして、後で改めて紹介するように、第二層の統合的意識（そしてさらに高次の超-個的《トランスパーソナル》な段階）への変容をもっともすみやかに推し進めるための実践が、**統合的変容のための実践（Integral Transformative Practice）**なのである。

　私がこうして「ベビーブーム世代の病《ブーマライティス》」について述べているのも、ひとえに、現在どんな障害によってさらなる変容が阻まれているのかを明らかにすることで、そうした変容がもっとすみやかに起こってくれれば、という望みを懸《か》けているからなのだ。

さらに、**こうした障害に阻まれているのは、ベビーブーム世代の人々だけでもなければ、アメリカ人だけでもない。**多元的相対主義は、世界のどこにいても到達しうる意識の段階《ウェイブ》であり、そこには、特有の危険や特有の障害が存在する。その主要なものが、強烈な主観主義であり、自己愛的傾向《ナルシシズム》を引き寄せる力なのだ。それゆえ、ベビーブーム世代の病《ブーマライティス》は、ベビーブーム世代の人々だけが陥りうる病では決してない。これは、**第二層の意識へと跳躍する準備が整っている人なら、誰もが罹《かか》りうる病**なのだ。

そしてこの病自身が、実は偉大なる入り口であり、その先には、朽《く》ちることのない精神的／霊的《スピリチュアル》で超-個的《トランスパーソナル》な意識が広がっているのである。

それでは、こうしたもっと統合的なヴィジョンの話に移ろう。

第3章

インテグラル理論とは何か
～統合的ヴィジョンの概要～

あらゆることをできるだけシンプルにすること。
しかし、シンプルすぎてもいけない。

――アルバート・アインシュタイン

統合的変容

さて、統合的な第二層の段階に位置しているのは、どうやら人口のおよそ1パーセントから2パーセントであるらしい。しかし同時に、人口のおよそ20パーセントは、グリーンの段階に位置しており、**来たるべき統合的変容**——グレイブスの言葉を借りれば**「極めて重大な飛躍」**——のための準備を済ませた状態にある。

どんな条件があれば、こうした変容は促進されるのだろうか？

発達理論の研究者たちは、こうした垂直的な変容（単なる水平的な変化ではなく）を促す独立した要因を、何十個も見つけてきた。変容が起こるためには、触媒となる要因が複数の領域に同時に存在していることが必要だと私は考えている[1]。

1. まず、個人は、こうした心の再組織化のプロセスを支えてくれるような生物学的システム（脳のシステムを含む）をもっていなければならない。そしてほとんどの人にとって、これは問題にはならない。なぜなら、ほとんどの人は、統合的意識を実現しうるだけの生物学的能力を既にそなえているからである。
2. 次に、こうした変容を支えてくれるような文化的背景をもっていなければならない。あるいは少なくとも、こうした変容に激しく反対するような文化的背景をもっていてはならない。

30年前であれば、これは問題だったかもしれない。だが、**統合的な抱擁を実現するための文化的準備はもう十分に整っている**ということが、多数の要因によって示されている。まず、過去30年間にわたって、人口のかなりの割合がグリーンの段階《ミーム》に存在していたことで、統合的変容のための豊かな土壌は既に形成されている（少なくとも、グリーンの人々、つまり４０００万人のアメリカ人にとってはそうである。調査によれば、ヨーロッパにおいても、人口の同じくらいの割合がグリーンの段階に位置している。図6-2を参照）。これこそ、クレア・グレイブスが主張していたグリーンの主要な役割なのだ。グリーンは、螺旋《スパイラル》全体を感受性豊か《センシティブ》にすることによって、第二層への変容の準備を整えるのである。

だが、こうした変容が起こるためには、意識はグリーンを超えなければならない。グレイブスの言葉をわかりやすく表現し直せば、こうなる。「第二層へと跳躍するエネルギーを得るためには、グリーンの段階《ミーム》を乗り越えなければならない。これこそが、今日、最先端の人々が直面している問題なのだ」[2]

そしてグリーンへの固着の主な原因はベビーブーム世代の病《ブーマライティス》であるから、統合的変容がすみやかに起きるためには、ベビーブーム世代の病《ブーマライティス》に注意を向けること、そしてそれを――少なくとも、十分な程度まで――治癒することが必要なのだ（具体的な提案は、著書*Boomeritis*《ブーマライティス》〔未訳〕の中で述べている）。

しかし実際のところ、もしベビーブーム世代の病《ブーマライティス》という問題を認識し、その危険を自覚することができたならば、もうすでに峠は越えたと言ってよい。

3. さらに、統合的変容を促す要因として、社会制度や技術-経済的構造を挙げることができる。こうした変容が起こるためには、少なくともひとつの領域において、テクノロジーが広範に発達しており、個々人の意識に変容への圧力をかけていることが必要である（これはもちろん、マルクス主義の古典的な主張――生産力が生産関係よりも発展するようになると、痛みを伴う文化的変容が始まる――でもある。このようなマルクス主義の見解は、部分的ではあるが重要な真実であり、現在においても妥当なものである）。

私たちは近年、さまざまな技術-経済的変化を経験している。特に重要なものは、超小型集積回路《マイクロチップ》とデジタル化によって引き起こされている大変化であろう。現代が「情報化時代」であり、この変化が歴史上の主要な社会変容のひとつを構成するものだということ（狩猟採集的、鍬《くわ》農業的、農耕的、産業的、情報的）は、とても広く知られており、受容されていることでもあるため、ここで詳しくは述べない。しかし着目すべきことは、地球規模の通信ネットワークが構築されたことによって初めて、グローバルで統合的な意識が広く普及する可能性が生まれたという点である。

ただし、こうした地球規模の技術ネットワーク、いわば人類の集合的意識にとっての「神経系」とも呼べるものが確立されたからと言って、一人ひとりの人間が統合的段階へと必ず発達できるわけでは全くない。こうした技術は、**統合的段階への発達を促進はするものの、保証は全くしない**のである。もっと言えば、グローバルであることや地球的であることは、必ずしも統合的であることを意味しない。結局のところ、レッドだろうと、ブルーだろうと、オレンジだろうと、インターネットを使うことは可能なのである。**意識がどの段階《レベル》にあるかということは、内面的な諸要因によって決まる**のであり（これが次の論点である）、単に外的な構造――たとえそれがどんなに地球的でグローバルなものであろうと――によって決まるものではないのだ。

4. こうして、私たちは最後の領域にたどり着く。その領域とは、個人の意識そのものである。それでは、この領域において、どんな要因が一人ひとりの変容を促進しうるのかを見ていこう（前述の三種類の要因は、大なり小なり存在しているものとする）。

私の考えでは、特に重要な要因は次の四つだ。「**達成**」「**不協和**」「**洞察**」「**開放**」である。

a. 達成

達成（fulfillment）とは、**その段階《ステージ》における基本的な課題を達成する**という意味である。すなわち、その段階《レベル》における基本的な能力を確立するのである。とはいえ、その段階の能力を完璧に使いこなせるようになる必要はない。ただ、さらに前進を続けるために必要な程度まで、その段階の機能を果たせればよいのだ。**こうした課題を終えていない場合、発達は止まり、さらなる変容は起こりにくくなる。**

これと同じことを、もっと主観的な観点から述べることもできる。次の段階へと進むためには、その段階を十分に味わうこと、**その段階に十分に満足する**ことが必要なのだ。その段階の「栄養」

に飢えている人には、他の段階に目を向ける余裕はないのである。

b．不協和

逆に、ある人がその段階《ステージ》を十分に味わい、その段階にかなり満足するようになると、その人はさらなる変容に対して開かれるようになる。だが、**変容が起こるためには、一般的に言って、何らかの不協和（dissonance）が生じていなければならない**。

新たな段階《ウェイブ》が必死に現れようとしているのだが、昔の段階《ウェイブ》も捨てられるまいと必死にしがみついている。こうして個人は、**二つの段階の間で引き裂かれ、不協和を感じ、さまざまな方向に引っ張られるのである**。

しかしどんな場合であっても、現在の段階に対して、何らかの深い不満足感を抱いていなければならない。その段階に心を乱されていること、悩まされていること、苛立《いらだ》ちを感じていることが必要なのだ。葛藤に満ちた深い不協和を、幾度となく感じていることが必要なのである（私が著書*Boomeritis*《ブーマライティス》〔未訳〕を執筆した理由のひとつは、グリーンの段階《ミーム》に本物の不協和を引き起こすということだった。結局、私がグリーンに好かれることにはならないが、そうするより仕方なかったのだ）。

c．洞察

どんな場合であっても、変容のためには、現在の段階《レベル》を積極的に手放さなければならない。別の言い方をすれば、**現在の段階に対して死ぬ**ことが必要なのである。

もしかすると、その人は、現在の段階に内在している限界や矛盾に突き当たったのかもしれない（ヘーゲルが述べているように）。あるいは、現在の段階と脱同一化し始めたのかもしれない（ロベルト・アサジョーリが説明しているように）。あるいは、単に、その段階にうんざりしてしまったのかもしれない。

いずれにせよ、この時点で、こうした状況に対する**何らかの洞察（insight）が現れる**ようになる。自分が本当は何を望んでいるのかということや、世界とは本当はどういうところなのかについての洞察を得るのである。

大抵の場合、**こうした洞察が生じると、変容のプロセスは進みやすくなる**。さらに、自分は変化するのだと強く宣言することや、変化しようという強い意志を抱くことも洞察の一種であり、意識は前に進みやすくなる。

こうした洞察を促す要因としては、内省、友人との対話、心理療法、瞑想などを挙げることができる。あるいは、最も多い要因であるのに誰一人としてその仕組みを理解していないのだが、ただ生きるということそのものによっても、洞察は促されるのである。

d．自己開放

そして最後に、もしこうしたことが全てうまくいっていれば、**次の意識段階**――さらに深く、さらに高次で、さらに広大で、さらに包容力のある意識段階――**に対して自らを開くこと（opening）が可能になる。**

それゆえ、統合的段階へと変容する準備を既に整えている人々――既にグリーンの段階を十分に味わい終えており、既に現在の状態に対する不協和を感じており、既にもっと深遠で広大で有意義なものを探し始めている人々――が、第二層への「極めて重大な飛躍」を果たすために自ら行いうることは、次の二つに大別できる。

ひとつは**統合的なヴィジョン**を学ぶことであり、もうひとつは**統合的な実践**《プラクティス》を行うことである。私たちは、統合的ヴィジョンに触れることで、さまざまな洞察を得ることができる。そのことによって、不協和を乗り越えて、もっと深遠で広大なものへと自らを開きやすくなるのだ。他方でまた、統合的実践を行うことによって、私たちはこうした変化を、単なる抽象的な考えや曖昧な見解のままにとどめるのではなく、具体的な内容へと血肉化させることができるのだ。

もうひとつ、着目しておきたいのは、意識の拠点が第二層へと移り始めると、本物の「万物の理論」を実現しうるかもしれないという衝撃的な可能性が見えてくる点である。あるいは少なくとも、第二層の全体論《ホーリズム》的思想にとっては、そうした可能性は深く魅力的なものに映るのだ。

さて、このあと数章をかけて、ありうるひとつの統合的ヴィジョンないし「万物の理論」について、大まかに説明していく。さらに、こうしたヴィジョンが、さまざまな分野――例えば医療、ビジネス、政治、スピリチュアリティ――にどんなふうに役立ちうるかということを詳しく探っていく（私はこれから紹介するものが唯一の統合的ヴィジョンだと言っているわけでもなければ、もっとも優れた統合的ヴィジョンだと言っているわけでもない。しかし、私の知っているものの中では、これがもっとも優れた統合的ヴィジョンである。もしさらに優れた統合的ヴィジョンを知っていたなら、私はそちらを紹介する)。

こうした統合的ヴィジョンの概要をいったん把握してしまえば、統合的実践とはどんなものから構成されうるのかということも、具体的に検討していけるようになるだろう。そしてもしお望みなら、統合的な意識をあなた自身の例に照らして生きた現実として血肉化させ、そのことによって、既存のアプローチよりさらに包括的な方法で他者への支援を行うこともできるだろう。

著書『進化の構造』について

私がこうした「万物の理論」の概要を初めて述べようと試みたのは、著書『進化の構造』〔原著名*Sex, Ecology, Spirituality: The Spirit of Evolution*　ウィルバーの代表作〕においてであった。

私はよく、この本をどうやって執筆したのか、なぜ執筆したのか、またこの本への評価はどんなものだったのかということを尋ねられる。それゆえ、ここで理論的な話を少し中断して、これらの点についての個人的な話を述べたい。

『進化の構造』は、ここ10年近くの間で、私が一番初めに執筆した本である。この本は、著書『グレース＆グリット――愛と魂の軌跡』〔原著名*Grace and Grit: Spirituality and Healing in the Life and Death of Treya Killam Wilber*〕に記した出来事の後に、生み出されたものだ（１９８３年に私はトレヤと結婚したが、その10日後、トレヤは乳がんであると診断された。それから5年間、私たちは闘病生活を送り、トレヤは１９８９年に41歳で亡くなった。彼女は私に、私たちがどんな試練を経験したのかを本に書いてほしいと頼んだ。こうして生まれた本が『グレース＆グリット』である）。

１９８４年、私はそのひとつ前の著作である『意識の諸変容』〔未訳、原著名*Transformations of Consciousness*〕（ジャック・エングラーおよびダニエル・P・ブラウンとの共著）を完成させた。そして１９９１年に、『グレース＆グリット』を書き終えた。

その後、私は少し落ち着いて、とうとう、統合的な心理学に関する教科書の執筆にとりかかった。それまで数年間にわたって、ずっと書こうと計画していた本だ。そして、その本を『システム、自己、構造』と名づけたのだが、どうにも、この本が完成する日は決してやってこないように思われた。この本を完成させようと決意し、椅子に腰掛け、上下二巻分に相当する内容を文字に起こし始めたのだが、そのときに、衝撃的なことに気づいたのだ。**その本の最初の段落で使っていた四つの言葉（「発達」「階層」「超越」「普遍」）は、アカデミックな世界においては、もはや使うことが許されていなかった**のである。

こうして、言うまでもなく、本を完成させようという私の試みは頓挫し、哀れな『システム、自己、構造』は、またもやお蔵入りになったのだった（しかし最近、この本の短縮版である*Integral Psychology*〔未訳〕を出版した）。

執筆を休止していた10年の間に起きていたことは、学問の世界全体（特に言えば、カルチュラル・スタディーズの分野）が、極端なポストモダニズム〔後‐近代主義〕とグリーンの段階《ミーム》によって侵食されていたということだった。

私はこの点について、十分に注意を払ってこなかった。だが、非主流派《オルタナティブ》の大学や組織でさえも、権威を振りかざすかのように、大声で「ポストモダン語」を話すようになっていたのだ。学問の世界において真剣に扱われうる言説とはどんなものかということは、ポリティカル・コレクトネスという名の思想警察によって、決定されるようになっていた。そしてそこでは、多元的相対主義だけが、唯一許される世界観だったのだ。

言い換えれば、あらゆる真理はその文化の中だけで成立するものであり（ただし、この主張自身は例外であり、全ての文化において成立する）、超越的な真理というものは存在せず（ただし、この主張自身は例外であり、個々の文脈を超越して成立する）、あらゆる階層や順位づけは抑圧と周縁化のためのものでしかなく（ただし、この主張自身は例外であり、他の主張よりも優れた見方である）、普遍的な真理というものは存在しない（ただし、この主張自身は例外であり、多元主義は全ての人にとって普遍的に正しい）のである。

極端なポストモダニズムと多元的相対主義がもたらす負の面は、今ではよく知られており、広く認められていることでもある。だが、私が『システム、自己、構造』〔未刊行〕を執筆しようとしていた頃はまだ、こうした見方は、福音として崇《あが》められ、大切に信仰されていたのだ。それゆえ、発達や超越についてどんなことを語ろうとしても、異端者として扱われたのである。

そこで、私はその本の執筆を中断し、これからどうすればよいかをじっくりと考え始めた。私はいわば、川の上流へと泳いで進まなければならないサケのような気持ちになり、なにかそこに楽しみはないものか、と考えていたのだった。

邪魔なものは何でも脱構築しようとするこの知的風潮のなかで、どうするのがもっともよいのだろうか？

こうした問いと格闘しているうちに、やがて、ひとつのことが明らかになってきた——いったん後ろに引き下がって、出発点からやり直し、もっと建設的な哲学をつくり上げるための言葉を用意しなければならない。多元的で相対主義的な見方を超えたところにあるのは、普遍的で統合的な見方である。こうして私は、普遍的で統合的な哲学の概要を描こうとし始めた。

言い換えれば、私が探し求めていたのは、ある種の世界哲学《ワールド・フィロソフィー》、つまり、**統合的な哲学**だったのだ。この哲学は、科学、倫理、美学に含まれるさまざまな多元的文脈を、東洋の哲学と西洋の哲学を、そして世界中の「大いなる知恵の伝統」*訳注27を、信頼できる形で、ひとつに織り合わせるものでなければならない。ただし、細部に至るまで織り合わせようというのではない——現実的に言って、そんなことは不可能だ。そうではなく、**各分野からさまざまな一般的合意事項（orienting generalizations）**〔志向的一般論〕**を取り出し、それらを織り合わせようとする**のである。

そしてこの方法によって示されるのは、**世界とは本当はひとつの全体であり、どこにも分断はなく、あらゆる面において互いに関係し合っている**ということだ。コスモス全体に対するホリスティックな哲学、十分に説得力のある「万物の理論」を、私はこうして生み出そうとしたのだった。

そして3年後、完成した本が『進化の構造』である。その間、私は隠者のような生活を送り、3年間でちょうど四人の人間にしか会わなかった（そのうちの一人は医師のロジャー・ウォルシュであり、1年に1回、私が生きているかどうかを確かめに来てくれた）。それは、極めて典型的な「沈黙の瞑想生活《リトリート》」であった（なお、この期間のことは、著書『ワン・テイスト——ケン・ウィルバーの日記』〔原著名*One Taste: Daily Reflections on Integral Spirituality*〕における6月12日の項に記してある）。私はこのテーマの中に捕らえられてしまい、どうやっても、そこから抜け出すことができなかったのだ。

特に苦労したのは、**階層の問題**だった。確かに、支配型の階層構造《ドミネーター・ヒエラルキー》は批判すべきものであり、抑圧を

＊訳注27：Great Wisdom Traditions　世界中の宗教や精神的伝統に共通しているとされる真理や教えのこと。「永遠の哲学」とも呼ばれる。

もたらす階層は有害である。幸い、ポストモダン運動のおかげで、私たちはこうした不公正に対して敏感に反応できるようになった。

だが、反-階層を主張する批評家自身も、実は、強力な階層（価値に関する順位づけ）をもっているのである。ポストモダンの思想家たちは、絶対主義的な見方よりも多元主義的な見方のほうが重要であると考える――言い換えれば、そこには価値の階層があるのだ。環境哲学者《エコフィロソファー》たちも、人類を進化の頂点に位置づけるような階層は忌《い》み嫌っているが、代わりに、次のような階層をもっている。素粒子は原子の一部分であり、原子は分子の一部分であり、分子は細胞の一部分であり、細胞は有機体（動物や植物）の一部分であり、有機体は生態系の一部であり、生態系は生物圏の一部である。それゆえ、特定の有機体――例えば人間――よりも生物圏全体のほうが重要なのであり、人間が自分勝手な目的のために生物圏を利用することは非難されるべきことである。

こうした見方の根底には、常に、価値の階層が存在するのである。

フェミニズムの思想家たちも、自身の階層をもっている（相互協力型《パートナーシップ》の社会は力《パワー》に基づく社会よりも素晴らしく、結びつける《リンキング》ことは順位づける《ランキング》ことよりも素晴らしく、解放されていることは抑圧されていることよりも素晴らしい）。システム理論の研究者たちも、何百という階層をもっている（自然界のシステムのほとんどは階層的である）。生物学者も、言語学者も、発達心理学者も、階層をもっている（もっと言えば、階層を認識できない段階《ミーム》――例えばベージュやパープル――にさえも、階層構造は見受けられる）。

言い換えれば、**誰もが、ある種の階層をもっている**のだ。自分は階層をもっていないと主張している人であっても、実は、何らかの階層をもっているのである。

問題は、こうした階層がどれも、他の階層と合致しないように思われることだった。そしてこれこそ、私を3年間も部屋に閉じ込めることになった根本的な問題なのだ。

あるとき、私は200個を超えるさまざまな階層をリーガル・パッドに書き出して、床一面に広げてみた。そして、こうしたさまざまな階層がどのように組み合わさるのかを見つけ出そうとした。

まず、自然科学の階層が存在していたが、これは見つけやすいものだった。なぜなら、誰もがその階層に同意するからだ。例えば、原子、分子、細胞、有機体といった階層である。この階層がわかりやすいのは、それが視覚的に明白だからだ。有機体は実際に細胞を含んでおり、細胞は実際に分子を含んでおり、分子は実際に原子を含んでいる。顕微鏡を用いれば、その様子を直接に見ることさえできるのだ。この階層は、前の要素を自らの中に実際に包み込んでいるというタイプの階層である。細胞は、文字通りの意味で、その中に分子を包み込んでいるのだ。

他に見つけやすかったのは、発達心理学者たちが発見していた階層である。具体的な内容は人によって異なるが、どの研究者も基本的に、前-慣習的な段階、慣習的な段階、そして後-慣習的な段階へと至る階層が存在すると述べているのだ。もう少し詳しく言えば、感覚、知覚、衝動、心象《イメージ》、象徴《シンボル》、概念、役割、形式操作……といった階層である。もちろん、使われる名前はさまざまであるし、枠組みが少し異なることもあるが、提示される物語《ストーリー》はいつも同じなのだ——**後に現れる段階が、先行する段階を自らの中に組み込みながらも、同時に、そこに何らかの新たな能力を付け加える**のである。

こうした性質は自然科学の階層と非常によく似ているように思われたが、両者の階層がどう組み合わさるのかはまだ全く明白ではなかった。加えて、細胞や有機体はこの経験的な世界の中で実際に目で見ることができるが、意識の内的状態を同じような意味で見ることはできない。それゆえ、これらの階層が互いにどう関係しているのか――そもそも何らかの関係が存在しうるのか――ということが、全く明らかではなかったのである。

しかし、こうした問題はまだわかりやすいものだ。他にも、言語における階層、文脈《コンテクスト》に関する階層、スピリチュアリティの領域における階層などが存在していた。それだけでなく、音声学にも、恒星系にも、文化的な世界観にも、自己創出的《オートポイエティック》なシステムにも、テクノロジーの様式にも、経済の構造にも、生物の系統発生にも、超意識の実現にも、発達の諸段階が存在していたのだ。そして、どの階層も、別の階層と意見を合わせたいとは思っていないようだった。

G・スペンサー＝ブラウンは、その驚くべき著書*Laws of Form*（邦題『形式の法則』）の中で、こんなふうに述べている。新たな知は、知る必要のあることを心に留めておくと、やってくる。問題を心の中に抱き続けていれば、いずれ問題のほうが降参するのだ。人類の歴史そのものが、この事実を確かに証明している。人は問題にぶつかると、その問題が解けるまで、ひたすらそのことばかり考え続ける。すると、不思議なことに、問題はいつも解かれるのだ。遅かれ早かれ、問題のほうが負けを認めるのである。もしかすると、問題が解決するまでには、１週間、１ヶ月、１年、10年、あるいは１００年、１０００年とかかるかもしれない。しかし、**どうやらこの世界は、必ず何らかの解決策を用意しているようなのだ。**そう、人類は１００万年もの間、月を見上げて、その上を歩きたいと願ってきたのだから……。

私は信じているが、十分に能力のある人なら誰でも、問題を心の中に抱き続けることで、その秘密をあばき出すことができるのだと思う。とはいえ、そのために必要となる意志、情熱、狂ったような強迫観念は、誰もがもっているわけではない。しかしこうした特性があってこそ、その問題について、十分に長く、あるいは十分に激しく考え続けることができるのである。

いずれにせよ、あの問題に対する私の接し方は、十分に狂っていたと言える。そして3年間の隠遁生活が終わろうとしていた頃、とうとう、全てが明らかになり始めた。すぐに明らかになったことは、さまざまな階層が、四つのグループに大別できるということだった（詳細は後で述べるが、私はこれを**四象限（four quadrants）**と呼んでいる）。まず、個人についての階層と、集団についての階層が存在している。さらに、外的世界における階層と、内的世界における階層が存在している。そしてこうした階層を全て、継ぎ目のない形で、織り合わせることができるのだ。

こうした階層を構成する要素は、**ホロン〔全体／部分〕**と呼ばれているものである。**ホロン（holon）とは、それ自体としてひとつの全体であるが、同時に、他の全体にとっての部分であるもの**を指す。

例えば、原子という全体は分子という全体にとっての部分であり、分子という全体は細胞という全体にとっての部分であり、細胞という全体は有機体〔動物や植物〕という全体にとっての部分である。同じように、文字という全体は単語という全体にとっての部分であり、単語という全体は文章という全体にとっての部分であり、文章という全体は段落という全体にとっての部分である。

世界を構成するのは、全体でもなく、部分でもなく、全体／部分、すなわちホロンなのだ。どの領域においても、世界はホロンから構成されているのである。

だからこそ、アーサー・ケストラーは、**成長型の階層構造《グロース・ヒエラルキー》とは、実際にはホロン階層《ホラーキー》（holarchy）**［holon（ホロン）＋hierarchy（階層《ヒエラルキー》）］**である**と述べたのだ。なぜなら、成長型の階層構造《グロース・ヒエラルキー》（例えば原子、分子、細胞、有機体）は、ホロンによって構成されているからである。

（本書では、こうした階層構造のことを「入れ子状の階層構造」や「実現型の階層構造」とも呼んできた。全体論《ホーリズム》的思想の根底には、ホロン階層《ホラーキー》という見方が存在する。ただの寄せ集めがひとつの全体《ホール》へとまとめ上げられ、さらにそれが他の全体《ホール》にとっての一部分になり、さらにそれが他の全体《ホール》にとっての……というように、どこまでも続いていくのだ）

宇宙とは、どこまでも、入れ子《ネスト》の中の入れ子《ネスト》の中の入れ子《ネスト》なのだ。どこに目を向けようとも、宇宙はホロン階層《ホラーキー》をなしているのであり、そのようにして、宇宙はますます広大で、ますますホリスティックな抱擁を実現していくのである。

そしてだからこそ、**誰もが価値のホロン階層《ホラーキー》をもっている**のであり、さらに言えば、最終的には全てのホロン階層《ホラーキー》が、他のホロン階層《ホラーキー》と完璧にかみ合うことになるのだ。

宇宙は、上から下まで、どこまでも、ホロンによって構成されている。このことがわかったとき、『進化の構造』に執筆する内容の大部分は、おのずと定まることになった。

この本は大きく二部に分けられている（本一冊分に相当する膨大な脚注を含めれば、実際には三部であるが）。第一部では、ホロンからなるこの宇宙とはどういうところなのかということ、そしてまた、普遍的で統合的な世界観――そのもっとも本物のバージョンだと私が考えるもの――とはどういうものなのかということを述べた。そして第二部では、なぜ現在こんなにも頻繁に、こうしたホリスティックな宇宙の姿が、否定されたり無視されたりしているのかということを述べた。もし本当にこの宇宙が、さまざまなパターンやプロセスが互いに深く関係し合った場所であり、ホロン階層《ホラーキー》をなしているのならば、どうして、この事実を認識している学問分野が、こんなにも少ないのだろう？　もし宇宙が実際にホリスティックではなく、統合的でも、ホロン的《ホロニック》でもないのであれば――言い換えれば、もしこの宇宙がバラバラで、ただの寄せ集めであり、共通の文脈も、結びつきも、つながりも、深い交流も全くあり得ないところなのであれば――そうなるのも致し方ないだろう。世界とは、さまざまな専門家たちが考えているように、ただの寄せ集めであり、ごちゃ混ぜの場所にすぎないのだ。

だが、もしこの世界が、本当にホリスティックでホロン的《ホロニック》なのであれば、どうして多くの人々が、そのことを認識しないのだろう？　どうして多くの学者たちが、こうした見方を精力的に否定するのだろう？　もし世界がひとつの全体であるのなら、どうして多くの人々が、世界とはバラバラに分裂したものだと考えるのだろう？　そして、**どうして世界は、ある意味で実際に分裂し、バラバラになり、疎外され、分断されているのだろう？**

それゆえ、この本の第二部では、どのような理由によって、私たち人類はホリスティックな宇宙の姿を認識しなくなってしまったのかということを論じた。

そこで考察したのは、私が**フラットランド**〔平板な世界〕と名づけた問題である。フラットランドにはさまざまな意味があるが、簡単に言えば、発達の螺旋《スパイラル》全体、ないし意識のスペクトラム全体を認識し損なってしまうことを指している。フラットランドへの解毒剤となるのは統合的ヴィジョンであり、それこそ、私が『進化の構造』で提示しようとした内容なのだ。

本の全体像が思い浮かんでしまえば、実際の執筆作業はかなり速く進んだ。そして1995年、とうとう出版されることになった。

この本に対する評価はさまざまであり、非常に肯定的な評価（「この本は、オーロビンドの『神の生命』、ハイデガーの『存在と時間』、ホワイトヘッドの『過程と実在』と並んで、20世紀のもっとも偉大な四著作のひとつである」[3]）から、怒りと困惑を伝える評価（「この本は今年読んだなかでもっとも苛立たしい本であり、思い上がりと慢心に満ちている」）まで、かなりの幅があった。しかし、もっとも一般的な反応は、私が期待していたもので、よろこびと言えるものだった。私は読者から、あふれるほどの手紙を受け取った。手紙の内容は、この本は自分を解放させてくれるものであり、世界に対する見方、現実社会に対する見方、あるいは自分の意識そのものに対する見方が大きく変化したというものだった。

結局のところ、『進化の構造』に書かれている内容は、あなたの本当の〈自己〉がこれまで成し遂げてきたことについての物語《ストーリー》なのであり、多くの読者が、自らの歩みを思い出して、よころびに包まれたのだ。女性たちは、この本の家父長制的な不愉快さを許してくれたし、男性たちは、涙を流しながら最終章を読んだと伝えてくれた。『グレース&グリット——愛と魂の軌跡』を除けば、この『進化の構造』ほど、心のこもった手紙、深く感動させられる手紙を受け取ったことは一度もない。こうした手紙のおかげで、あの苦しかった3年間は、その苦しみ以上のものを与えてくれるものになったと思う。

批評家の一人は、この本は「歴史上の他のどんなアプローチよりも、多くの真理を尊重し、包含している」と評してくれた。私は本当にそうであると信じたい。

だが、それと同時に私が認識していることは、来る日も来る日も、新たな真理が生まれ、新たな展望が開かれ、それまでよりも包括的な見方を形成する必要が生じているということだ。『進化の構造』とは単に、長く続いてきたホリスティックな展望の「最新バージョン」にすぎないのであって、これもやがては未来へと受け渡され、さらに輝かしいヴィジョンを支えるひとつの「脚注」になるだろう。

とはいえ、個人的には、『進化の構造』（そしてそれに続く本[4]）は有益な統合的視点を与えてくれる本だと深く信じている。『進化の構造』を一般向けに書き直したものが『万物の歴史』〔原著名*A Brief History of Everything*〕であり、興味のある読者は、この本から読み始めてみるのもよいだろう。

もちろん、**こうしたヴィジョンの全てに同意することは必要ではない**し、その大部分に同意することさえ必要ではない。実際、おそらくあなた自身が、私のヴィジョンに改善を加えることができるだろうし、それは素晴らしいことだ。これは単に、統合的な全体像のひとつのバージョン――「万物の理論」に到達しようとするひとつの試み――なのであって、このヴィジョンが有益だと言えるのは、あなた自身が統合的可能性を思い描くことに役立つからにすぎない。

さあ、それでは、統合的ヴィジョンの内容を見ていくことにしよう。

意識の全スペクトラムを包括する

これから、統合的な地図の概要を述べ、人間に秘められた可能性を探求していく。*訳注28 以後三つの節で、こうした統合的モデルの概要を簡潔に述べるが、特に人間の領域に焦点を当てて説明していく。全体をざっと俯瞰していく以上、どうしても抽象的な説明になってしまうが、もしこうした説明が好みではなくとも、どうぞご心配なさらずに。第5章と第6章で、医療、教育、ビジネス、政治などの領域における具体的な例をたくさん見ていくからだ。

とはいえ、読者はここで、統合的モデルの一般的な考え方と親しくなることができるだろう。なぜなら、どの考え方も、簡潔な形で、しかも図表付きで述べられるからである。

本書では、意識の発達モデルの例としてスパイラル・ダイナミクスを用いてきたので、このモデルをもとにして、私の提唱する**「全象限、全レベル」（all quadarnts, all levels）***訳注29 の見方を説明しよう。図3-1を見てほしい。[5]

図3-1に関して、重要な点を説明していく。**四象限**とは——次章以降でさらに詳しく説明するが——簡潔に言えば、コスモスにおけるもっとも重要な四つの領域、すなわち、**「個人の内面」「個人の外面」「集団の内面」「集団の外面」**という四つの領域を指している。

（第4章の図4-4を見れば、各象限を構成するホロンとは具体的にどんなものなのかということがわかるだろう。この図3-1は、そのうち特に、人間の領域におけるホロンに焦点を当てた図である）

*訳注28：序文でも述べた通り、以下で「統合的ヴィジョン」「統合的モデル」「『全象限、全レベル』のアプローチ」などとして説明される内容が、現在「インテグラル理論」と呼ばれているもの（の骨格部分）にあたる。

*訳注29：頭文字をとって「AQAL《アークアル》」と呼ばれることも多い。正確には「全象限、全レベル、全ライン、全ステート、全タイプ」（all quadrants, all levels, all lines, all states, all types）の略である。

図3-1 ● 人間の領域における四象限

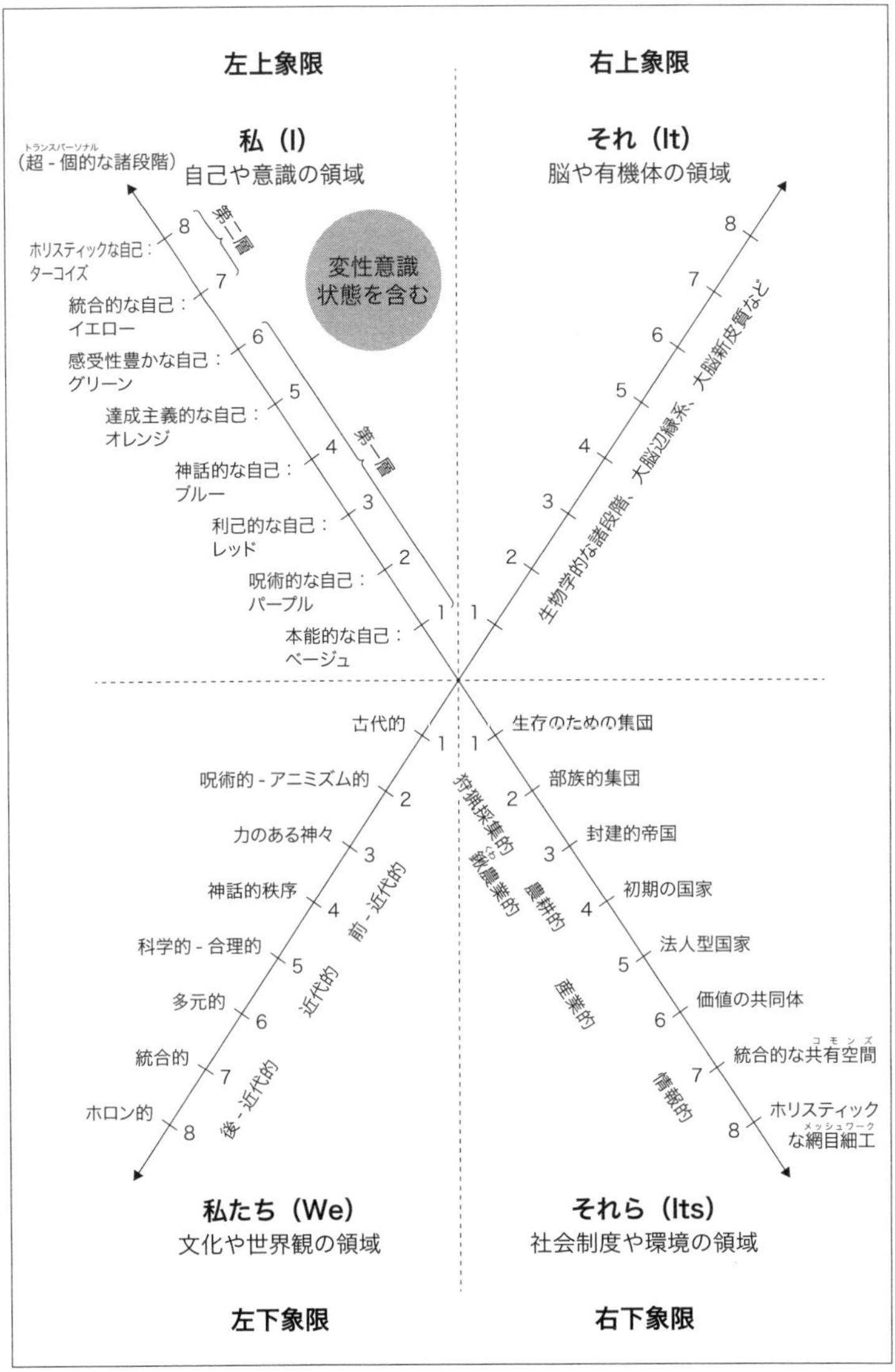

まず、この節では、人間の領域における**左上象限**（個人の内面）を見ていく。そして次の節で、他の三つの象限について見ていこう。

図3-1は極めて簡略化された図であり、どの象限にもひとつの線《ライン》と八つの段階《レベル》しか描かれていないが、実際には、もっとさまざまな要素が含まれている。

左上象限に含まれる要素は、さまざまな**レベル**（例えば「物質、身体、心、魂、スピリット」あるいは「古代的、呪術的、神話的、合理的、多元的、統合的、超-個的《トランスパーソナル》」など。ただし、各レベルは厳密に分離できるものではなく、波のように互いに重なり合ったものである）、さまざまな**ライン**（人間にそなわるさまざまな機能単位《モジュール》ないし能力領域のこと。例えば認知のライン、道徳のライン、感情のライン、言語のライン、運動感覚のライン、身体のライン、対人関係のラインなど）、さまざまな**ステート**（例えば目覚めの状態、夢を見ている状態、夢のない深い眠りの状態、変性意識状態、非日常的な意識状態、瞑想的な状態など）、そしてさまざまな**タイプ**（各レベルにおいて人がどんな方向づけをもっているかということ。例えば性格《パーソナリティ》のタイプ、ジェンダーのタイプなど）である。詳しくはこれから説明していくが、こうした各要素を織り合わせることで、豊かな質感に満ちていて、全体的かつ動的《ホロダイナミック》で、統合的な意識観へと至ることができるのである。

さしあたり、レベル、ライン、タイプという三つの要素について見ていこう。

まず、**レベル**（level）とは**発達の段階**のことである。現代のほとんどの発達研究者が述べているように、**各段階は波のように流動的であり、網の目のように互いに絡み合った形で存在している。**図3-1には八つの発達段階のみを記してある。しかし後で見ていくように、私の考えでは、その先にはさらに高次の超-個的《トランスパーソナル》で精神的《スピリチュアル》／霊的な段階（心霊段階《サイキック》、微細段階《サトル》、元因段階《コーザル》、非-二元段階《ノンデュアル》）が存在している。もちろん、こうした段階《ウェイブ》はどれも、固定的なものでもなければ、直線的なものでもない。これらの段階は、レンガのように一個一個積み上げられたものではなく、波のように流動的なものであり、意識の平均的な形態《モード》を表しているにすぎないのである。

こうした発達のレベルないし段階《ウェイブ》を進んでいくのが、さまざまな**ライン（line）**ないし流れ《ストリーム》である。実際、ラインには多種多様なものが存在するということが、確かな証拠によって示されている。例えば認知のライン、道徳（倫理）のライン、自己感覚のライン、性-心理《サイコセクシュアリティ》のライン、善の観念についてのライン、役割取得《ロール・テイキング》*訳注30のライン、社会的感情のライン、創造性のライン、利他性のライン、いわゆる「スピリチュアリティ」（精神性／霊性）に関連する諸ライン（気遣い《ケア》のライン、心理的開放性《オープンネス》のライン、究極的関心のライン、宗教的信仰のライン、瞑想的段階のライン）、コミュニケーション能力のライン、時間と空間の認識に関するライン、情動のライン、死の捉え方に関するライン、欲求のライン、世界観のライン、数学的能力のライン、運動感覚のライン、ジェンダーに関するライン、防衛機制のライン、対人的能力のライン、共感力のラインなどである。[6]

ラインについて最も衝撃的な事実のひとつは、**ほとんどのラインが、かなり独立した形で発達すると**いうことである。細かな関係については今も研究が進められている。ただし、次の二つのことは確かだ。ラインの中には別のラインの発達にとって「必要だが十分ではない」ものがある。そして、ラインの中

＊訳注30：他者の感情や思考を、自己の立場からだけではなく、他者の立場からも理解すること。教育心理学者ロバート・L・セルマン（1942-）による役割取得能力の発達段階が有名。

にはほとんど一緒に発達していくものがある。とはいえ、全体として言えば、多くのラインは自らのペースで、自らのやり方で、自らの力学に基づいて発達していく。それゆえ、人は、あるラインにおいては高次の発達段階《レベル》に位置していても、別のラインにおいては中程度の段階《レベル》に位置しているかもしれないし、さらに別のラインにおいては低次の段階《レベル》に位置しているかもしれないのである。言い換えれば、**私たちは全体として、非常に不均衡に発達していく可能性がある**のだ。

このことを非常に簡略化した形で描いたのが図3-2である。縦軸は発達の各段階《レベル》であり、スパイラル・ダイナミクスの名称を用いている[7]。その上端には、私が想定している高次の超-個《トランスパーソナル》的な段階の名称を記した（これらの段階については後述する）[8]。加えて、こうした発達のスペクトラム全体を、キリスト教の一般的な用語（物質、身体、心、魂、スピリット）と大まかに対応させ

図3-2●レベルとライン

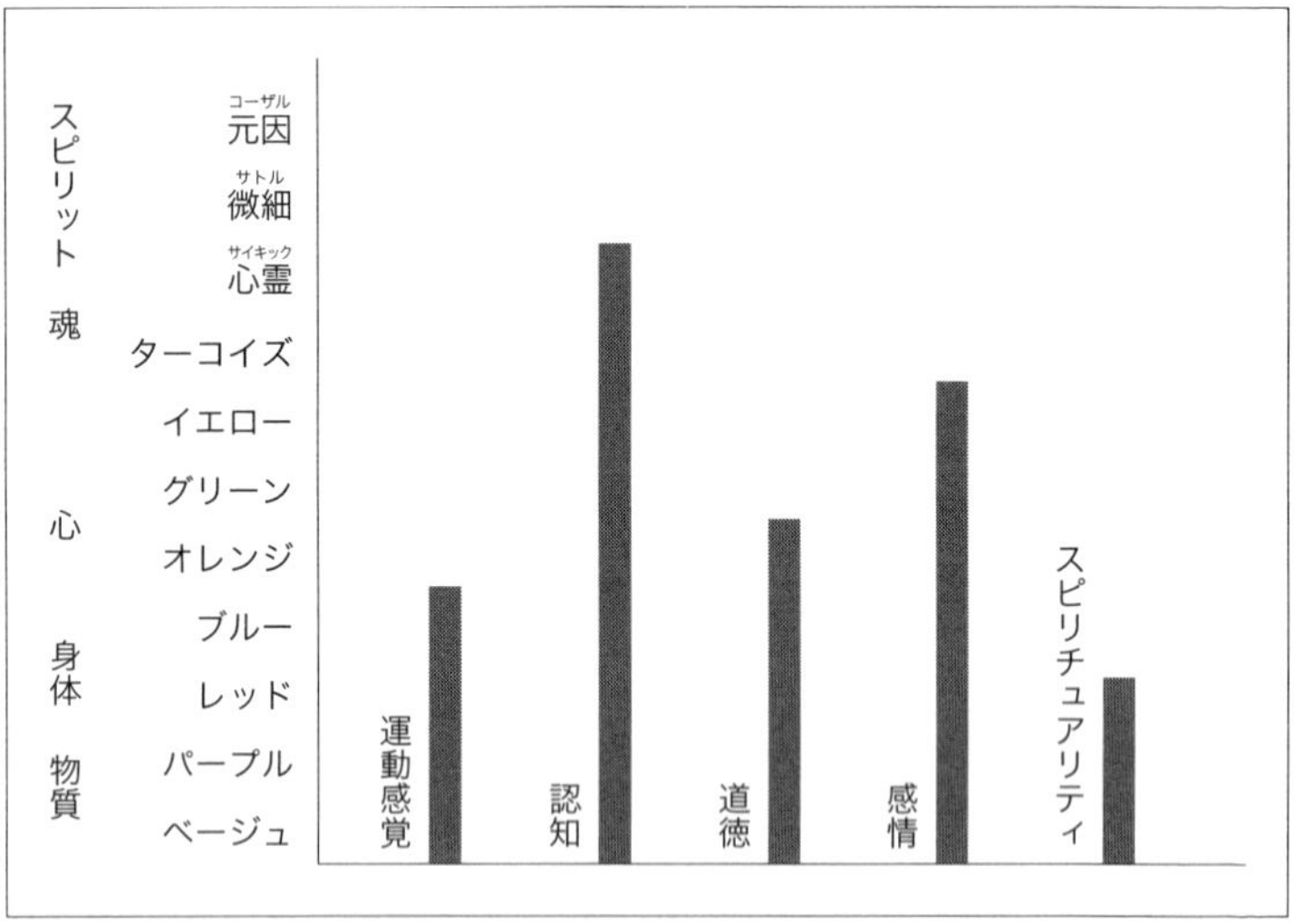

て、左側に記した。

そしてこうした諸段階《レベル》を通って、さまざまなラインが発達していく。図には5種類のライン（運動感覚、認知、道徳、感情、スピリチュアリティ）だけを記してあるが、それだけでも、発達が不均衡に進みうることは見てとれるだろう（実際、調査によれば、多くの人は不均衡に発達していることが確かめられている）。

さらに、**発達の各段階は、実際にはホロン階層《ホラーキー》をなしている**ので、同じことを図3-3のように描くこともできる。

この図では、四つの段階《レベル》（身体、心、魂、スピリット）だけを記してある。それぞれの段階は前の段階を「超えて含む」ことで、その統合的な包容力を拡大させていくのである（言い換えれば、これは本物のホロン階層《ホラーキー》であり、入れ子の中の入れ子なのだ）。

もっと言えば、発達のほとんどのラインは直線的に進んでいくものではなく、波のように流動的で、螺旋《スパイラル》のように展開していくものであるから、図3-3をさらに正確に描けば図3-4のようになる。しかし、どの図においても、発達が不均衡に進んでいる様子が表現されている。

こうした図が明確に示してくれることのひとつは、人（例えば精神的《スピリチュアル》な師）は、**ある能力領域**（例えば瞑想や認知の領域）**においては非常に発達していながらも、別の能力領域**（例えば性-心理や対人関係の領域）**においては極めて貧弱な――ときに病理的な――発達状態にあるかもしれない**ということで

図3-3●発達のホロン階層《ホラーキー》

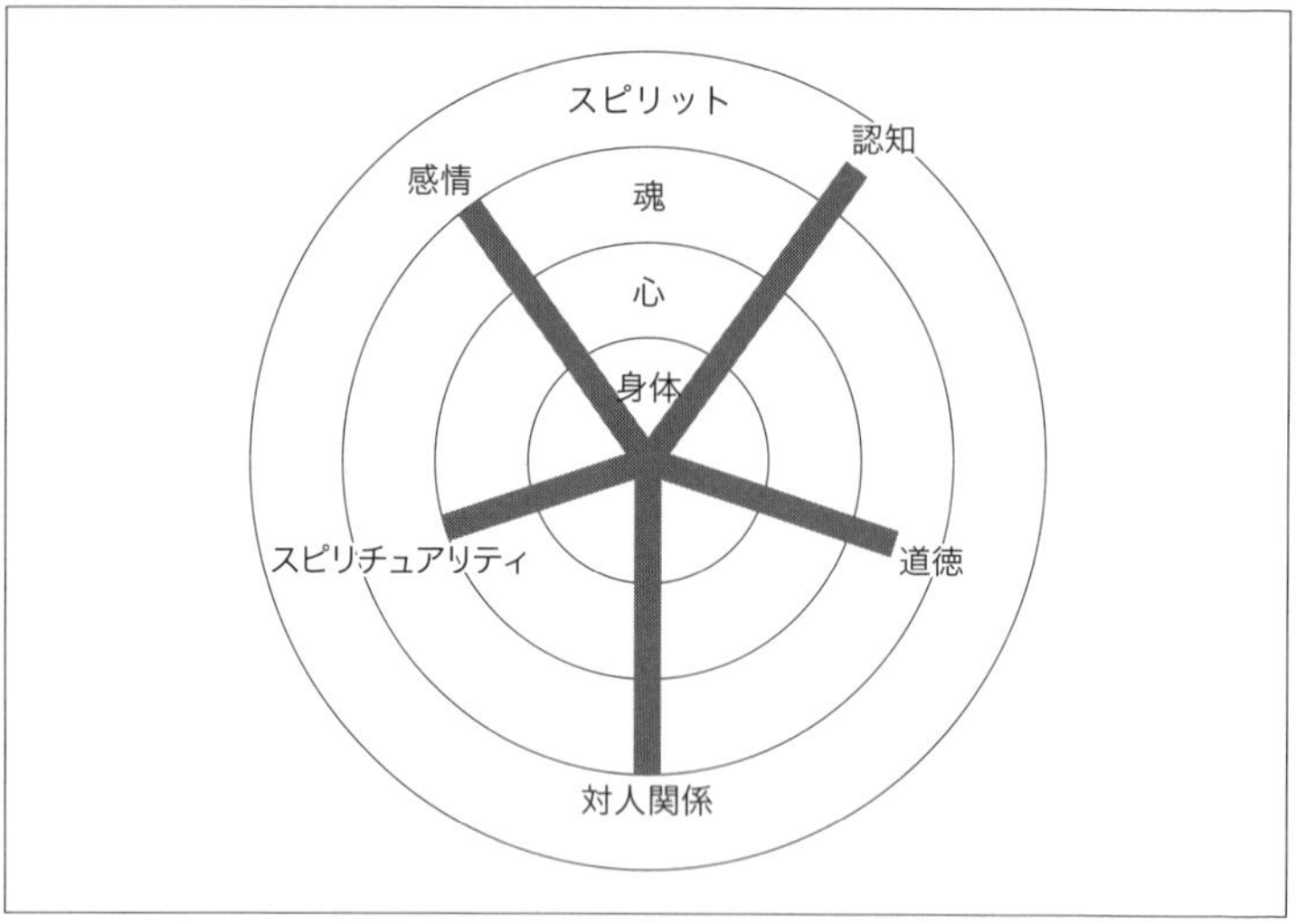

図3-4●発達のホロン階層《ホラーキー》（各ラインが流動的に展開していくことを強調）

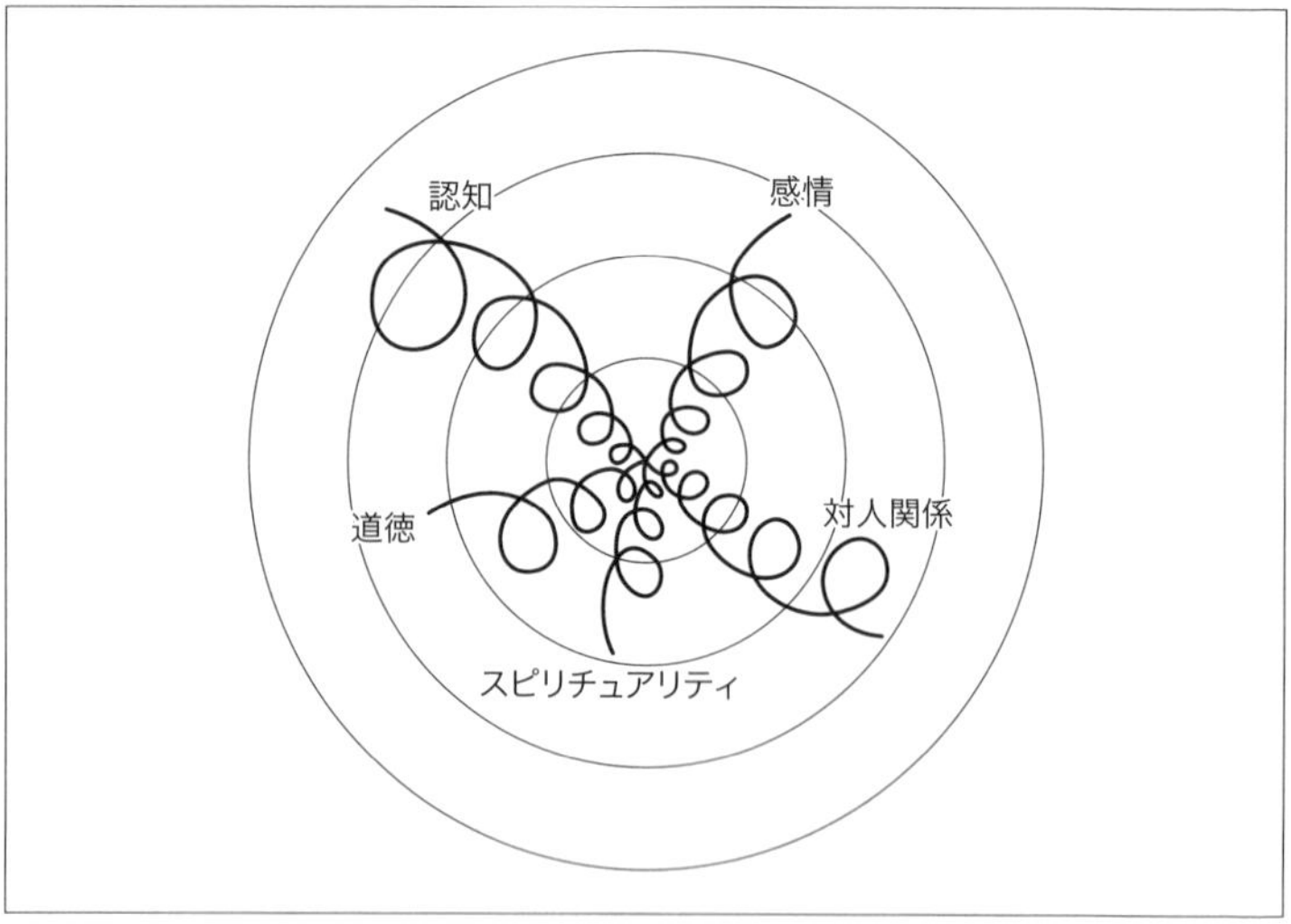

ある。

もっと言えば、これらの図が指し示してくれるのは、さまざまな精神的伝統（例えばシャーマニズム、仏教、キリスト教、さまざまな民族固有の宗教）そのものが、特定のラインを鍛錬することには秀でていても、別のラインについては能力不足であるかもしれず、また別のラインについては病理的な状態であるかもしれないということである。それゆえ、統合的変容のための実践《インテグラル・トランスフォーマティブ・プラクティス》では、もっとバランスのとれた「全象限、全レベル」のアプローチによって、変容を促進することを目指している（後述）。

こうしたレベルとラインに加えて、さまざまな**タイプ（type）**が存在する。

図3-5には、タイプの例として、エニアグラム（人間には互いに関連する九つの性格タイプが存在すると考える性格類型論）で用いられる、円周を9等分した図形を描いている。本書でここまで見てきたことは、ひとつの発達ライン（例えば道徳のライン、認知のライン）をとりあげて、そのラインがどんな発達段階（例えばスパイラル・ダイナミクスの諸段階）を進んでいくのかということだった。しかし、図3-5に描いたのは、いわば水平的な類型論、すなわち、そうした垂直的な発達のどの段階においても成立している性格タイプ論である。

大事な点は、**人は基本的にどの段階《レベル》においても、特定のタイプ**（例えばユング派の諸タイプ、MBTI（マイヤーズ・ブリッグス・タイプ・インディケーター）の16タイプ、エニアグラムの9タイプ）**でありうる**ということだ。それゆえ、例えばある人のもっとも支配的なタイプがエニアグラムのタイプ5（調べる人）であれば、その人は、パープル段階のタイプ5、レッド段階のタイプ5、ブルー段階のタイプ5……というように発達していくのである（もう一度言っておくと、こうした発達は、固定した形で直線的に進んでいくものではなく、波のように流動的に、網の目のように互いに絡み合いながら展開していくものである）[9]。

多くのフェミニストにとっては、**男性性**と**女性性**という見方もタイプのひとつである。

主にキャロル・ギリガンとデボラ・タネン

図3-5●レベルとタイプ
（スパイラル・ダイナミクスとエニアグラムを用いた場合）

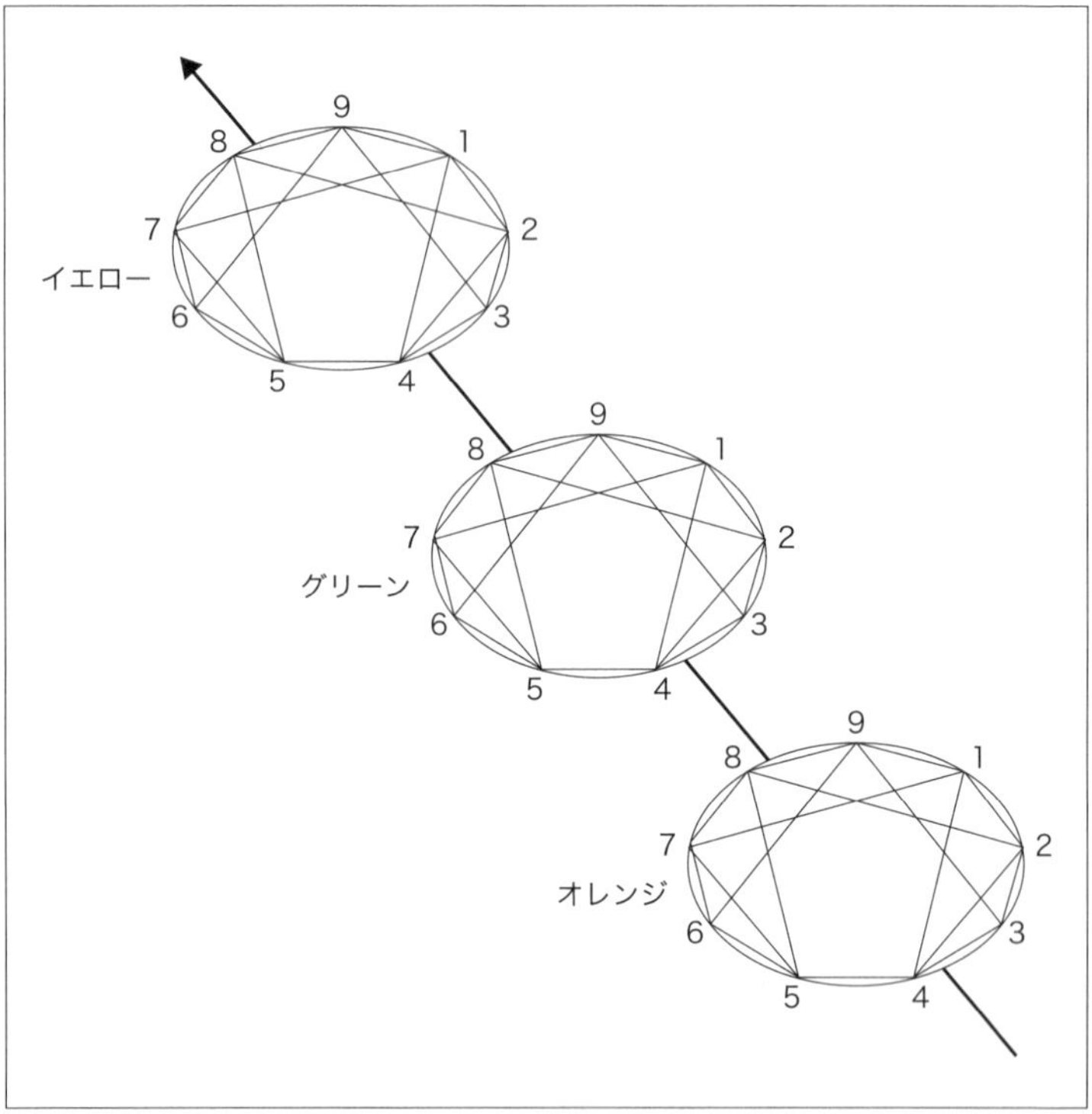

※原著図版より一部改変。

の研究に基づいて述べると、一般的な傾向として、男性は主体的、自律的、抽象的、独立的であり、権利と正義を重視することが多い。他方、女性は関係的で、開かれており、感情をよく表現し、気遣い《ケア》と責任を重視することが多い。ここで思い出してほしいのは、ギリガンは、女性が三つないし四つの段階を発達していくこと、しかもこれらの段階は男性が発達していく三つないし四つの段階と本質的に同じであること（前-慣習的段階、慣習的段階、後-慣習的段階、統合の段階）を認めているという点だ。

だが、多くの人々——特にフェミニストたち——は今も、女性に発達の階層が存在することはギリガンによって否定されたと誤って認識している。なぜこうした誤解が生じているかと言えば、男性は順位づけ《ランキング》や階層的思考に基づいて価値判断を行うことが多いのに対して、女性は結びつけ《リンキング》や関係的思考に基づいて価値判断を行うことが多いということをギリガンが発見したからだ（私はこの二つの傾向をそれぞれ**エイジェンシー（agency）〔自律性〕**および**コミュニオン（communion）〔共同性〕**と呼んでいる）。

しかし、ここで多くの人々が見落としているのは、**女性性そのものが三つか四つの段階を通して発達していく**（利己的な段階、ケアの段階、普遍的なケアの段階、統合の段階）とギリガンが主張していることだ。こうして、多くのフェミニストが、**女性は非-階層的に思考することが多いという主張を、女性の発達そのものが非-階層的であるという主張と混同してしまった**。前者は正しいが、後者は誤りである[10]（どうしてギリガンはこんなにも誤読されており、歪められた形でその主張が広まったのだろうか？　それはグリーンの段階《ミーム》が一般に階層を否定するからであり、そしてそれゆえに、ギリガンが伝えていることを正確に受けとることができなかったのである）。

私は、著書『統合心理学への道』〔原著名 *The Eye of Spirit*〕の第8章で、こうした研究の内容をまとめておいた。男性と女性は、ともに同じ段階を通って発達していくのだが、**男性はエイジェンシー〔自律性〕に重点を置きながら発達する傾向にあり、女性はコミュニオン〔共同性〕に重点を置きながら発達する傾向にある**のだ[11]。

こうした点からジェンダーの発達を理解することで、私たちは、発達研究の広範な成果を活用できるようになるだけでなく、女性がどのように「異なる声《ディファレント・ボイス》」〔ギリガンの著作名より〕を通して実存の諸段階を進んでいくのかということを、これまでよりも明確に理解できるようになるだろう。

かつては、正統的な心理学者が、女性を「欠陥のある男性」であると捉えることも珍しくなかった〔言い換えれば、女性は、論理、合理性、正義感といったものを欠いているとみなされたのである。ときに、女性は自分に欠けているものを求める「ペニス羨望」の状態にあるとみなされることもあった〕。他方で、最近は、とりわけフェミニストたちの間で、反対方向の偏見がよく見られる。男性を「欠陥のある女性」であると捉えるのである〔言い換えれば、男性は、感受性、気遣い、関係的能力、身体性といったものを欠いているのである〕。

やれやれ、どっちもどっちだ。

私たちは統合的なアプローチを用いることで、発達のレベルとラインを認識するだけでなく、**男性と女性がそれぞれ、異なるタイプ（スタイル、声）を通して人生という大河を進みうる**ということを認識できるようになる。言い換えれば、私たちは、発達段階の存在を認識するだけではなく——実際、発達の各段階は、ジェンダーに対して中立的《ジェンダー・ニュートラル》なものである——同時に、そうした段階を進んでいく両方のスタイルがどちらも正当なものであることを、十分に尊重しなければならないのである[12]。

そして最後に、**ステート（state）**〔状態〕という要素が存在する。

人は基本的にどの発達段階にあっても、変性意識状態に入ったり、至高体験をしたりすることができる。ここには、いわゆる精神的《スピリチュアル》／霊的な体験も含まれる。そしてこうした体験は、私たちの意識や発達に、非常に深い影響を与えることがあるのだ。それゆえ、スピリチュアルな体験が高次の発達段階でのみ起きうるという見解は正しくない。

だが、こうした一時的な**状態《ステート》を、自らの永続的な特性《トレイト》にするためには、忍耐強く、発達の各段階を進んでいかなければならない**のである[13]。

大事な点は、左上象限だけに限ってみても、もっと統合的な地図を描くことは可能であり、そしてその地図には、レベル、ライン、ステート、タイプという要素が含まれるということだ。そしてこれらはどれも、重要な構成要素として、驚くべき意識のスペクトラムを形づくるのである。

全ての象限を包括する

だが、個人の意識は、真空の中に浮かんでいるのではない。どんな主体も、孤島のように独立自存しているわけではないのだ。個人の意識（左上象限）は、客観的実体としての脳や生物システム（右上象限）とも密接に絡み合っており、自然や環境や社会制度（右下象限）とも密接に絡み合っており、文化的背景や集団の世界観（左下象限）とも密接に絡み合っている。

もう一度述べておくと、各象限には数えきれないほどさまざまな段階《レベル》やラインやタイプが存在するのであり、図3-1に描かれているのは、その中のほんの一部に過ぎない。

私は著書『万物の歴史』『統合心理学への道』および*Integral Psychology*〔未訳〕において、各象限に当てはまる多種多様な例を挙げた。例えば、芸術や文学の解釈、フェミニズムやジェンダー研究、人類学、哲学、心理学、宗教などだ。

以下では、その中のいくつかの例を、手短に述べることにしたい。

まず、右上象限とは、個人を客観的、経験的、そして「科学的」な方法で見たときの姿を表している。具体的には、この象限に含まれるのは、身体の状態、生化学、神経科学的な諸要因、さまざまな神経伝達物質、脳のさまざまな構造（脳幹、大脳辺縁系、大脳新皮質）などである。

心／意識（左上象限）と脳／身体（右上象限）が実際にどれほど関係しているのかについては意見が

分かれるかもしれないが、少なくとも、両者が密接に関係していることは確かだ。要点は明快である。「全象限、全レベル」のモデルは、意識のレベルやラインやステートやタイプ（左上象限）が、脳の状態や生物の基本的構造や神経伝達物質（右上象限）とどのような関係にあるかということを、間違いなく含むものになるということだ。

現在では、脳の状態と意識の関係についての研究は、驚くほど増加している。実際、あまりにも増加しているために、ほとんどの正統派の研究者たちは、**意識を脳の仕組みへと単純に還元して考えてしまっている**。しかし、こうした還元主義は、意識の豊かな輪郭を破壊するものであり、「私（Ｉ）」領域の体験を「それ（Ｉｔ）」領域の生物学的システムへと還元し、内面領域そのものに含まれる現象学的リアリティを完全に否定してしまうものなのである。

左上象限の内容を全て右上象限に還元するというこの罠は、知らず知らずのうちに陥りうるものであり、それを防ぐためにも、「全象限、全レベル」のアプローチを用いることが重要である。このアプローチにおいては、正当な理由なく、特定のレベルやラインや象限を他の要素へと還元することは拒否されるからだ[14]。

左下象限には、特定の文化に属する人々によって共有されている意識のパターンが全て含まれる。あなたと私が互いのことを少しでも理解し合うためには、少なくとも、言葉の意味、外界の知覚様式、世界観などが、ある程度は重なり合っていなければならない（そうでなければ、そもそもコミュニケーションを開始することはできない）。共有されている価値観、共有されている知覚様式、共有されている

図3-6●各象限における理論家や学問分野の例

	左側の道〔内面〕	右側の道〔外面〕
	・解釈的、解釈学的 ・意識	・独白的《モノロジカル》、実証的、経験的 ・形態
個的	ジークムント・フロイト カール・グスタフ・ユング ジャン・ピアジェ オーロビンド プロティノス 仏陀（ゴータマ・シッダールタ） **私（I）** 主観的	B.F.スキナー ジョン・ワトソン ジョン・ロック 経験論 行動主義 物理学、生物学、神経科学など **それ（It）** 客観的
集団的	**私たち（We）** 間-主観的 トーマス・クーン ヴィルヘルム・ディルタイ ジャン・ゲブサー マックス・ウェーバー ハンス・ゲオルク・ガダマー	**それら（Its）** 間-客観的 システム理論 タルコット・パーソンズ オーギュスト・コント カール・マルクス ゲルハルト・レンスキ 生命の網《ウェブ・オブ・ライフ》に関する理論

意味、共有されている文化的実践、共有されている倫理——こうしたものを、私は単に**文化**、あるいは、意識の**間-主観的**《インターサブジェクティブ》なパターンと呼んでいる。

こうした文化的知覚のパターンはどれも、ある程度までは、意識の間-主観的な空間の中に存在しているものである。しかしまた、こうした文化的パターンと相関関係にある実体が、客観的な領域、経験的に観察可能な領域に存在している。例えば、技術-経済的な構造（狩猟採集的、鍬《くわ》農業的、海洋的、農耕的、産業的、情報的）、建築の様式、地政学的な構造、情報伝達の方法（音声、表意文字、活版印刷、電気通信、超小型集積回路）、社会の構造（氏族、部族、封建的体制、古代国家、法人型国家、価値の共同体）といったものだ。右下象限におけるこうした**間-客観的**《インターオブジェクティブ》なリアリティのことを、私は**社会システム**と呼んでいる。

歴史上、多くの理論家たちが、ひとつの象限のみに焦点を当てて、他の象限のことはあまり考慮に入れてこなかった。このことを描いたのが図3-6だ。

「右側の道」において探究されるのは、**外面**の領域、すなわち、五感またはその拡張によって認識することのできる領域である。

右側の道のうち、右上象限の理論家や研究者たちは、**個人の外面**に焦点を当てる。例えば、行動主義、経験論、物理学、生物学、認知科学、神経科学、脳生理学などがそうである（なお、脳は生物の内側にあるが、客観的で外面的で科学的な方法によって研究されるので、個人の内面ではなく、個人の外面にあたる）。右上象限に含まれるものは、大抵、私たちが「ハードサイエンス」と考えているものなのだ。

他方、右下象限の理論家たちが焦点を当てるのは、**集団の外面**である。「システム科学」の領域であると言ってもよい。この象限に含まれるのは、システム理論、カオス理論、複雑系の科学、生命の網《ウェブ・オブ・ライフ》、環境のネットワーク、技術-経済的な構造、社会システムなどだ。このように、右側の道はどちらも客観的であり、3人称的であり、「それ（It）」の言語によって探究される。それゆえ、大抵の場合、これらの象限は「科学的」だと考えられている（右上象限は、個を対象とする科学の領域であり、右下象限は、システムを対象とする科学の領域である[15]）。

それに対して、**「左側の道」**において探究されるのは、**内面**の領域である。

左側の道のうち、左上象限の理論家や研究者たちは、**個人の内面**に焦点を当てる。例えば、精神分析、現象学、内観法、瞑想的な意識状態などがそうである（人物で言えば、例えばフロイト、ユング、ピアジェ、仏陀）。そしてこうした現象学的リアリティは全て、「それ（It）」の言語ではなく、「私（I）」の言語によって表現されるのである（3人称の言葉ではなく1人称の言葉で語られる）。

他方、左下象限の理論家たちが焦点を当てるのは、**集団の内面**である。共有されている価値観、共有されている知覚様式、共有されている世界観、共有されている文化的背景や文脈――こうしたものはすべて、「私（I）」の言語でもなく、「それ（It）」の言語でもなく、「私たち（We）」の言語によって表現される。この象限には、解釈学的（解釈的）な視点ないし現象学的な視点からの文化研究が含まれる（例えばトーマス・クーンやジャン・ゲブサー）。さらに、さまざまなポストモダンの著作家たち（ニーチェ、ハイデガー、フーコー、デリダなど）によって、左下象限における文化的な背景や文脈が、他の象限に大きな影響を与えるということが明らかにされてきた。もっとも、こうした思想家たちは、事実を誇張して述べることも多かったのだが。

これから見ていくように、私が推奨している統合的アプローチ――簡略化して「全象限、全レベル」のアプローチと呼ぶことも多い――は、**全ての象限に含まれる全てのリアリティ**（レベル、ライン、ステート、タイプ）**を包含しようとする**ものである。

こうした要素はどれも、著名だが還元主義に陥っていない研究者たちによって明らかにされたものだ。さらにこうした四つの象限は全て――各象限の中に含まれている全てのリアリティとともに――他の三つの象限と相互作用し、相互進化する。言い換えれば、**全ての象限は一緒になって「四面相互作用《テトラ-インタラクション》」を起こし、そして「四面進化《テトラ-エボルブ》」していく**のである。統合的アプローチとは、こうした相互作用のパターンが無数に存在し、豊かに織り合わされていることを、繊細な感受性をもって認識するものなのだ。

私はこのモデルをさらに簡略化して、**「1-2-3アプローチ」**と呼ぶこともある。1人称のリアリティ、2人称のリアリティ、3人称のリアリティを全て包含するという意味である。先にも少し述べたように、左上象限は「私（Ｉ）」の言語（1人称）、左下象限は「私たち（Ｗｅ）」の言語（2人称）、そして右側の二つの象限はともに「それ（Ｉｔ）」の言語（3人称）に関わっている[16]。

それゆえ、四象限は、私が**「ビッグ・スリー」**（私、私たち、それ）と呼んでいるものへと簡略化することもできる。そしてこの三つの領域は、さまざまな方法で述べることができる。例えば「芸術、倫理、科学」や「自己、文化、自然」、あるいは「美、善、真」（真善美）などだ。

大事な点は、「全象限、全レベル」のアプローチとは、**存在の全てのレベル**（身体、心、魂、スピリット）**を尊重するとともに、こうした存在の各レベルを全て、自己、文化、自然の三つの領域において展開させようとする**ものだということである。

そしてもっとも簡潔には、私はこのモデルを**「ホロン型《ホロニック》モデル」**と呼んでいる。先に述べたように、ホロンとは、それ自体としてひとつの全体であるが、同時に、他の全体にとっての部分であるものを指す。例えば、原子という全体は分子という全体にとっての部分であり、分子という全体は細胞という全体にとっての部分であり、細胞という全体は有機体という全体にとっての部分である。世界を構成するのは、全体でもなく、部分でもなく、全体／部分、すなわちホロンなのだ。全ての象限、全てのレベル、全てのラインを構成する基本的な実体とは、単にホロンなのである（このテーマについての詳細は『進化の構造』を参照のこと）。

さらに、アーサー・ケストラーが述べているように、成長型の階層構造《グロース・ヒエラルキー》とは、実際にはホロン階層《ホラーキー》なのである。なぜかと言えば、成長型の階層構造《グロース・ヒエラルキー》は、ホロンから構成されているからだ（例えば原子、分子、細胞、有機体）。だからこそ、ホロン階層《ホラーキー》を通ることなしに、全体論的な見方《ホーリズム》に至ることはできないのである。全ての階層を否定することでたどり着くのは、ただの寄せ集めの思想《ヒーピズム》であり、全体論的な思想《ホーリズム》ではないのだ。

そしてこうしたホロン的な見方〔統合的アプローチ〕は、他のモデルとも素晴らしい対応関係にある。ベックとコーワンによれば、第二層の思考とは、ホロンへの認識に基づいてなされるものなのだ。べックとコーワンは第二層を次のように定義している。

「ホロンである。あらゆるものが、他のあらゆるものと流動的に絡み合っており、生きたシステムを形成している。第二層においては、さまざまな粒子が、さまざまな人々が、さまざまな機能が、さまざまなノードが、ネットワークや階層へとまとめ上げられる。そして、宇宙の秩序という『大きな地図《ビッグ・ピクチャー》』の中で、さまざまなエネルギー場がうねり、波打ち、自然な流れを形成していることが見抜かれるのである」

この大きな地図《ビッグ・ピクチャー》とは、要するに万物の理論のことである。そしてその地図は、どうやら、ホロン的《ホロニック》であるようなのだ。

統合的地図の概要

結局、人間の潜在的可能性を明らかにする統合的モデルとは、どのようなものだと言えるだろうか？ここで、統合的ヴィジョンの応用――教育、政治、ビジネス、医療などへの応用――について述べる前に、本書で説明した基礎理論とは何であるのかを、改めて、大まかにまとめておく必要があるだろう。

私たちは、多元的で相対主義的な見方から普遍的な統合的な見方へと移行するとき、どんな地図に到達しうるだろうか？　さまざまな統合的地図がありうるが、そうした地図は、次のような要素を含むものであるかもしれない。

1. さまざまなレベル（段階《ステージ》、波《ウェイブ》）

多数のレベルからなる壮大なホロン階層《ホラーキー》が存在し、意識のスペクトラムを形成している。例えば「物質、身体、心、魂、スピリット」や「ベージュ、パープル、レッド、……、微細《サトル》、元因《コーザル》、非二元《ノンデュアル》」など。そしてこうした各発達段階を進んでいくのが、無数のラインである。

2. さまざまなライン（能力領域、流れ《ストリーム》）

認知のライン、道徳のライン、スピリチュアリティのライン、美のライン、身体のライン、想像力のライン、対人関係のラインなど。例えば、ある人は、認知のラインではオレンジの段階に位置しているが、感情のラインではパープルの段階に位置し、道徳のラインではブルーの段階に位置しているかもしれない。

3. さまざまなステート（状態）

例えば、目覚めの状態、夢を見ている状態、夢のない深い眠りの状態、変性意識状態、非日常的な意識状態、瞑想的な意識状態など。こうした意識状態は、どのレベルにあっても体験しうるものである。例えば、人はどの発達段階にあっても、さまざまな種類の宗教的体験を経験しうる[17]。

4. さまざまなタイプ

例えば、ジェンダーのタイプ、性格《パーソナリティ》のタイプ（エニアグラムの９タイプ、ＭＢＴＩの16タイプ、ユング派の諸タイプ）など。タイプは、さまざまなレベルにおいて、さまざまなラインにおいて、さまざまなステートにおいて、存在しうるものである。

5. さまざまな生物学的および脳科学的な要因

今日では、こうした右上象限の要因は大抵、精神医学、認知科学、神経科学などによって探究されている。これらが重要であることは確かだが、実際には、物語全体のいわば「４分の１」を構成しているにすぎない。

6. さまざまな文化的要因

文化的な要因は、驚くほど重要な影響を与えるものである。例えば、豊かな質感に満ちたさまざまな文化的リアリティ、さまざまな背景や文脈、さまざまな多元的見解、さまざまな言葉の意味論などが含まれる。こうしたものはどれも、不当に周縁化されるべきではなく、統合的-非視点的な意識がつくる広大な織物の中に包含されるべきものである。

（同じくらいに重要な点であるが、本物の「統合的変容のための実践《インテグラル・トランスフォーマティブ・プラクティス》」は、人間関係、コミュニティ、文化、あるいは他のさまざまな間-主観的要因を、大いに重視するものになるだろう。しかも、単に精神的《スピリチュアル》な洞察を適用するための一領域として重視するのではなく、こうした領域との関わりそのものを通して、精神的《スピリチュアル》な変容を実現していくのである）

7. さまざまな社会システム的要因

社会システムもまた、巨大な影響を与えるものである。こうした社会システム的要因には、全てのレベル（自然界のシステムから人間社会のシステムまで）が含まれる。特に重要な要因は、技術-経済的な構造、そして、人間以外の社会システム（ガイア〔地球の自己調節システム〕から生態系まで）との関係である。

8. 自己

先ほどの簡潔な説明では言及できなかったが、自己は「案内役《ナビゲーター》」として、人生という大河における私たちの歩みを導いており、自己のこの役割を見逃すことはできない。ただし、自己は一枚岩的な存在というよりは、さまざまな自己からなるひとつの集合体《ソサイエティ》であると思われる。自己の集合体にはいわば**重心**があり、この重心の作用によって、多種多様なレベルやステートやラインや領域が結びつき、ひとつの組織的統一体を形成しているのである。この組織的統一体がバラバラに壊れてしまうと、どの発達段階においても、病理が生じることになる[18]。

以上は、ありうる多種多様な要素のうちの一部にすぎない。コスモスについての豊かなホロン的展望を描こうとしている人なら、もっと多くのものを含めようとするだろう。しかし少なくとも、**こうした要素の大部分を一貫した形で包含できないようなモデルは、あまり統合的なモデルだとは言えない**だろう。

これまで、私がほとんどの著作において行ってきたのは、第二層の見方について研究しているさまざまな研究者の結論を――近代以前《プレモダン》の文献からでも、近代《モダン》の文献からでも、近代以後《ポストモダン》の文献からでも――集めて、読者に提示するということだった。言い換えれば、私が紹介してきたのは、意識のスペクトラム全体を（特に言えば、意識のさまざまなレベルやラインやステートや領域を）考察の対象としている研究者たちの結論なのである。

しかし私はここで、さらに一歩先へ進んで、「全象限、全レベル」のモデルを提示しているわけである。このモデルは、全ての象限における全てのスペクトラムを包括するものであり、もっとも多くの研究者からもっとも多くの証拠を集めて、それらを具体的に包含しようとするものなのである。

先にも述べたように、以上の説明は少々無味乾燥で抽象的ではあるが、そうなっているのは単に、短い紙面で大量の基本事項を説明しようとしたからにすぎない。この後の章で多くの具体的な例を見ていくが、そうすることで、以上の内容は、もっと生き生きとしたもの、活力にあふれたものになるはずである。

さらに、こうした統合的な試みを通して、ある論点が明確になってくる。その論点とは、21世紀の文化研究および統合的研究にとって中心的な課題になると私が考えているものだ。

私たちは、このままグリーンの段階にとどまり、その贈り物（例：多元的な感受性）**と病理**（例：ベビーブーム世代の病《ブーマライティス》）**の両方を甘受し続けるのだろうか？ それとも私たちは、第二層の意識という高次の空間へと跳躍し、さらなる進化へと自分自身を開いて、自らの潜在的可能性に満ちた超-個《トランスパーソナル》的な諸段階へと歩みを進めていくのだろうか？**

地図のつくり手を変容させること

　言い換えれば、私たちが扱っている問題とは、どうすれば、文化の最先端において、統合的な意識を（さらには超‐個的《トランスパーソナル》な意識を）効果的に出現させていけるのかということなのだ。

　私の考えでは、必要なものは、ただの「新しい統合的理論」でもなければ、ただの「新しい万物の理論」でもない。こうした理論《セオリー》も確かに重要なのだが、それと同時に、新しい**統合的実践《プラクティス》**が必要なのだ。仮に、コスモスについての完璧な統合的地図、完全に包括的でホリスティックな地図を手に入れたとしても、そうした地図そのものが、人々を変容させることはないだろう。**必要なのは、地図だけではない。同時に、地図のつくり手を変容させるための方法が必要なのだ。**＊訳注31

　それゆえ、私はほとんどの著作において、統合的な展望《ヴィジョン》を提示しようと試みながらも、最後にはいつも、何らかの統合的な実践《プラクティス》を始めるようにと読者に呼びかけてきた。すなわち、**自己、文化、自然の全て**（全象限）**において、身体、心、魂、スピリットの全て**（全レベル）**を鍛える**のである。

　読者は、以後のページで何度も、私からのこうした呼びかけを聞くことになるだろう。私はそこで、読者が自分自身の境遇を踏まえて本物の「統合的変容のための実践《インテグラル・トランスフォーマティブ・プラクティス》」を始めるためにはどうすればよいのかについて、具体的な提案を行っている。もし魅力的に感じられるものであったなら、参考にしていただきたい。

＊訳注31：発達理論によれば、私たちはみな、単なる地図の受動的な読み手(reader)ではなく、地図の主体的なつくり手(maker)でもある。それゆえ、ここで言う「地図のつくり手」とは、単にウィルバーや他の理論家だけを指すのではなく、私たち全員のことを指している点に注意されたい。

最優先指令

こうした「ホロン型《ホロニック》モデル」の応用例については、第5章および第6章で探究していく。ここでは、本書の主要なテーマ——最先端の意識を有する人々への統合的ヴィジョンの影響力、および、もっと平均的な意識を有する人々への統合的ヴィジョンの影響力——に戻り、以下の事柄に注意を向けておこう。

全象限、全レベルのアプローチによって導かれる主な結論のひとつとは、**それぞれの段階《ミーム》の健全なバージョンは、発達の螺旋《スパイラル》ないし意識のスペクトラム全体にとって絶対的に不可欠であり、しかも好ましい要素である**ということだ。

もし仮に、地球上の全ての社会が第二層の在り方を体現するようになったとしても、全ての人は、段階1から、ベージュの段階から、感覚運動的な本能と知覚に基づく段階から発達を始めなければならないのである。そしてそこから、やがてパープルの呪術を、レッドとブルーの神話を、オレンジの合理性を、グリーンの感受性を身につけ、ついにはイエローとターコイズの第二層へと（さらには超《トランスパーソナル》-個的な諸段階へと）成長していくのだ。

このように、全ての段階《ウェイブ》には、重要な役割や機能が存在している。そして全ての段階は、後続する段階の中に、吸収ないし包含されていく。

さらに、どの段階も、避けて進むことはできない。どの段階をおとしめても、自分と社会に重大な悪影響がもたらされることになる。

どれか特定の段階を優遇するのではなく、螺旋《スパイラル》全体の健全さを高めること――これこそが、統合的アプローチにおける最優先指令《プライム・ディレクティブ》なのだ。

地に足の着いた偉大さを

このように、最優先指令とは、意識のスペクトラム全体の健全さを高めることであり、特定の段階を優遇することではない。そしてこうした発想に基づくとき、統合的アプローチは、自らが実際にどれほどの影響力をもちうるのかを、もっと慎重に見積もることになるだろう。私の考えでは、現代の世界を変えうる本物の革命とは、人々が超-個的《トランスパーソナル》な領域へと輝かしく移行することでもたらされるものではない。むしろ、もっと地味に、**呪術的段階や神話的段階や合理的段階などに根本的な変化が生じることによってもたらされる**ものだと考えている。

人類は誕生以来、進化を続け、大いなる意識の螺旋《スパイラル》を上昇してきた。古代的な意識、呪術的な意識、神話的な意識、合理的な意識、多元的な意識というように、進化を続けてきたのである。もしかすると、ここから統合的な意識へと移行し、やがては本物の超-個的《トランスパーソナル》な領域へと移行していくかもしれない。だが、一人ひとりの人間が統合的段階（ないしそれ以後の段階）へと移行していく間に、無数の人間が、古代的段階の意識をそなえて生まれてくるのである。

存在の螺旋《スパイラル》とは、終わることなき偉大な流れ《フロー》なのであり、この流れは身体から心、魂、さらにスピリットへと広がっている。そしてこの大河の流れの中を、何百万という人間が、源流から海洋へと向かって絶えず泳ぎ続けているのだ。それゆえ、**どんな社会も、統合的段階という一点に位置することは決してない**だろう。なぜなら、川の流れは、やむことなく続いているからだ（もっとも、歴史が示しているように、文化の「重心」は上昇しうるものである。私の著書『エデンから』〔原著名*Up from Eden: A Transpersonal View of Human Evolution*〕も参照されたい）。

だが、たとえそうであるとしても、主要な問題は同じである。問題は、どうすれば全ての人間を統合的段階（そしてそれ以降の段階）にたどり着かせられるかということではないのだ。そうではなく、問題とは、**どうすれば螺旋《スパイラル》全体の健全さを維持することができるか**ということなのである。何十億という人間が、来る年も来る年も、この螺旋《スパイラル》の中を進み続けているのだから。

言い換えれば、私たちが行うべきことの大部分は、**低次の（それゆえに根底的な）諸段階《ウェイブ》を、その段階自身の論理の中で、もっと健全なものにする**ということなのだ。それゆえ、重要な改革とは、一握りのベビーブーマーたちを第二層へと到達させることではなく、もっとも基本的な諸段階《ウェイブ》に位置する何百万人もの飢えた人々に食糧を提供することであり、もっとも単純な諸段階《レベル》に位置する何百万人もの路上暮らしの人々に住める場所を提供することであり、医療サービスを受けられない何百万人もの人々に必要な医療を提供することなのである。

この意味で、統合的ヴィジョンの普及とは、この惑星が直面しているさまざまな課題のうち、もっとも緊急度の低いもののひとつなのだ。

現代世界における統合的ヴィジョン

この点をよく理解してもらうために、スタンフォード大学医学部のフィリップ・ハーター博士による計算値を紹介しよう。世界がもし１００人の村だったなら、次のようなことが言える。*訳注32

57人がアジア人
21人がヨーロッパ人
14人が北米人ないし南米人
８人がアフリカ人
30人が白人
70人が非-白人
６人が世界の富の59%を所有しており、その６人は全員アメリカ出身である
80人が基準以下の住居で生活している
70人が文字を読めない
50人が栄養失調に苦しんでいる
１人が大学教育を受けている
１人がコンピュータをもっている

＊訳注32：本書の原著が出版された2000年より前のデータであり、現在の数値とは同じではない。参考のために以下に比較的最近のデータを記しておく。
ウェブサイト「100 People: A World Portrait」によれば、2016年において、「世界がもし100人の村だったなら、60人がアジア人、16人がアフリカ人、14人が北米人ないし南米人、10人がヨーロッパ人。86人は文字の読み書きができて、14人はできない。78人が雨風をしのげる住居をもっており、22人はもっていない。1人が飢餓状態にあり、11人が栄養失調であり、22人が太り過ぎである。91人が安全

それゆえ、先に述べたように、統合的ヴィジョンとは、この惑星が直面している最も緊急度の低い課題のひとつなのである。螺旋《スパイラル》全体の健全さ、特に、初期の諸段階《ウェイブ》の健全さを確保することこそが、倫理的に求められている主要な課題なのだ。

それにもかかわらず、私たちは**第二層の統合的意識を確立することで、こうした緊急の課題に対して、もっと工夫に満ちた解決策を与えられるようになる**だろう。大きな地図《ビッグ・ピクチャー》を把握することで、既存のものよりもさらに適切な解決策を提示できるようになるのだ。

それゆえ、政府こそ、統合的アプローチを今すぐに必要としているのである。教育機関も、脱構築的ポストモダニズムに打ちのめされて、統合的ヴィジョンを必死に探している。企業組織も、意味や価値と切り離された利益にうんざりして、もっとバランスのとれたアプローチを強く求めている。医療機関《ヘルスケア》も、穏やかな慈悲に満ちた統合的なふれあいを実現することで、大きな恩恵を受けることができるだろう。国のリーダーも、人間の潜在的な可能性を示してくれる包括的なヴィジョンを高く評価することがあるかもしれない。

このようにして、あるいは他の経路によって、**私たちは実際に統合的ヴィジョンを活用し、少し狂ってしまったこの世界を変えていくことができる**のだ。

な水を飲めて、9人は飲めない。7人が大学の学位をもっている。40人がインターネットへと接続できる」とされる（https://www.100people.org/）。
また、国際協力団体Oxfamによる2017年の報告書「An Economy for the 99%」によれば、「世界の上位8人が、世界のもっとも貧しい半数の人々と同じだけの富を所有している（注: 世界を100人の村だと仮定しているわけではない）」とされる（https://www.oxfam.org/en/research/economy-99）。

第4章

宗教をどう考えるか

～「瞑想の科学」としてのスピリチュアリティ～

宗教なき科学は欠陥であり、科学なき宗教は盲目である。

――アルバート・アインシュタイン

科学と宗教、科学と宗教、科学と宗教。もし十分に感受性豊かな人間なら、両者の関係について考え続けていると、頭がおかしくなってしまうかもしれない。＊訳注33

実際、科学と宗教の関係は、あの忌《い》まわしき二元論の問題群——心と体、意識と物質、事実と価値——のひとつに仲間入りすることを宿命づけられていると言える。こうした二元論の問題は、今もなお、哲学者たちを悩ませ続けているのだ。その一方で、もっと一般的な人々は、科学（技術的および経験的な知識を与えてくれる領域）と宗教（意味や価値、超越的な目標や内在的な体験を与えてくれる領域）の両方に対して、自由に興味を抱いてきた。

しかし、両者をどう結びつけるかということになると、話は別である。シェークスピアの表現を借りるなら、「ああ、そこが厄介な点なのだ」。

だが、確実に言えることがひとつある。**本物の統合的ヴィジョン、本物の「万物の理論」は、科学と宗教を何らかの形で融和させるものでなければならない**ということだ。

私はこれまで何冊かの本で、この厄介なテーマについて具体的に論じてきた[1]。そこで論じた内容は、科学と精神性《スピリチュアリティ》／霊性に関する典型的な議論において述べられることのないものであり、議論を前進させる論点を提供できたと私は信じている（その概要は以下で述べる）。

ただ、同時に感じているのは、こうした論点の大部分が、今なお無視され続けているということだ。なぜなら、**私が重視しているのは、スピリット（精神／霊）に関する直接体験であり、スピリットについての単なる考えではない**からである。言い換えれば、私が議論の中に含めようとしているのは、**直接**

＊訳注33：本章では、ウィルバーは「宗教」と「精神性／霊性《スピリチュアリティ》」という言葉をあまり区別せずに用いている。それゆえ、ここでのテーマは「科学と宗教の関係」であるとも言えるし、「科学とスピリチュアリティの関係」であるとも言える。なぜ宗教とスピリチュアリティをあまり区別せずに議論しているのかという点については、本章の注12を参照のこと。

的な瞑想的体験としてのスピリチュアリティ（精神性／霊性）なのであるが、このテーマを扱うほとんどの著者は、それよりも、スピリチュアリティをめぐる哲学的ないし科学的な見解について考察したがるのである。直接体験よりも、概念的見解を重視しているのだ。

たとえて言えば、学者たちはハワイの海岸について議論しているのだが、誰も現地に足を運んで調査することはなく、ただハワイの海岸に関する大量の地図を引っ張り出しきて、その地図について研究しているようなものである。地図《マップ》ばかりを研究し、実際の土地《テリトリー》を研究しようとしない。このことは、私にとっては常に不思議なことであった。

確かなことは、この両方の点——スピリットに関する直接的な体験、および、そうした体験に関するもっと正確な地図ないしモデル——を議論に含めることは十分に可能だということだ。そしてそのどちらもが、本物の「万物の理論」を構成する極めて重要な要素となるだろう。

それでは、始めることにしよう。

科学と宗教の関係

これまで多数の理論家たちが、科学と宗教の関係についてのさまざまな立場を、いくつかの典型的な種類に分類してきた。こうした分類のスキームは、基本的には、どれもかなり似通っている。科学と宗教は**闘争状態にある**とする立場から、両者は**平和的に共存しうる**とする立場、両者は**相互に影響を与え合う**とする立場、そして両者は**何らかの形で統合されうる**とする立場まで、大抵、同じような分類がなされるのである。

例えば、イアン・バーバー*訳注34は次のように分類している[2]。

（1）衝突：科学と宗教は闘争状態にある。一方が正しく、一方が間違っている。それだけのことだ。

（2）独立：科学も宗教もどちらも「真実」でありうるが、両者は基本的に別々の領域を扱っており、接点はほとんど存在しない。

（3）対話：科学と宗教はどちらも、互いと対話することによって恩恵を受けることができる。互いの真理によって、互いが豊かになることができる。

（4）統合：科学と宗教はどちらも、「大きな地図《ビッグピクチャー》」の構成要素であり、両者の真実は十分に統合できる。

＊訳注34：Ian G. Barbour　アメリカの物理学者・キリスト教神学者（1923-2013）。「科学と宗教」関係論についての代表的な研究者の一人。訳書に『科学が宗教と出会うとき――四つのモデル』。

あるいは、ユージニー・スコット＊訳注35はこう分類している[3]。

（1）闘争：科学が宗教に勝利するか、宗教が科学に勝利するかであり、敗者は死ぬ運命にある。

（2）別々の領域：科学は自然界の事実を扱い、宗教は精神的《スピリチュアル》／霊的な問題を扱う。両者は対立もしていないが、一致することもない。

（3）調節：宗教が自らを科学的事実へと適合させ、科学を用いて神学的信念を再解釈する（一方的関係）。

（4）婚約：科学と宗教の両方がお互いに対して適合し、対等なパートナーとして交流する（双方向的関係）。

私自身もまた、著書『科学と宗教の統合』（原著名 *The Marriage of Sense and Soul*）において、科学と宗教に関するもっとも一般的な立場を分類した。以下に、その簡単な要約を示そう。

〈立場１〉科学は宗教を否定している。

現代の科学者にとってはもっとも一般的な立場であり、さまざまな人物によって、攻撃的な形で表明されている。例えば、リチャード・ドーキンス、フランシス・クリック、スティーブン・ピンカーなど。**宗教とは、端的に言ってただの迷信であり、過去の遺物であるにすぎない**。よく言って、生き残るための巧妙な策略であり、種を存続させるために自然界がつくりだしたものである。

＊訳注35：Eugenie C.Scott　アメリカの自然人類学者（1945-）。人類の起源をめぐる「創造論・進化論」論争に長年関わってきた科学者として有名。訳書に『聖書と科学のカルチャー・ウォー　概説 アメリカの「創造vs生物進化」論争』。

〈立場2〉 宗教は科学を否定している。

宗教原理主義者からの典型的な反論は、**科学とはこの堕落した世界を構成する要素であるにすぎず、本当の真実には決してたどり着けない**というものである。神が世界を――全ての化石を含めて――6日間で創造したのであり、ただそれだけのことだ。聖書に書かれていることは文字通り真実なのであり、もし科学がその事実に同意しないのなら、科学はそれだけ不道徳なものであるということだ。

〈立場3〉 科学と宗教は存在の異なる領域を扱っており、両者が平和的に共存することは可能である。

これはもっとも洗練された立場のひとつであり、「強いバージョン」と「弱いバージョン」の二つが存在している。

a．強いバージョン：認識論的多元主義

世界は、さまざまな次元ないし領域（例えば物質、身体、心、魂、スピリット）から構成されている。**科学は通常、相対的に低次の領域である物質と身体の領域を扱っており、宗教は通常、相対的に高次の領域である魂とスピリットの領域を扱っている。**科学と宗教はどちらも等しく、「大きな地図《ビッグ・ピクチャー》」を構成する要素なのであり、それぞれの真実を大きな地図《ビッグ・ピクチャー》の中に統合することは十分に可能である。伝統的な「存在の大いなる連鎖」の考え方が、ここに分類される（図4-3を参照）。

こうした一般的見方をもっている人物としては、プロティノス、カント、シェリング、アーナンダ・クーマラスワミ、アルフレッド・ノース・ホワイトヘッド、フリッチョフ・シュオン、ヒューストン・スミス、イアン・バーバーなどを挙げることができる。

b. 弱いバージョン：重なることのない二つの領域（NOMA《ノーマ》）〔non-overlapping magisteria: 非重複教導権の原理〕

これはスティーヴン・ジェイ・グールドが提唱した原則である。その考え方は、**科学と宗教はそれぞれ異なる領域を扱っているが、両者は根本的に比較困難なものであり、何らかの「大きな地図《ビッグ・ピクチャー》」へと統合することは不可能**だというものである。科学と宗教のどちらも十分に尊重されるべきであるが、両者を統合することはできないのだ。多くの科学者にとって、これは非常に一般的な態度である。何らかのスピリットを信じているが、その信仰が科学と結びつくとは思えない科学者にとっては、既定の立場であると言える。カエサルのものはカエサルに、それ以外のものは神に明け渡すのである。

〈立場４〉　科学そのものが、スピリットの存在を支持している。

この立場によれば、**多くの科学的事実や科学的発見によって、スピリチュアルな現実は直接に指し示されている**とされる。それゆえ、科学とは、神（あるいは女神）を直接に開示してくれるものなのである。例えば、ビッグバン理論は、何らかの創造主的な原理を必要としているように思われる。進化は、インテリジェント・デザイン〔偉大なる知性による設計ないし構想〕に従って展開しているように見える。そして人間原理〔宇宙のさまざまな特性を説明するには、人間の存在という事実を考慮することが必要だという見方〕は、宇宙の背後には何らかの創造的知性が存在することを暗に示唆している。
　この立場は、ユージニー・スコットの述べる「一方的関係」に近い。科学を用いることで宗教を豊かにすることはできるが、一般にその逆は成り立たないというものだ。さらには、イアン・バーバーが「自然神学」と呼んでいるものにも近い（バーバーは自然神学《ナチュラル・セオロジー》と自然の神学《セオロジー・オブ・ネイチャー》を対置させて論じている。自然神学とは、多くの環境哲学者《エコフィロソファー》のように、自然を読み解くことでスピリットを見つけ出そうとする立場を指す。自然の神学とは、宗教的な啓示に基づいて、自然を霊的《スピリチュアル》な言葉で解釈しようとする立場を指す。バーバーは後者の在り方を重視しており、それはバーバー自身の3番目の分類の中に含まれる）。
　この立場もまた、科学と宗教の関係に対する非常によくあるアプローチである。特に、「新たな科学的パラダイムは神秘主義の正しさを証明するものだ」と主張している一般向け著作家の間では、おそらくもっとも一般的な立場である。

〈立場5〉　科学が与えるのは、世界に関する知識ではなく、世界に関するひとつの解釈にすぎない。したがって、科学の妥当性とは、芸術や詩の妥当性と全く同程度である。

　これはもちろん、典型的な「後‐近代《ポストモダン》」の立場である。四つ目の立場は、科学と宗教の関係を論じる一般向け著作家の間でもっとも一般的なものであるが、この五つ目の立場は、学問的《アカデミック》なエリート層ないし文化的なエリート層においてもっとも一般的な立場である。どのような統合を試みることもなく、代わりに、**この問題に関して他の人が何か重要なことを述べていれば、それを全て脱構築しよう**

とするのである。

確かに、ポストモダンの思想家たちによって提起された問題の中には、本当に重要な問題もあり、私はそうした論点を全て、統合的な見方の中に含めようと努力してきた[4]。しかし、現状のままだと、ポストモダニズムは袋小路から抜け出せないだろう（詳しくは著書*Boomeritis*《ブーマライティス》〔未訳〕を参照）。

さて、ほとんどの理論家は、こうした分類を行うことで満足してしまっている。現在ありうる基本的な立場を全て包括し、要約することができたと考えているからだ。

しかし私にとって、こうした分類は、うまくいかなかった立場をまとめたものにすぎない。言い換えれば、こうした分類はどれも――バーバーの分類だろうと私自身の分類だろうと――「失敗例」の一覧なのであって、成功例を挙げたものではないのである。

正確に言えば、確かにこうしたアプローチの中には、統合的な見方にとって重要な要素となりうるものを与えてくれる立場もある（特に三つ目と四つ目と五つ目の立場）。だが、**どのアプローチも、宗教のもっとも中核にあり、統合的な見方の中に必ず包含しなければならないと私が考えているもの――スピリットに関する直接体験――を、十分に含んでいない**のだ。

理論家の中には、スピリチュアルな体験の存在を、少なくとも認めようとする者はいる（例えばバーバーのように[5]）。しかし、そうした理論家たちも大抵、認知科学や脳科学、瞑想の現象学などの分野で生じている革命的発見については、何も語っていないのである。私たちは、こうしたさまざまな知見を全て考慮することによって、過去に提案されてきたどんなものよりも遥かに見事な形で、科学と宗教を統合していくことができるのだ。

私はこうした統合的な見方を、「全象限、全レベル」のアプローチとして提示している。以下では、その主要な論点を、科学とスピリチュアリティの関係という問題に当てはめながら、見ていくことにしよう。

科学と宗教は「重なることのない二つの領域」なのか？

スティーヴン・ジェイ・グールド*訳注36のアプローチ〔NOMA《ノーマ》原理、立場3の弱いバージョン〕から始めよう。科学と宗教はどちらも重要であるが、重なり合う部分のない別々の領域を扱っているというわけだ。この見方を支持する人は、科学者の中にも宗教者の中にも、非常に多い。

グールドはこう述べている。

「**科学と宗教が対立していないと言えるのは、両者が専門とする領域には、重なり合う部分がないから**である。科学は、経験論的な方法によって、宇宙がどんな構造なのかを解明しようとする。宗教は、適切な倫理とはどんなものであり、人生にはどんな精神的《スピリチュアル》／霊的な意味があるのかを探求しようとする」[6]

もちろんグールドは、科学と宗教がいつも「ぶつかり合っている」ことを認識しているし、こうした衝突は非常に興味深い洞察をもたらしうるものだが、多くの場合、不愉快な熱情をもたらすものだということも認識している。だが、究極的には、科学と宗教は対立もしていなければ、一致することもないのだ。なぜなら、両者は全く別の性質をもっており、比較することはできないからである。

こうした見方を主張するためには、グールドのように、自然と人間のあいだに厳格な二元論を設定することが必要である。自然とは、事実の領域であり、科学によって明らかにされるものである。他方、人間とは、価値や意味の領域であり、宗教によって明らかにされるものである。

グールドは言う。

＊訳注36：Stephen Jay Gould　アメリカの古生物学者（1941-2002）。本章のテーマに関連する訳書として『神と科学は共存できるか？』がある。

「自然は、私たちの倫理的基準からすると、ときに極めて『残酷』であり、『無関心』であることがある。なぜなら、自然は私たちのために存在しているわけではないからだ。自然は私たちがどこから来たのかを知らず、（比喩的に言えば）私たちのことなど気にかけていないのである」

ここから明らかにわかることは、グールドにとって、人間は自然の単なる一部分ではないということだ。もし人間が完全に自然の一部であるなら、人間とは単に、自然の一作用であるにすぎない。しかし実際には、自然は私たち人間のことを気にかけていない。なぜなら、**「私たち」**（私たちの中の宗教や倫理に関わる部分）**と「自然」**（容赦なき事実だけがあり、どんな価値も存在していない世界）**は、重なることのない二つの領域だから**である。

「私の考えでは、こうした見方は、私たちを落胆させるものではなく、解放してくれるものである。なぜなら、そのとき私たちは、自然界の事実に捕われることなく、私たち自身の言葉で、道徳的な議論――それより重要なことなど存在するだろうか――を行えるようになるからである」[7]

こうした二元論は、さまざまな言葉によって表現されてきた。例えば、事実と価値、自然と人間、科学と宗教、経験的《エンピリカル》な領域と精神的《スピリチュアル》な領域、外面と内面、客観と主観など。だが、**こうした扱いづらい二元論に苦しめられることで、私たちは、今よりもさらに大きな地図を見つけ出そうと努力する**のである。そしてその大きな地図《ビッグ・ピクチャー》は、二つの領域を滑らかに織り合わせるものであり、ただ単に、両者は道の反対側を進むことを永遠に宿命づけられていると宣言するものではないのだ。

　とはいえ、これは極めて難解なテーマであり、細部の込み入った複雑な問題である。こうした二元論（経験的《エンピリカル》な領域、対、精神的《スピリチュアル》な領域）に対する神学の側からの一般的な返答は、スピリットが経験的な世界を創造したのであり、この意味において、両者は関係しているというものだ。もし神の意思に従って生きることができたなら（悪を避けることができたなら）、私たちは救済されるだろう。もし神の意思に背いて生きるなら（悪を行ってしまえば）、地獄に落ちることになる。

　しかしここで、同じく一般的な問題が生じる。もし神が世界を創造したのなら、世界に悪が存在する以上、神が悪を創造したのではないだろうか？　もしそうなら、悪の責任は神にあるのではないか？どうして私が責められなくてはならないのか？　製造物〔被造物〕の欠陥に対する責任は、製造者〔創造主〕にあるのではないだろうか？（要するに、経験的《エンピリカル》な領域と精神的《スピリチュアル》な領域の関係は、そう簡単には解き明かせないように思われるのである）

　他方、エコ・スピリチュアリティ〔エコロジーの見方と結びついた精神性／霊性《スピリチュアリティ》〕を推進する理論家たちも、似たり寄ったりである。こうした理論家たちは、超越的で天上的な神が自然を創造したのだとは述べないが、その代わりに、完全に内在的で地上的な神ないし女神が存在することを仮定している。この神（女神）とは、自然のことであり、自然界における進化のプロセスのことである。もし自然に従って生きることができたなら、私たちは救済されるだろう。もし自然に背いて生きるなら、私たちは破滅することになるだろう。

　しかしここでもまた、先ほどと同じ問題が生じる。もし自然が（進化を通して）人間を生み出したのなら、人間がオゾンホールを生み出した以上、自然がオゾンホールを生み出したのではないだろうか？

もしそうでないのなら、人間の中のある部分は、自然の一部分ではないのではないだろうか？ それゆえに、自然とは、存在の究極的基底ではあり得ないのではないだろうか？

自然は、本物の神（あるいは女神、あるいはスピリット）ではあり得ない。なぜなら、明らかに、自然は全てを包含していないからであり、自分より遥かに大きな全体《パイ》の中の小さな一片《スライス》にすぎないからである。

もしそうだとしたら、その大きな全体《ビッグ・パイ》とは、一体何なのだろうか？ そしてもう一度言えば、私たちは、自然と人間のあいだのこうした二元論を、どうすれば本当に癒すことができるのだろうか？

多くの伝統的な理論家たち——プロティノスからヒューストン・スミス、セイイェド・ホセイン・ナスルに至るまで——は、こうした困難に対処するために、**「存在の大いなる連鎖」（Great Chain of Being）**という見方（立場3の強いバージョン）を用いてきた。その考え方とは、単に二つの別々の領域（例えば物質とスピリット）が存在するのではなく、**少なくとも四つか五つの領域（例えば物質、身体、心、魂、スピリット）が存在しており、これらの領域はどこまでも連続的に移り変わっている**、というものだ。そしてこのとき、最上位の領域であるスピリットの領域は、他の全ての領域にとっての非二元的な基底《グラウンド》でもあるため、究極のスピリットが二元論に陥ることはないのである。ただし、スピリットは世界を創造する過程で、さまざまな二元論を生み出す。こうした二元論は、創造された世界においては避けられないものである。だが、究極のスピリチュアルな悟りにおいて、こうした二元論は癒されて、ひとつの全体へと統合されるのである。

科学と宗教の関係についてのさまざまな典型的立場の中で、私自身がもっとも共感しているのは、この「存在の大いなる連鎖」の見方であり、そのことは著書『科学と宗教の統合』でも詳しく述べている。だが、同じくその本で私が指摘したことは、伝統的なタイプの「存在の大いなる連鎖」には、数多くの重大な欠陥が見られるということだ。多くの「存在の大いなる連鎖」モデルは、（グールドのような）単純な二元論モデルと同じような限界を抱えているのである。[8] 実際、こうした伝統的理論家たちは、重なることのない二つの領域の代わりに、重なることのない四つか五つの領域を提示しているだけなのだ。

もっとも、多くの場合、それぞれの領域は前の領域を入れ子のように包み込んでいくものだとみなされているが、それでも疑問は残る。高次の領域（例：精神的《スピリチュアル》な領域）と低次の領域（例：経験的《エンピリカル》な領域）は、具体的には、どのような関係にあるのだろうか？　**科学は本当に、低次の領域（物質と身体の領域）だけしか扱うことはできず、高次の領域（魂やスピリットの領域）については何も教えてくれないのだろうか？**　科学と宗教は本当に、5階建ての建物のような関係にあり、科学は1階と2階のことを教えてくれて、宗教は4階と5階のことを教えてくれるという話なのだろうか？

結局、この論点についてのもっとも尊敬に値する返答――例えばヒューストン・スミス、イアン・バーバー、スティーヴン・ジェイ・グールドの主張――でさえも、立場3（強いバージョンであれ弱いバージョンであれ）の変種にすぎないのである。

だが、もし科学と宗教は別の階のことを教えてくれるものではなく、そのどちらもが一つひとつの階について異なることを教えてくれるものだとしたら、どうだろう？　もし科学と宗教が、建物の別の階のような関係にあるのではなく、同じ大邸宅を支える対等な二本の柱のような関係にあるとしたら？　もし一方が他方の上に乗っかっているのではなく、両者が隣に並んで存在しており、隣り合わせのままで上から下まで伸びているとしたら？　もしそうだとしたら、どんなことが言えるだろうか？

そう、少なくとも、このアプローチは今まで誰もやってみたことがないものなのだ。他のアプローチにはどれも欠陥があるとわかった以上、この新たなアプローチを探求してみるのもよいかもしれない。

神秘主義者の脳

わかりやすい例から始めよう。瞑想の実践者に、脳波計（EEG）をとりつける。すると、その人が**深い瞑想的状態に入ったとき、間違えようのないほど独特なパターンの脳波が検出される**のである（例えばデルタ波が発生する。しかし通常、この脳波は、夢のない深い眠りの状態でしか発生しないものである）。加えて、デルタ波の状態における体験は「スピリチュアル」と呼ぶのがもっともふさわしいような体験であると、瞑想者自身が主張するのである――意識が拡大し、愛と慈悲の気持ちが大きくなり、自分と世界の両方の中に神聖さや崇高さを感じるような体験であると言うのだ。他の熟練した瞑想者に同じことを行っても、やはり同じような脳波パターンが検出され、同じような主観的体験をしたという報告を受ける。

さて、この事実を、私たちはどう理解したらよいのだろうか？

実は、既にかなりの研究によって、これと同じような結果が頻繁に見られるということがわかっている[9]。それゆえ、議論を先に進めるために、ここでは単に、こうした結果は一般的に成立するものだと仮定することにしよう。何より、この結果が直接に示しているのは、科学と宗教はよく言われるような「重なることのない二つの領域」などではなく、実際には、とんでもなく重なり合ったものだということである。

一般的なNOMA《ノーマ》の議論（立場3の弱いバージョンだけでなく強いバージョンも含む）において見過

ごされがちなことは、仮に事実と価値がある程度は別々の領域であるとしても、**ある人が何らかの主観的価値を体験するとき、そうした体験に対応する何らかの客観的事実が、その人の脳の中で生じている**ということだ。

とはいえ、このことは、**そうした価値が単なる脳の状態に還元されるという意味では決してない**。言い換えれば、スピリチュアルな体験が、ただの生物学的な作用にすぎないことが示されたわけでは全くないのである。そうではなく、このことが示しているのは、**精神的《スピリチュアル》なリアリティ（宗教の領域）と経験的《エンピリカル》なリアリティ（科学の領域）は、典型的な議論によって言われているほど、分離したものではない**ということなのだ。

そして、統合的モデル、すなわち、「全象限、全レベル」のモデルが提供するフレームワークは、もしお望みであれば、こうした全ての「事実」を包含することができるものである。言い換えれば、内面的リアリティという事実と外面的リアリティという事実の両方を、スピリチュアルな体験という事実と科学的な体験という事実の両方を、主観的リアリティという事実と客観的リアリティという事実の両方を、包含しようとするものなのである。

統合的モデルは、伝統的な「存在と認識の大いなる連鎖」——物質から、身体、心、魂、そしてスピリットへ——の見方を包含するものであるが、それだけではなく、こうした全てのリアリティを、明確な方法によって、経験的な事実として把握しようとするものなのだ。

科学と宗教への「全象限、全レベル」のアプローチ

それではここから、統合的アプローチがどのように科学と宗教を結びつけ、ありうる「万物の理論」の中に包含するのかを、いくつかの簡潔な図を用いて大まかに見ていこう。

図4-1に描かれているのは、伝統的な「存在の大いなる連鎖」のモデル——身体、心、魂、スピリット——である。本質的に言えば、この図が表している内容は、前章の図3-3や図3-4と同じであると言える。

ここで、後の段階は前の段階を「超えて含む」のであるから、存在の大いなる連鎖《チェイン》とは、実際には——図でも表現されているように——存在の大いなる入れ子《ネスト》なのである。もっと明確に言えば、存在の大いなる連鎖とは、**存在の大いなるホロン階層《ホラーキー》**なのだ。

ところで、この図は、ヒューストン・スミスの*Forgotten Truth: The Common Vision of the World's Religions*（邦題『忘れられた真理——世界の宗教に共通するヴィジョン』）から引用したものである。スミスは比較宗教学の権威であり、この本では、世界中の「大いなる知恵の伝統」に共通して見られる本質的な教えの内容がまとめられている。スミスがこの図によって伝えようとしているのは、世界の偉大な宗教システムはどれも、身体、心、魂、スピリットのような何らかの階層の存在を認識しているという事実なのだ。言い換えれば、図4-1は、**世界中のほぼ全ての伝統的宗教に見られる共通の世界観を、**

驚くほど簡潔に要約した図なのである。

さらに、同じことをもう少し具体的な例によって表したものが図4-2である（スミスの監修のもとで作成された図である）

図4-1と図4-2には四つの段階《レベル》しか描かれていないが、ほとんどの伝統には、もっと内容豊かで詳細な地図が存在している。それぞれの伝統によって、五つの段階だけを提示するものもあれば、七つの段階（例えば七つのチャクラ）を提示するもの、あるいは、何十個にも及ぶ段階を提示するものもある。私自身が前章の図3-2で示したのは、11個の段階からなるモデル（スパイラル・ダイナミクスの八つの段階に、私が三つの段階を付け加えたもの）であった。

重要なことは、正確には何個の段階が存在するかということではなく、こうした全ての伝統において、**世界とは（存在と認識の）さまざま**

図4-1●存在の大いなる連鎖

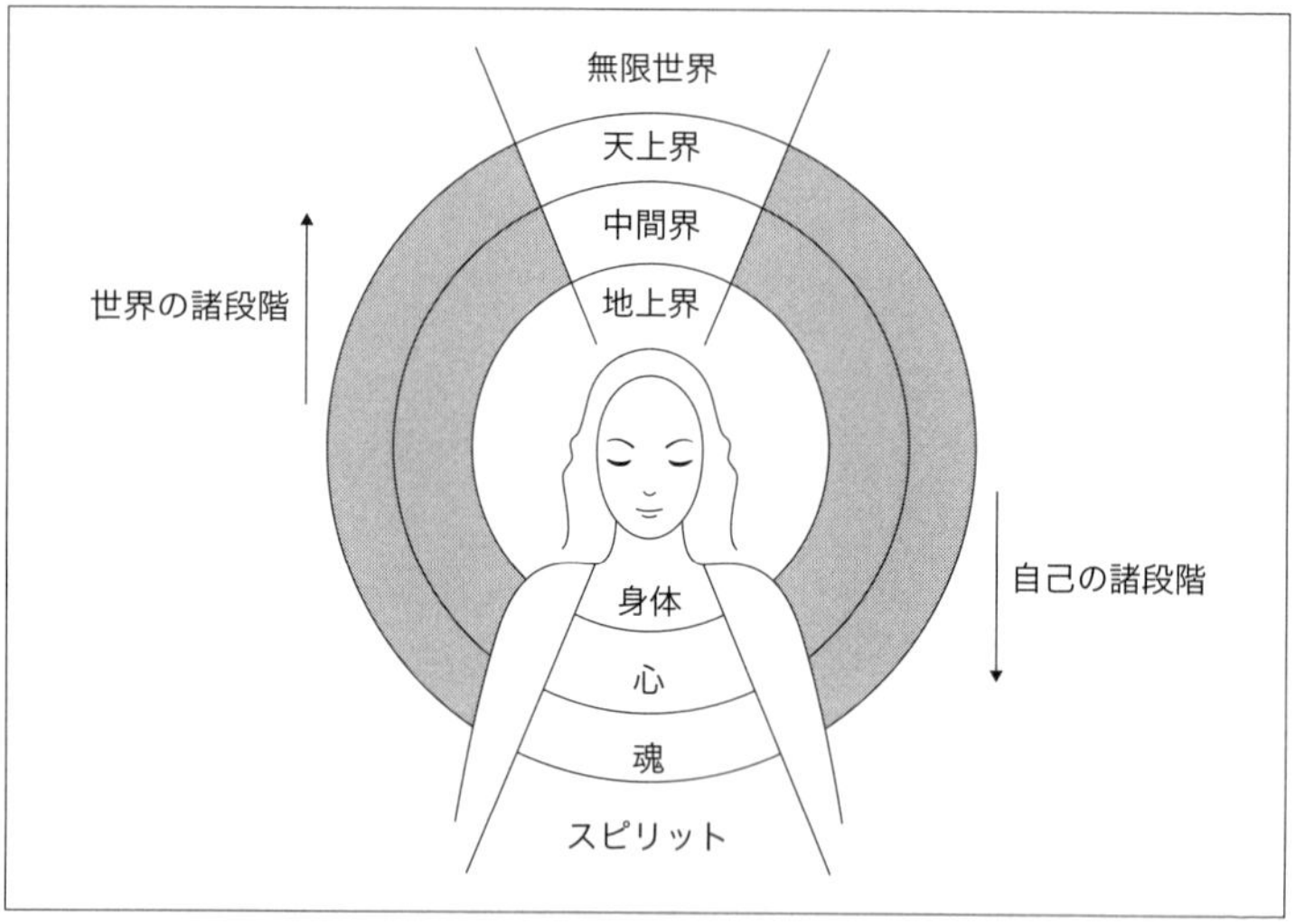

（ヒューストン・スミス『忘れられた真理』より）

な段階《レベル》から構成されているものだと考えられている点なのだ。

図4-3は、存在の大いなる入れ子のモデルを、それが「存在の大いなるホロン階層《ホラーキー》」であることがわかるように、図式的に描いたものである。

ここで注意したいのは、こうした伝統的な見方においては、科学（例えば物理学や生物学や心理学）は低い階を対象とするものであり、宗教は高い階を対象とするものであると考えられていることだ（そしてこうした見方をもとに主張されるのが、先ほどの「立場3」――スピリチュアリティに親和的な人々の間ではおそらくもっとも影響力の大きな立場――なのである）。

だが、こうした見方をもっているために、存在の大いなる連鎖の伝統的モデルは、いわば「あの世的」な存在論になってしまっている。言い換えれば、上方の階〔魂やスピリットの領域〕は、文

図4-2●さまざまな宗教的伝統における「存在の大いなる入れ子」の例

世界の諸段階	無限世界	天上界	中間界	地上界
ヒンドゥー教	無形《ニルグナ》のブラフマン	有形《サグナ》のブラフマン	諸世界の神々	プラクリティ
仏教	空《くう》　涅槃　法身《ほっしん》〔ダルマカーヤ〕	菩薩　報身《ほうじん》〔サンボガカーヤ〕	天女	応身《おうじん》〔ニルマーナカーヤ〕
中国の諸宗教	名づけられない道《タオ》	天　名づけられる道《タオ》	天地　神気	万物
ユダヤ教	アツィルト〔流出界〕	ブリアー〔創造界〕	イェツィラー〔形成界〕	アッシャー〔物質界〕
キリスト教	神の本質（否定神学的な）	神（肯定神学的な）	天使　悪魔	自然
イスラム教	非顕現の力	マラクート〔不可視界〕	ジャバルート〔中間界〕	ムルク〔現象界〕

自己の諸段階	スピリット	魂	心	身体
ヒンドゥー教	トゥリーヤ　アートマン〔真我〕	コーザル・ボディ〔元因身〕	サトル・ボディ〔微細身〕	グロス・ボディ〔粗大身〕
仏教	仏性	阿頼耶識《あらや》（微細な心）	意識（粗大な心）	前五識（五感）
中国の諸宗教	神	霊	心	身
ユダヤ教	セフィロートの諸段階			
キリスト教	スピリット	魂	心《サイキ》	身体
イスラム教	カルブ〔心〕 フィトラ〔天性〕	ルーフ〔魂〕	ナフス〔自我〕	ジン〔幽精〕

＊原著図版より一部修正。

字通り「この世界の外側」に存在しており、物質的な世界とはほとんど何の接点ももっていないとみなされているのである（もっと明確に言えば、魂やスピリットの領域で起きる出来事と、物質や身体の領域で起きる出来事の間には、直接的には、ほとんど何の関係も存在していないとみなされている。要するに、上の階で起きる出来事は「あの世」のことなのだ）。

やがて、近代科学が出現し、こうした伝統的な見方は致命的な打撃を受けることになった。

例えば、科学的研究によって、意識（心）とは単なる超越的な実在ではなく、多くの面において、生物学的ないし物質的な実体である脳に支えられたものだということが明らかになったのである。もっとも、あまりにも多くの面で脳が意識を支えていることがわかったために、現代の科学者の多くは、意識とは単に、神経細胞のネットワー

図4-3●存在の大いなるホロン階層《ホラーキー》

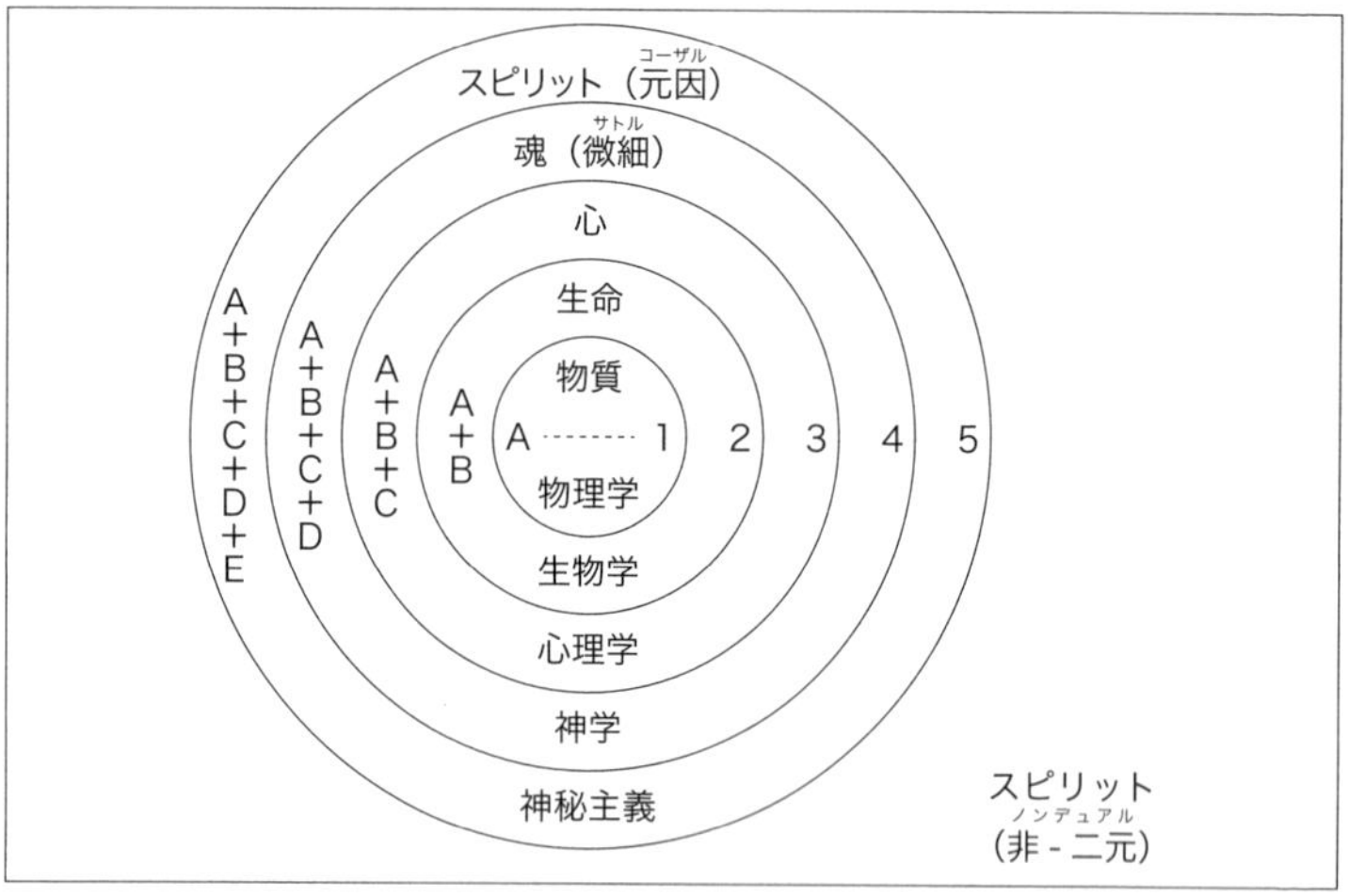

スピリットはもっとも高次の段階（元因段階）であると同時に、全ての段階にとっての非-二元の基底でもある。

クの活動にすぎないという還元主義的な見方をとるようになっているが。

　しかし、私たちは、**意識は身体と関係のない実体であるという伝統的な見方を否定するために、こうした科学的唯物論の立場をとる必要はない**のだ。確実に言えることは、意識は、脳や生物組織と密接な関係にあるということであり、それゆえに、科学と宗教を「重なることのない二つの領域」だと考えることはできないということである。

　近代科学の出現（特に18世紀の変化）は、実際には、「近代化」と呼ばれている一連の出来事の中のひとつの要素にすぎなかった。こうした一連の出来事は全て、マックス・ウェーバーによる**「価値領域の差異化〔分化〕」**という考え方へと要約することができる（ここで「価値領域」とは、本質的に言えば、芸術、倫理〔道徳〕、科学という三つの領域のことを指している）。

　近代以前《プレモダン》の文化においては、ほとんどの場合、さまざまな価値領域を社会規模で明確に差異化〔分化〕することはできなかった。だが、近代になると、こうした領域は芸術、倫理、科学という三つの領域へと差異化〔分化〕し、それぞれの領域が、自らの真実を追求できるようになった。**他の領域から妨害されることなく、自らの方法によって、各々の真理を探求できるようになった**のである（例えば、近代以前のヨーロッパにおいて、ガリレオ・ガリレイは望遠鏡を覗いて見えたものを自由に報告することができなかった。なぜなら、科学的な知識と宗教的な教義が、未だ十分に分離していなかったからである。近代化によって、こうした価値領域が差異化〔分化〕し、それぞれの領域が自らの道を歩めるようになったのである）。

　そしてその結果、科学的な知識は驚くほど増大し、芸術への新たなアプローチが次々と出現し、道徳や倫理はもっと非宗教的な観点からも考察されるようになった——言い換えれば、私たちが「近代」と呼んでいるさまざまな事柄が実現されたのである。

こうした「ビッグ・スリー」——**芸術、倫理、科学**——は、基本的には、**私（I）**、**私たち（We）**、**それ（It）**の領域にそれぞれ対応している。芸術は、美や表現の領域、1人称の言語（「私」の言語）によって記述される主観的な領域を扱うものである。倫理は、道徳や規範の領域、2人称の言語（「私たち」の言語）によって記述される間-主観的な領域を扱うものである。そして科学は、外的世界や経験の領域、3人称の言語（「それ」の言語）によって記述される客観的な領域を扱うものである（実際には、3人称の領域は、個的な領域である「それ（It）」と集合的な領域である「それら（Its）」へと分割することができる）。

こうして、私たちは、四つの主要な領域——**私（I）**、**私たち（We）**、**それ（It）**、**それら（Its）**——を得ることになる。それぞれの領域に当てはまる具体的なホロンの例を示したのが図4-4である（この図に含まれる専門用語を暗記する必要は全くない。だが、詳細を知りたい方は注釈を参照されたい[10]）。

もう一度言っておくと、ここでの説明はどれも抽象的で無味乾燥なものであるが、以後の章でもっと具体的な例を紹介していくので、それまでご容赦いただきたい。

図4-4において、上側の二つの象限は「単数」ないし「個」の領域であり、下側の二つの象限は「複

数」ないし「集団」の領域である。左側の二つの象限は「内面」ないし「主観」の領域であり、右側の二つの領域は「外面」ないし「客観」の領域である。

全体としての発想は、かなり単純明快だ。例えば、人間における**複雑な大脳新皮質**（右上象限の段階10）に着目してみよう。このホロンは、外面の言葉、客観的ないし科学的な言葉によって記述される（例えば「脳の外層部に位置しており、多数の脳溝を含んだ構造であり、さまざまな神経組織、神経伝達物質、神経経路から構成されている」というように）。しかし、私たちが偉大な類人猿からさらに進化し、こうした複雑な大脳新皮質を初めて獲得したとき、内面においては、ベージュの世界観（古代的段階）から**パープルの世界観**（呪術的段階）への移行が起きていた。言い換えれば、客観的な脳の構造だけではなく、主観的な意識においても、変化が起きたのである。こうした内面の変化は、個の領域（左上象限）と集団の領域（左下象限）の両方で起こるものであり、そのことも図に示されている。そして最後に、初期の人類が形成していた集団も、生存のための集団から、**部族的集団**へと移行することになった（右下象限）。

現代では、主に科学的な研究によって、こうした各要素の詳細（大脳新皮質の構造、さまざまな社会システム、文化横断的な意識発達の諸段階など）が明らかにされている。

さて、図4-1は、伝統的で、前-近代《プレモダン》的で、いわば「宗教的」な世界観を要約したものであった。それに対して図4-4は、近代《モダン》的で、価値領域の差異化を終えた、いわば「科学的」な世界観を要約したものである。ここではひとまず、両方の図を単純に重ね合わせることで、両者を「統合」してみることにしよう。

図4-4●四象限

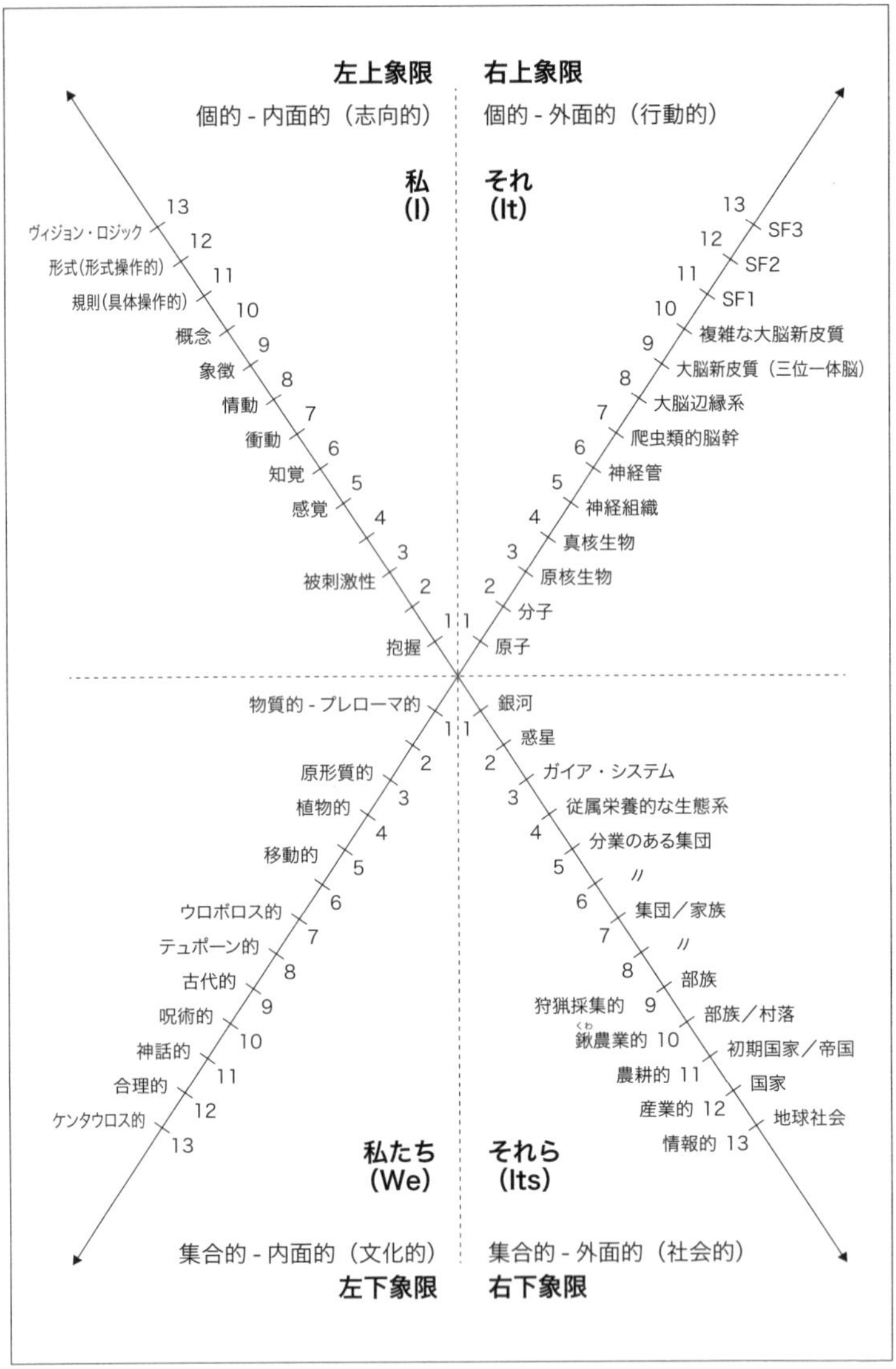

左上象限
個的 - 内面的（志向的）
私
(I)
右上象限
個的 - 外面的（行動的）
それ
(It)
13
ヴィジョン・ロジック
12
形式(形式操作的)
11
規則(具体操作的)
10
概念
9
象徴
8
情動
7
衝動
6
知覚
5
感覚
4
3
被刺激性
2
1
抱握
13
SF3
12
SF2
11
SF1
10
複雑な大脳新皮質
9
大脳新皮質（三位一体脳）
8
大脳辺縁系
7
爬虫類的脳幹
6
神経管
5
神経組織
4
真核生物
3
原核生物
2
分子
1
原子
物質的 - プレローマ的
1
2
原形質的
3
植物的
4
移動的
5
6
ウロボロス的
7
テュポーン的
8
古代的
9
呪術的
10
神話的
11
合理的
12
ケンタウロス的
13
銀河
1
惑星
2
ガイア・システム
3
従属栄養的な生態系
4
分業のある集団
5
〃
6
集団／家族
7
〃
8
部族
狩猟採集的 9
部族／村落
鍬《くわ》農業的 10
初期国家／帝国
農耕的 11
国家
産業的 12
地球社会
情報的 13
私たち
(We)
それら
(Its)
集合的 - 内面的（文化的）
左下象限
集合的 - 外面的（社会的）
右下象限

もちろん、実際には決してそんなに単純ではないし、私自身、何冊かの本で、こうした統合に何が関係してくるのかについてもっと詳しく説明している[11]。とはいえ、今ここで行っているのは簡単な入門的説明であるから、両者を単純に重ね合わせることにしよう。

その結果が図4-5である。さらに、図4-5の各入れ子に名前をつけたのが図4-6であり、内面の諸状態（**身体**的な感覚、**心**的な見解、**精神**的な体験）と、外面の諸領域（客観的な科学によって探究される**物質**の領域）とのあいだの関係が示されている。

もし図4-5と図4-6に描いた見方が妥当なものであるならば、前-近代的な宗教的世界観と近代的な科学的世界観の統合へと向かって、私たちは大いに前進したことになるだろう。「存在の大いなる入れ子」と「価値領域の差異化」を合体できれば、科学的な世界観と宗教的な世界観を、どちらの基準も侵害することなく、かなり自然に統合したことになるからである。

さらに、こうした統合的アプローチは、まだ誰もやってみたことがないと私が述べた見方を採用しているアプローチでもある。すなわち、科学（外面的リアリティ）と宗教（内面的リアリティ）を、一方が他方の上部に位置するものだと捉えるのではなく、**横に並んで発達していく**ものだと捉えるのである。

瞑想の実践者に脳波計をとりつけたときの結果も、図4-6によって、容易に説明することができる。瞑想者が体験しているのは、全く本物の内面的で主観的なリアリティ（左上象限）なのだが、ただそれには、同様に全く本物の外面的で客観的なリアリティ（右上象限）――脳波計によって細かく検知された脳波のパターン――が対応しているという話なのだ。

それゆえ、**科学と宗教はそれぞれ、互いに関連する二つの側面——外面と内面——から、精神的／霊的《スピリチュアル》なリアリティを開示してくれる**ものなのである。そしてこの点こそ、科学と宗教を統合し、もっと包容力に満ちた「万物の理論」を実現するうえで、鍵となる見方なのだ。

図4-5●存在の大いなる入れ子と四象限

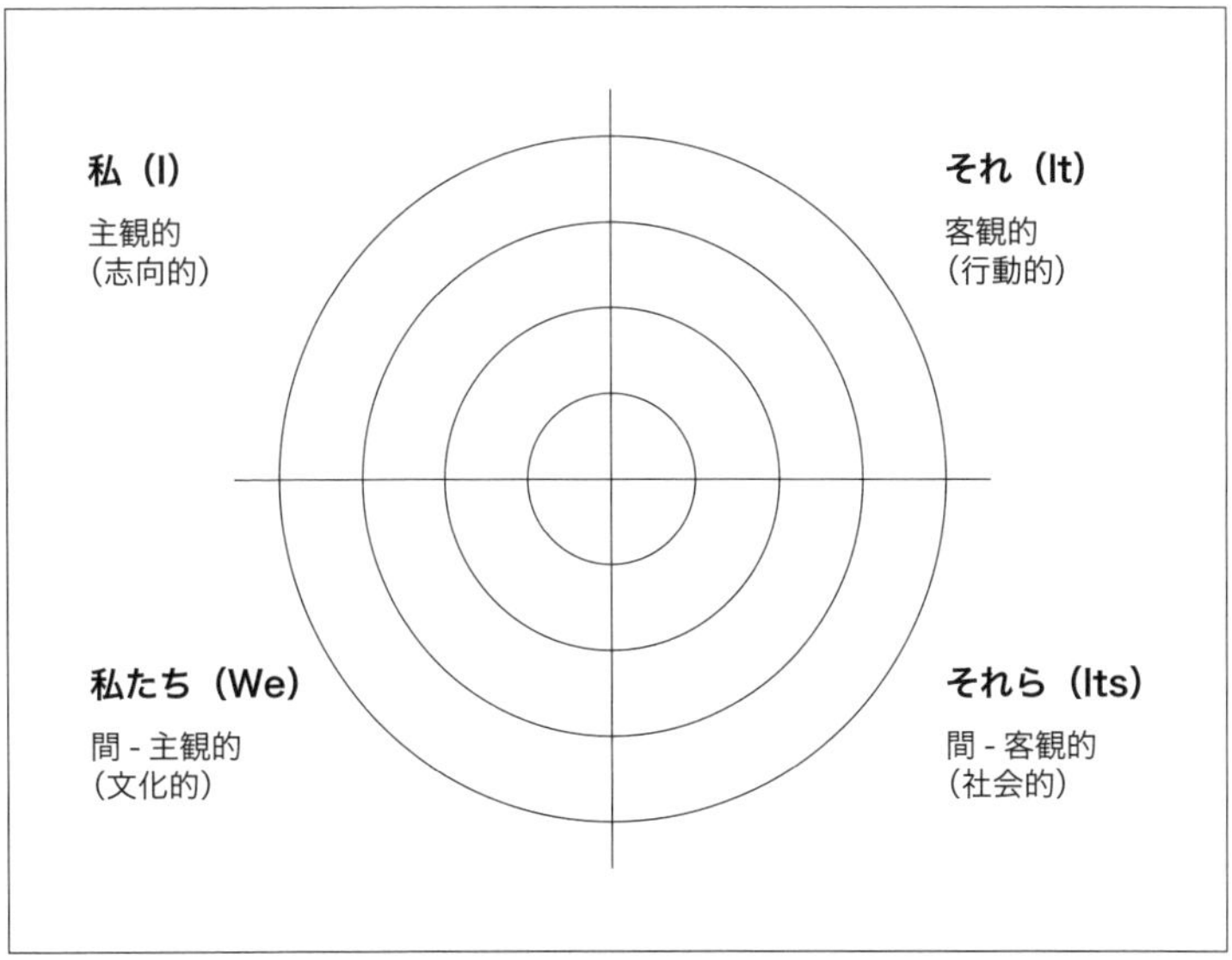

図4-6●内面と外面の対応関係

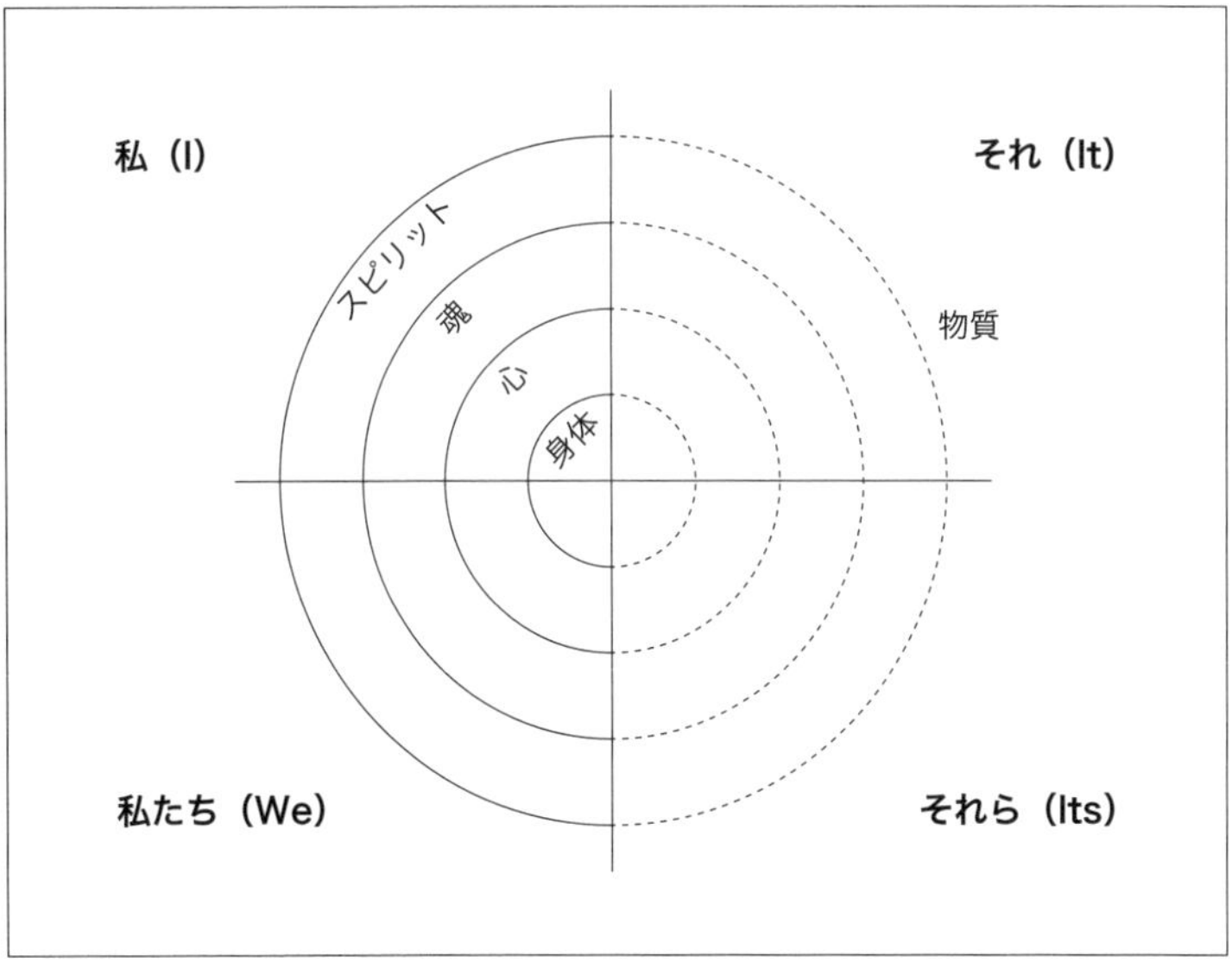

本物の科学の3要件

「おい、ちょっと待ってくれ」と経験論的な科学者が言うことだろう。精神的／霊的《スピリチュアル》な領域にもリアリティがあるという点までは理解できる。だが、瞑想の実践者が何かを体験しているのは確かだとしても、それは単なる主観的な感覚にすぎないかもしれない。一体どうして、そうした体験が――科学が世界を明らかにするのと同じような意味で――**本当のリアリティ**を明らかにしていると言えるのか？

ここに、私が著書『科学と宗教の統合』において提示した新たな論点がある。私はここまで、「科学」および「宗教」（あるいは「精神性／霊性《スピリチュアリティ》」）という言葉を、明確に定義することなく用いてきた[12]。言い換えれば、大半の人が想定するような一般的な意味で、これらの言葉を用いてきたのである。だが、私は何冊かの本で、科学および宗教という言葉が多くの異なる意味で用いられていることを述べた（例えば、著書『構造としての神』〔原著名 *A Sociable God: Toward a New Understanding of Religion*〕では、宗教という言葉が少なくとも9種類の意味で使われていることを説明した）。

「科学と宗教」をめぐる大半の議論が混乱しているのも、科学と宗教という言葉をどんな意味で使っているのかを明確化することなく、議論がなされているからなのだ。

例えば、スピリチュアリティ〔精神性／霊性〕に関して言えば、私たちは**少なくとも二種類のスピリチュアリティを区別する必要がある**。一つ目は、個としての自己に意味と慰めを与えることで、自我を元気づけてくれるようなスピリチュアリティである。私はこれを、水平的ないし**変換的（translative）**

なスピリチュアリティと呼んでいる。二つ目は、個としての自己を超えて、自我の先にある非二元の一なる意識へと自らを開こうとするスピリチュアリティである。私はこれを、垂直的ないし**変容的（transformative）なスピリチュアリティ**と呼んでいる。ここではさらに、前者のスピリチュアリティを重視する宗教を**「狭い宗教《ナロー・リリジョン》」**、後者のスピリチュアリティを重視する宗教を**「深い宗教《ディープ・リリジョン》」**と呼ぶことにしよう[13]。

同様に、科学についても、少なくとも**「狭い科学《ナロー・サイエンス》」**と**「広い科学《ブロード・サイエンス》」**を区別しておくことが必要である。狭い科学《ナロー・サイエンス》とは、**主に外面世界、物理的世界、感覚運動的な世界を対象とする科学**のことを指している。これは、私たちが「ハード・サイエンス」という言葉で思い浮かべるものと基本的に同じであり、物理学、化学、生物学などが該当する。しかし、だからと言って、科学は内面的領域については何も教えてくれないのだろうか？　それよりももっと広い科学——岩や木のことだけでなく、人間や意識のことも理解しようとする科学——だって、きっと存在するのではないだろうか？

実際、私たちは、こうした広い科学《ブロード・サイエンス》が存在していることをすでに知っているのだ。広い科学《ブロード・サイエンス》とは、**単に外的世界、物理的世界、感覚運動的な世界だけを対象とするのではなく、内面的な心の状態を扱ったり、いわゆる「質的研究」の方法論を用いたりする科学**のことである。こうした科学は、一般に「人間科学《ヒューマン・サイエンス》」と呼ばれている（ドイツ語では「精神《ガイスト》科学」と呼ばれる）。心理学、社会学、人類学、言語学、記号論、認知科学——こうした広い科学《ブロード・サイエンス》はどれも、一般的に言えば、人間の意識を「科学的」なアプローチによって研究しているのだ。私たちが大いに注意しなければならないのは、こうしたアプローチが、実証主義的な観点から物事を単純化していくという狭い科学《ナロー・サイエンス》の方法論を真似るだけのものになっていないかということである。

とはいえ、大事な点は、狭い科学《ナロー・サイエンス》と広い科学《ブロード・サイエンス》の違いは、実はすでに広く認識されているということなのだ（この論点にはすぐに戻ってくる。だが、図4-6との関係を説明しておくと、狭い科学《ナロー・サイエンス》とは、右側の象限すなわち物質の領域を研究する科学のことであり、広い科学《ブロード・サイエンス》とは、左側の象限――少なくともその一部分――を研究する科学のことである）。

著書『科学と宗教の統合』では、続いて、広い科学《ブロード・サイエンス》と深い宗教《ディープ・リリジョン》はそれぞれどんなものであるかをもっと明確に定義している。まず、広い科学《ブロード・サイエンス》の定義から始めよう。

すでに見てきたように、**科学**――狭い科学《ナロー・サイエンス》であれ、広い科学《ブロード・サイエンス》であれ――**を、感覚運動的な世界に関する知識だけで構成されたものだと考えることはできない**。なぜなら、狭い科学《ナロー・サイエンス》（例えば物理学）でさえ、数学や論理のような、経験的でも感覚運動的でもない多数の道具を用いているからである。数学や論理は、内面的なリアリティなのだ（マイナス1の平方根が経験的世界の中で走り回っている姿を見た人は誰もいない）。

そうではなく、**科学とはむしろ、ある種の態度なのだ**――実験を行い、その結果を誠実に把握し、その妥当性を他者とともに確かめる。その知識は、可能なときはいつでも、証拠に基づいていなければならない（狭い科学《ナロー・サイエンス》のように、外面的な証拠であるかもしれないし、広い科学《ブロード・サイエンス》のように、内面的な証拠であるかもしれない）。

私の提案では、狭い科学《ナロー・サイエンス》であれ広い科学《ブロード・サイエンス》であれ、一般に科学的探究と呼ばれるものを定義する要素は、次の三つである。

1. **指示**（injunction）（あるいは**実践の型**）
もし雨が降っているかどうかを知りたければ、窓の近くに行って、外の様子を見なければならない。大事な点は、「事実」とは、ただそこにあって、何もしなくても誰もが認識できるものではないということである。**何かを知るためには、何かをすることが必要**なのだ。実験をしたり、指示に従ったり、一連の実務的作業に取り組んだり、社会的実践に関与したりすることが必要なのである。

本物の科学には、ほとんどの場合、こうした何らかの実践的指示が存在している。そしてこれこそ、トーマス・クーンの「パラダイム」という概念の本当の意味なのだ。**パラダイムとは、本来、超-理論ではなく、実践の模範となる型、ないし、一連の実践手順そのものを指す言葉**なのである。

2. **把握**（apprehension）（あるいは**直接体験**）
このようにして、何らかの実験を行ったり、指示に従ったりすると——すなわち、道具主義的《プラグマティック》な方法によって世界に関与すると——一連の直接体験ないし直接認識がもたらされる。こうした直接体験は、**実験や指示によって生み出された**ものであり、正確には**データ**と呼ばれている。ウィリアム・ジェームズが指摘したように、**「データ」の本当の意味とは、直接体験**なのだ[14]。

私たちは、物理的な直接体験（物理的なデータ）、心的な直接体験（心的なデータ）、精神的／霊的《スピリチュアル》な直接体験（精神的／霊的《スピリチュアル》なデータ）を得ることができる。そして本物の科学は全て——狭い科学《ナロー・サイエンス》だろうと広い科学《ブロード・サイエンス》だろうと——ある程度は、こうしたデータすなわち経験的証拠に依拠しているのである。

3．共同体でのチェック（communal checking）（共同体によって**承認**もしくは**否定**される）

何らかのパラダイム（社会的実践手順）を実行することで、一連のデータ（直接体験ないし経験的証拠）が生み出されたら、今度はこうしたデータの妥当性を、**同じ指示に従って同じ証拠を見つけ出している人々と一緒に確認《チェック》する**ことが重要となる。おそらく、同じ実践を行っている人々の共同体——初めの二つの要件（指示と把握）を十分に達成している人々の共同体——こそが、もっとも優れたチェック機能を果たすことができよう。本物の科学は全て、適切な承認と否定を行えるこうした共同体を頼りにしながら活動する傾向にある。

そしてこのとき、いわゆる「反証可能性」の原則が非常に役に立つ。カール・ポパー自身が考えていたように、何をもって誤りとみなすかという基準は変わりうるが、それでも多くの場合、反証可能性は、本物の科学を構成する重要な要素である。その考え方とは、簡単に言えば、**妥当でないデータは共同体によって否定される**ということなのだ。もしあなたの信念体系に異議を唱える方法が全く存在しておらず、それゆえ、たとえ明白な間違いであったとしてもその信念体系を転覆させることが不可能であるならば、あなたの信念は、あまり「科学的」とは言えないのである（そうした信念はドグマ——権威ある者の判断によってのみ裏づけられた真理——と呼ばれる）。

もちろん、リアリティの中には、反証可能性に開かれていないものもたくさんある。例えば、デカルトが知っていたように、私たちは自らの意識作用が存在していることを、否定することもできなければ、疑うことさえできない。

この三つ目の基準が述べているのは単に、本物の科学は、自らの知識の妥当性を絶えずチェックしようと努力するものだということである。そして反証可能性という原則は、本物の科学を構成する三つ目の要件の一部として、多くの場合に活用されるものなのである。

深い宗教の特徴

以上の三つの要素が、本物の科学――狭い科学《ナロー・サイエンス》であれ、広い科学《ブロード・サイエンス》であれ――に見受けられる一般的な特徴である。もっと明確に言えば、**本物の科学は、こうした方法によって、データを収集し、その妥当性を確認しようとしているのであり、このことはどの領域**（物理的な領域、心的な領域、精神的《スピリチュアル》／霊的な領域）**を対象とする科学であっても言える**ことなのである。

加えて、ほとんどの種類の科学は、データを説明するためにさまざまな仮説を提唱するが、そうした仮説そのものがまた、前述の三つの要素（さらなる実験、さらなるデータ、共同体での承認ないし否定）を通して検証されていく。要するに、**狭い科学《ナロー・サイエンス》**（主に右側象限すなわち外面領域のデータを扱う科学）**と広い科学《ブロード・サイエンス》**（主に左側象限すなわち内面領域のデータを扱う科学）**はどちらも、本物の科学《グッド・サイエンス》**（証拠の収集と検証に関する三つの要件を満たす科学）**になろうと努めている**のである。

それでは次に、宗教に目を向けてみよう。

先に述べたように、宗教にも、狭い宗教《ナロー・リリジョン》（個としての自己に慰めを与えようとする宗教）と深い宗教《ディープ・リリジョン》（自己そのものを超えようとする宗教）が存在している。だが、深い宗教《ディープ・リリジョン》――あるいは**深い霊性《ディープ・スピリチュアリティ》**（深い精神性、深いスピリチュアリティ）――とは、正確にはどういうものであり、その妥当性はどのようにして検証されるのだろうか？　私が主張したいのは、深い霊性《ディープ・スピリチュアリティ》は、この世界に関する何らかの「真実」

を開示しているのであり、単なる主観的な感覚ではないということである。この点にこそ、私が『科学と宗教の統合』で述べた革新的な主張がある。

深い霊性《ディープ・スピリチュアリティ》とは、ある側面においては、人間の高次の発達段階を対象とする広い科学《ブロード・サイエンス》なのだ。

統合的な啓示

こうした側面が深い霊性《ディープ・スピリチュアリティ》の全体を表しているわけではない（後で説明する）が、その重要な一部分であることは確かである。にもかかわらず、深い霊性《ディープ・スピリチュアリティ》の科学的な側面は、これまで十分に注意を払われてこなかったものなのだ。

さて、図4-3は伝統的な「存在の大いなる連鎖」のモデルを描いた図であったが、こうした見方においては、物質から身体、心、魂、そしてスピリットへと、各段階が次第に開き出されていくという点に注目しよう。こうした各段階は、伝統的には（例えばプロティノス）、永遠の存在論的な段階であると同時に、時間の中で展開していく個人の発達の段階でもあると考えられていたのである。

もっとも、図4-4では、個人の発達段階はヴィジョン・ロジックあるいはケンタウロス〔心身統合〕の段階（イエローやターコイズの段階に相当する）までしか描かれておらず、もっと高次の意識段階、超-個《トランスパーソナル》的ないし超-心《スープラメンタル》的な意識段階（魂やスピリットの段階）は含まれていない。なぜかと言えば、単に、この図が表しているのは現在に至るまでの平均的な進化の軌跡だからであり、平均よりも遥かに高次の段階については省略されているからである（一人ひとりの個人は、そうした高次の段階にまで発達していくことが可能である）。

こうした「大いなる知恵の伝統」が主張しているのは、**意識の発達にはさらに高次の諸段階が実際に存在している**ということ、それゆえに私たち自身が、物質や身体や心だけでなく、魂やスピリットの領域にも到達しうるということなのだ。

図4-5、図4-6、あるいは前章の図3-2には、こうした高次の段階も示されている（図3-2に描かれているのは左上象限だけであるが、大事な点は、こうした高次の段階もまた、四つの象限の全てにわたって展開していくということである）。

私の主張を簡潔に述べればこうなる。**深い霊性《ディープ・スピリチュアリティ》とは、意識発達の高次の段階においてはどんな経験的証拠が開示されるのかを、直接に調べるという活動でもある**のだ（こうした高次の諸段階を、私は「心霊《サイキック》段階」「微細《サトル》段階」「元因《コーザル》段階」「非二元《ノンデュアル》段階」と呼んでいるが、図4-3では「魂」と「スピリット」の二つの段階にまとめている）。そして、**深い霊性《ディープ・スピリチュアリティ》において行われるこうした探究のプロセスは、本物の科学が満たすべき三つの要素を全て満たしている**のである——特定の社会的実践ないし指示（例えば瞑想や黙想）が存在しており、その主張はデータすなわち経験的証拠に基づいており、さらに、こうしたデータの妥当性は適切な共同体の中で絶えずチェックされているのだ。

だからこそ、深い霊性《ディープ・スピリチュアリティ》は、**「瞑想の科学」**とも呼ばれているのである（そして確かに、瞑想の実践者たちは、自分たちの営みを一種の科学であると認識している）。

図4-3に関連させて言えば、深い霊性《ディープ・スピリチュアリティ》とは、ある側面においては、魂とスピリットの領域（DとEの領域）におけるさまざまな現象やデータや体験を調べようとする広い科学《ブロード・サイエンス》なのだ。

ただし、注意しておいてほしいのは——これがこのアプローチの独自の主張のひとつでもあるのだが

――魂やスピリットの領域に関する内面的データないし内面的体験（左上象限）は、必ず、右上象限の感覚運動的な世界において、それに対応する変化を生み出しているということである（図4－6を参照のこと）。言い換えれば、広い科学《ブロード・サイエンス》によって探求される深い霊性《ディープ・スピリチュアリティ》（左上象限）は必ず、それに対応する変化を、狭い科学《ナロー・サイエンス》によって探求される領域（右上象限）に生み出すのだ。それゆえ、現象論的な瞑想の科学は、左上象限においては広い科学《ブロード・サイエンス》と手を結んで直接体験としての内面的データを探求し、右上象限においては狭い科学《ナロー・サイエンス》と手を結んで対応する外面的データを探求するのである。

（もう一度言えば、高次の領域を扱う科学であるという面が、深い霊性《ディープ・スピリチュアリティ》の全体を表しているわけではない。だが、深い霊性《ディープ・スピリチュアリティ》の科学的な側面は、極めて重要な点であるにもかかわらず、これまで常に見過ごされてきたものなのだ。科学と宗教に関する統合的アプローチならどんなものでも、深い霊性《ディープ・スピリチュアリティ》の科学的側面を、重要な構成要素として必ず包含する必要があるだろう）[15]

このように、「全象限、全レベル」のアプローチは、多くの異なる側面から、科学と宗教を深く統合しようとするものなのである。

まず、このアプローチは、深い宗教《ディープ・リリジョン》と広い科学《ブロード・サイエンス》を統合するものである。どのように統合するのかと言えば、深い霊性《ディープ・スピリチュアリティ》が、ある側面においては、人間に秘められた高次の可能性を探求しようとする広い科学《ブロード・サイエンス》であることを示すことによってである。

そしてまた、このアプローチは、深い宗教《ディープ・リリジョン》と狭い科学《ナロー・サイエンス》を統合するものでもある。なぜなら、たとえ精神的《スピリチュアル》／霊的な領域の直接体験ないしデータ（例えば神秘体験）であっても、物質的な実体である脳の中に、それに対応する変化が生み出されるからであり、そうした外的な変化は狭い科学《ナロー・サイエンス》（例えば脳波計）によって細かく調べることが可能だからである。

さらに、このアプローチは、狭い宗教《ナロー・リリジョン》にさえも居場所を与えるものである（この点については後で見ていく）。

言い換えれば、「全象限、全レベル」のアプローチとは、こうしたどの側面においても、以前は「重なることのない二つの領域」だと考えられていた二つの領域を、滑らかに織り合わせる――少なくとも、その可能性を提示する――ものなのである。

違いに万歳！

さらに、こうした**統合的アプローチは、個別の科学や個別の宗教に見られる大切な差異を尊重するものでもある。**ある探究活動が、本物の科学にとって必要な三つの要素を満たしていることがわかったとしても、その**実際の方法論や具体的な内容**がどんなものであるかについては、何も言うことはできないのである。そこから言えることはただ、その探究活動が、世界に能動的に関与するものであり（指示）、そのことによって何らかの直接体験を生み出すものであり（把握）、さらにそうしたデータを丁寧にチェックする仕組みをもつものである（共同体での確認）ということだけなのだ。その探究活動が実際にどんな形をしているのか、その具体的な内容と方法論がどんなものであるかということは、探究対象となっているものの段階《レベル》や象限によって、驚くほど変わってくるのである。

統合的アプローチは、ひとつの方法（経験論的な方法）とひとつの領域（感覚運動的な領域）だけを扱う実証主義とは違って、**存在している段階《レベル》と象限の数だけ、多種多様な方法論や探究形態を用いるもの**なのだ。

それゆえ、非常に単純な例で説明するなら、物質の領域、身体の領域、心の領域、魂の領域、スピリットの領域は、どれも極めて異なる領域なのであり、それぞれの領域を扱うための方法論も極めて異なるものとして発展してきたのである。

私は、著書『眼には眼を』（原著名*Eye to Eye: The Quest for the New Paradigm*）において、こうし

たさまざまな探究形態がどれも他の探究形態には還元できない理由をいくつか述べておいた（この本では、「感覚運動的」「経験的-分析的」「解釈学的-現象学的」「曼荼羅《まんだら》的」「霊的直観《グノーシス》的」という5種類の探究様式に分けて説明した）。

　しかし、たとえどのタイプの探究であっても、実践的指示に従い（世界に対して道具主義《プラグマティック》的に関与し）、自らの主張の根拠となる経験的証拠を集め、その主張の妥当性をできるだけ注意深く確認しようとしているのなら、その分だけ、その探究は「本物の科学」であると言える。

　だが、それ以外の点では、こうした探究はどれも極めて異なるものなのであり、統合的アプローチとは、それぞれの探究活動の違いを、十分に尊重しようとする――もっと言えば、積極的に擁護しようとする――ものなのだ。

狭い宗教の位置づけ

著書『科学と宗教の統合』に対する反応は概して好意的なものであったが、大きな例外がひとつだけ存在していた。その批判——群を抜いて多かった批判であり、重大な論点であると思われる唯一の批判——とは、私が狭い宗教《ナロー・リリジョン》を軽視ないし無視することで、科学と宗教の統合の際に、宗教の側に多くの変化を要求しすぎているというものだった。実際、批判者たちが指摘していたように、一般的な宗教信仰者は、さまざまな宗教的神話や物語を決して手放そうとはしないだろう。結局、大抵の精神性《スピリチュアリティ》／霊性においては、**神話や物語こそが、内容の95パーセントを占めている**のである。

さらに、専門的な批評家からこうした批判を受けただけではなく、私自身の友人からも同じような指摘を受けることになった。

この本を他の人に——例えば自分の親に——読ませてみても、首を横に振るという反応が返ってくるだけだと言うのだ。「ええ？　イエスの復活がないだって？　モーセも？　神との契約も？　メッカに向かって毎日祈ることもない？　そんなの、私にとっては宗教じゃないよ」というように。

うむむ、悪いことをしてしまった。間違いなく、私はその本で、深い霊性《ディープ・スピリチュアリティ》における諸体験にばかり焦点を当てて、もっと一般的な宗教の姿（狭い宗教《ナロー・リリジョン》）のことはほとんど無視していたのである。

ただし、公正を期して述べておくなら、私は宗教のそうした面を否定したこともなければ、手放すべきだと提案したことさえない。

『科学と宗教の統合』から、少し引用しておこう。

「このことは、個々の宗教の差異や地域性はやがて消えてなくなり、全ての宗教は同質化された一様なスピリチュアリティへと収束していくだろう、という意味ではない。存在の大いなる連鎖とは、単に、神性を求める全てのアプローチが従っている『骨格』なのであり、この骨格の上に、各個人が、そして各宗教が、さまざまな肉や骨や気概や栄光を生み出していくのである。これからも、ほとんどの宗教は、垂直的ないし変容的な本物の実践だけでなく、さまざまな儀式や安らぎや神話（水平的ないし変換的な慰め）を与え続けることであろう。どの宗教にとっても、劇的なまでに自らを変化させることは必要ないのである」[16]

とはいえ、私はその本で、二つの点において狭い宗教《ナロー・リリジョン》を批判した。そしてその批判は、今でも正しいものだと考えている。

一つ目は、**もし狭い宗教《ナロー・リリジョン》が何らかの経験論的な主張（例えば、右側象限の事柄に関する主張）をするなら、そうした主張の妥当性は、経験論的な科学（狭い科学《ナロー・サイエンス》）によって検証されなければならない**ということである。もし、地球が6日間で創造されたと主張するのであれば、その経験論的な主張を、経験論的な科学の方法論によって検証してみようではないか。実際、宗教におけるこの種の主張のほとんどは、見事なまでに、こうした検証に合格できないのである。もっとも、こうした内容を信じるのは自由だが、それが本物の科学に基づくものであるとか、深い霊性《ディープ・スピリチュアリティ》を表すものであるとかいう主張を認めることはできない。

そして二つ目は、**宗教のもっとも中核にあるものは、深い宗教《ディープ・リリジョン》ないし深い霊性《ディープ・スピリチュアリティ》なのであり、こうした**

ものと関わることで、狭い宗教《ナロー・リリジョン》への熱意は冷めていく傾向にあるということである。私たちは、自らの高次の可能性に気づいていればいるほど、狭い宗教《ナロー・リリジョン》に対して、ますます魅力を感じなくなっていくのだ[17]。

もちろん、批評家たちが正しく指摘しているように、ほとんどの人々は、狭い宗教《ナロー・リリジョン》ないし変換的な宗教――聖書への信仰だろうと、ガイアへの信仰だろうと、ホリスティックなシステム理論への信仰だろうと――を大事にしているのであり、そうした信仰をもっている主体自身を根本から変容させたいとは思っていない。私のモデルでは、こうした信念〔信仰〕には、呪術的な信念、神話的な信念、合理的な信念、ヴィジョン・ロジック的な信念などの種類が〔言い換えれば、パープルからターコイズに至るまでの信念が〕存在している。

だが、私はこうした単なる信念を扱うだけでなく、深い霊性《ディープ・スピリチュアリティ》（あるいは瞑想の科学）の核心にあるもっと高次の超-個的《トランスパーソナル》な領域（心霊《サイキック》、微細《サトル》、元因《コーザル》の領域）をも扱いたかったのだ。そして、本書で紹介している「全象限、全レベル」のモデルは、**前-心的《プレメンタル》な領域から、心的《メンタル》な領域、そして超-心的《スープラメンタル》な領域に至るまで、全ての領域に居場所を与える**ものなのである。

リベラル派と精神性

科学と宗教の関係について、私が述べておきたい最後の論点を紹介しよう。その内容は単純明快である。**科学と宗教が仲良くなるためには、その前に必ず、リベラル派と宗教が仲直りをしなければならないのだ。**

西洋における啓蒙思想——そしてその自由主義《リベラリズム》の哲学——は、大部分、反-宗教の運動として始まった。啓蒙時代における自由主義《リベラリズム》の哲学者や政治理論家が何より目指していたのは、各個人を、国家が支持する宗教による命令や、群集的な心理傾向から解放することであった。もし教皇の考えに異を唱えようものなら、異端審問官があなたのところへやってきて、とても愉快な議論が始まったのである。

自由主義《リベラリズム》の哲学者たちが主張していたのは、それとは逆のことであった。**国家は、特定の種類の生き方を「よき人生」として奨励すべきではなく、各個人が自分自身で生き方を決定することを許容すべきだと主張したのである**（いわゆる「政教分離」の原則である）。そして今日に至るまで、リベラル派は宗教に対して著しく懐疑的である。なぜかと言えば、多くの宗教信仰者が、自分自身の価値観を他者に押しつけようとするからなのだ。

さらにリベラル派は、自然科学（物理学や化学や生物学）にもかなり親和的であったのだが、こうした科学は、神話的な宗教的信念（例えば「宇宙は6日間で創造された」）を支持するような証拠をほとんど見つけられなかったのである。このことは、神話的宗教にとっても、リベラル派が「恐ろしい無神論」であり、社会を堕落させるものであるということを意味していた。要するに、**リベラル派と宗教は、ほとんどその始まりから、ひどく敵対的な関係にあった**のである。

しかし、私たちはここまで、宗教には少なくとも2種類のもの（狭い宗教《ナロー・リリジョン》と深い宗教《ディープ・リリジョン》）が存在することを見てきたのだから、そうした観点を踏まえて、この古くからの恨みを再解釈してみよう。

まず、啓蒙思想が問題にしてきた伝統的宗教とは、ブルー段階の宗教であり、自民族中心的な神話と絶対主義的な思考に依拠しているものであった（私たちの神を信じれば、あなたは救済されるだろう。だが、信じない者は全て、地獄で永遠に苦しむことになるだろう）。他方、啓蒙思想が代わりに表現していたのは、オレンジ段階の在り方、新しく出現した世界中心的な段階の在り方であった（そこでは、科学的唯物論、単線的な進歩観、商業や貿易、経験論的な見方などが強く信仰されていた）。結果として起きたことは、これら二つの段階《ミーム》の大衝突であり、ついには、さまざまな革命（少なくともアメリカ独立革命とフランス革命の二つ）が勃発することになったのである。

これまで見てきたように、オレンジの段階《ウェイブ》は、後-慣習的で世界中心的な最初の意識段階である。それゆえ、**フィロゾーフ**〔18世紀啓蒙思想の担い手であった知識人〕たちが、この驚くべき段階を支持し、人間としての普遍的な権利を主張したのは、多くの点において、全く正当なことであった（こうした普遍的な権利は、やがて男性だけでなく女性にも、奴隷にも、子どもにも、さらには動物にも与えられることになった）。

こうして、**自民族中心的な在り方から世界中心的な在り方へと、支配型の階層構造《ドミネーター・ヒエラルキー》から**

能力主義《メリトクラシー》の社会へと、人としての義務《デューティ》から人としての尊厳《ディグニティ》へと向かう、非常に大きな変化が起きたのである。さらに、フィロゾーフたちが見抜いていたのは、神話的宗教における教義の大半はただの迷信であり、それを裏づける証拠はほとんど存在していないということだった。

しかしこのとき、フィロゾーフたちは、ひとつの大きな混同をしてしまった——**伝統的宗教の全てが、サンタクロースと同レベルの神話にすぎないと考えてしまった**のである。だが、主要な「大いなる知恵の伝統」はどれも、その核心に、一連の瞑想的実践体系を所有しているのであり、最良の場合、こうした瞑想的実践は、私たちの超-合理的《トランスラショナル》で超-個的《トランスパーソナル》な意識を開示してくれるものなのである[18]。こうした「瞑想の科学」が見せてくれるものは、前-合理的な神話ではなく、超-合理的なリアリティなのだ。

悲しいかな、**合理的な啓蒙思想は、全ての非-合理的な主張に反対することで、不注意にも、超-合理的なものと前-合理的なものの両方を窓から放り投げてしまった。**超-合理性という大切な赤ん坊を、前-合理性という風呂桶の水と一緒に流し去ってしまったのである。

こうして、啓蒙思想の普及とともに、狭い科学《ナロー・サイエンス》に基づく科学的唯物論（オレンジ）が、ほとんど全ての種類の宗教（前-合理的なものであろうと超-合理的なものであろうと）に対して、ひどく敵対的な立場をとるようになった[19]。そして**今日に至るまで、宗教はブルー段階の神話的信仰**（聖書やトーラーやコーランに書かれている文字通りの内容への信仰）**と同一視されており、科学は強烈な反-宗教的精神と同一視されている**のだ。

大事な点は、**科学と宗教の両方が、その浅薄で偏狭な狂信的態度を緩めて、本物の科学および深い霊性《ディープ・スピリチュアリティ》へと、自らを開いていく必要がある**ということだ。そのとき、科学と宗教は、深い合意に到達するのである。

さらに、この新たなスピリチュアリティ〈精神性／霊性〉は、保守とリベラルの両方を超えたスピリチュアリティになるだろう。

このスピリチュアリティは、世界中心的な啓蒙思想の恩恵の上に築かれるものであり、単なる神話的な声明や慣習的な道徳規範へと後退するものではない。言い換えれば、この新たなスピリチュアリティは、リベラル以前に戻ろうとするものではなく、進歩的《プログレッシブ》なものであり、しかも進化的《エボリューショナリー》なものなのだ[20]。このスピリチュアリティは、**自分自身の信念や信仰を他者に押しつけようとするものではなく、一人ひとりの個人に、自らの潜在的可能性を開拓してみないかと招待するもの**なのである。

そしてその可能性を実現するとき、私たちは自分自身の深い霊性《ディープ・スピリチュアリティ》を発見することになるだろう。

あなたは無限に光り輝き、暗闇の中でも柔らかな光を放ち、永遠の幸福に包まれながら、自らの〈本来の顔〉を発見し、ただ呆然と立ち尽くすのである。それはあなたの神聖なる魂であり、スピリットであり、そう、今この瞬間でさえも、輝きを放っているものなのだ。

第5章

インテグラル理論を活用する

～現実世界への応用――ビジネス、医療、政治、教育など～

我々は一緒になって活動する《ハング・トゥギャザー》べきである、さもなくば、
我々は一人ずつ絞首刑にされる《ハング・セパラトリー》だろう。

――ベンジャミン・フランクリン

私がもっともよく質問を受けるのは、この理論モデルはどうやって応用すればよいのか、ということである。

言い換えれば、統合的モデルないしホロン型《ホロニック》モデルをこの「現実世界」へと応用すると、どんな内容になるのかということだ。

仮に私たちが「万物の理論」を手にしたところで、それが何のためになるのだろうか？　以下では、いくつかの例を挙げて、今まさに起こりつつあることを簡潔に紹介しよう。

政治への応用

私は、ドレクセル・シュプレッヒャー、ローレンス・チッカリング、ドン・ベック、ジャック・クリッテンデンをはじめとするさまざまな人物（そして無数の政治理論家たちの著作）とともに、「全象限、全レベルの政治理論」を構築しようと努めてきた。さらに、私たちはこれまで、さまざまな政治顧問《アドバイザー》とも関わってきた。例えば、ビル・クリントン、アル・ゴア、トニー・ブレア、ジョージ・W・ブッシュ、ジェブ・ブッシュの政治顧問《アドバイザー》などだ。

驚くべきことに、今や世界の至るところで、**もっとバランスのとれた包括的な政治、リベラル派の最良の部分と保守派の最良の部分をひとつに結びつける政治が、強く待望されている**（こうした願望は、例えば、ビル・クリントンの「不可欠な中道勢力（Vital Center）」、ジョージ・W・ブッシュの「思いやりのある保守主義（Compassionate Conservatism）」、ゲアハルト・シュレーダーの「新しい中道（Noue Mitte）」、トニー・ブレアの「第三の道（Third Way）」、タボ・ムベキの「アフリカ・ルネサンス（African Renaissance）」などの理念に表れている）。そして多くの理論家が、「全象限、全レベル」のフレームワークを、こうした理想を実現するうえでもっとも頑丈な基盤を与えてくれるものだと考えているのである。

以下では、まず、私個人の理論的見解を示そう。この見方は、主に私が単独で発展させたものだが、やがて他の理論家と議論する際のフレームワークとなり、豊かな相互作用がもたらされることになった。

最初に私自身の考えを述べた後で、こうした他の理論家たちが手助けしてくれた論点を述べることにしたい。

　私は著書『エデンから』の最終章において、保守派とリベラル派がそれぞれ、人々の苦しみの原因をどこに位置づけようとするかということを述べた。

　私の見解では、人々が苦しむ原因として、**リベラル派は外面的な要因を重視しがちであり、保守派は内面的な要因を重視しがち**なのだ。言い換えれば、誰かが苦しんでいるとき、典型的なリベラル派は外面的な社会制度を非難する傾向にあり（**「あなたが貧乏な生活を送っているのは、社会によって不公平な扱いを受けているからだ」**）、それに対して、典型的な保守派は、内面的な要因を非難する傾向にある（**「あなたが貧乏な生活を送っているのは、あなたが怠け者だからだ」**）。それゆえ、典型的なリベラル派は、外面的な介入政策を推し進めようとする。富の再分配を重視し、公平な結果を受けとれるように、あるいは経済的な恩恵が全ての人に平等に分配されるように、社会制度を変革しようとするのである。それに対して、典型的な保守派は、家族の価値を教え込もうとしたり、各個人にもっと自己責任を求めたり、緩くなった道徳観を（多くの場合、伝統的な宗教的価値を伝えることによって）引き締めようとしたり、勤労の素晴らしさを主張したり、個人の成果に多くの報酬を与えたりする。

　言い換えれば、典型的なリベラル派は右側象限の要因を重視しており、典型的な保守派は左側象限の要因を重視しているのだ（混乱しないようにしよう。政治的な左派は右側象限の原因を重視しがちでり、政治的な右派は左側象限の原因を重視しがちなのである。四象限の理論を構築する際に、政治理論のことを考慮していたら、私はきっと左右逆に四象限を定義していただろう）。

大事な点はこうだ。**統合的な政治《インテグラル・ポリティクス》**、リベラル派の最良の部分と保守派の最良の部分をひとつに結びつける政治を実現するための第一歩は、**内面象限の原因と外面象限の原因の両方が、等しく現実のものであり、等しく重要であるということを認識する**ことなのである。それゆえ、私たちは、内面的な要因（価値観、意味、倫理、意識の発達段階など）と外面的な要因（経済的な状況、物質的な豊かさ、テクノロジーの進歩、社会的なセーフティーネット、周囲の環境など）の両方に注意を向けなければならないのだ。要するに、真に統合的な政治は、内面領域の発達と外面領域の発達の両方を重視するものになるはずなのである。

それゆえ、ここではまず、内面領域における意識の発達に着目することにしよう。

結局、この点こそ、リベラル派にとってはもっとも受け入れがたい見方なのだ。なぜなら、**ほとんどのリベラル派にとって、何かの「段階《ステージ》」や「レベル」について議論をすることは、全く許しがたいこと**だからである。そうした「価値判断」はどんなものでも、人種差別的であったり、性差別的であったり、弱者を周縁に追いやるものであると考えているのだ。先にも述べたように、典型的なリベラル派は内面領域からの影響を信じない傾向にあるのだが、もっと言えば、内面領域の存在そのものを信じないことさえある。**典型的なリベラル派が信奉している認識論**（例えばジョン・ロックの認識論）**では、心とは、タブラ・ラサ**〔空白の石板〕、**すなわち何も書かれていない状態で生まれてくるもの**であり、その空白の石板の上に、外的世界のさまざまな像が刻まれていくと考えられている。それゆえ、もし内面領域に問題が生じているならば（例えばあなたが苦しんでいるならば）、それは外面領域に問題が生じているからなのだ——なぜなら、内面領域の事柄は、全て、外面領域の事柄によって生み出されたものだからである。

だが、もし内面領域の中にも、それ自身の成長と発達の段階《ステージ》、単に外的世界から運び込まれてきたのではない成長と発達の段階が存在しているとしたら、どうだろうか？　もし統合的政治《インテグラル・ポリティクス》が、内面的発達と外面的発達の両方を包含することを前提とするのなら、当然、内面領域における意識発達の諸段階《ステージ》の存在も考慮に入れるべきであろう。

私は著書*Integral Psychology*〔未訳〕において、古今東西における１００種類以上の意識発達モデルの対応関係を述べたが、こうした発達モデルは、主観的領域における発達の諸段階《ステージ》について、非常に信頼できる地図を与えてくれるように思われる。ただし、その地図は、固定した不変の段階《レベル》を表すものではなく、大まかな道案内として、潜在的にどんな発達段階《ウェイブ》が現れうるのかを表すものである。

統合的政治《インテグラル・ポリティクス》を実現するための第一歩が、内面と外面（左側象限と右側象限、主観的領域と客観的領域）の両方を考慮することであるとすれば、その第二歩目は、**内面領域にもさまざまな段階《ステージ》が存在することを認識する**ということである。そしてその段階とは、意識進化の諸段階なのだ。

私たちは、高く評価されている意識発達の地図——例えばジェーン・レヴィンジャーの自我発達理論、ロバート・キーガンの主体客体理論、ビル・トーバートの行動論理の諸段階、スザンヌ・クック＝グロイターの自我発達理論、ベックとコーワンのスパイラル・ダイナミクスなど——であれば、どれを用いても、内面の諸段階のことを明確に理解することができるだろう。とはいえ、ここでは全体像を簡潔に把握するのが目的であるから、三つの段階だけからなるモデルを用いて説明しよう。前-慣習的段階（自己中心的段階）、慣習的段階（自集団中心的段階）、後-慣習的段階（世界中心的段階）の三つである。

伝統的な保守派の観念体系《イデオロギー》は、神話的段階（慣習的段階、自集団中心的な段階）に由来するものである。こうした伝統的保守派の人々は、神話的で宗教的な価値観をもっていることが多く、大抵の場合、家族の価値や愛国心を重視している。自集団中心的な傾向が強く（それゆえ自民族中心的な傾向も強いことが多い）、貴族政治的で階級社会的な価値観（ブルー段階）を基礎にもっており、家父長制や軍国主義にも賛成することが多い。西洋では紀元前1000年頃から啓蒙思想の時代に至るまで、こうした神話的で順応主義的な市民的道徳が人々の意識を支配していたのである。

やがて、こうした文化的意識の上に、合理的段階（後-慣習的段階、世界中心的段階、オレンジ段階）の意識という全く新たな形態の意識が、大規模に出現するようになった。そしてこの新たな意識が、全く新たな政治的観念体系《イデオロギー》——自由主義《リベラリズム》——を生み出したのである。

こうして現れたリベラルな啓蒙思想は、自らの運動のことを、神話的で順応主義的な体制やその原理主義的な態度に対抗するものであると認識していたが、特に反対していた点は次の二つであった。一つ目は、**神話に含まれる自民族中心的な偏見によって、社会的な抑圧が生み出されていること**（例えば「キリスト教徒は皆救われるが、異教徒は皆地獄に落ちる」）。そしてもうひとつは、**神話が主張している知識が、科学的に正しいものではない**ということである（例えば「宇宙は6日間で創造された」）。こうした点——自民族中心的な偏見による社会的抑圧、および、神話的で非科学的な知識の主張——こそが、人々に膨大な苦しみを与え続けてきたのであり、啓蒙思想の目標のひとつとは、こうした苦しみを和らげることだったのである。

「あの残酷さを忘れるな！」というヴォルテールの叫びは、啓蒙思想の基本姿勢を定めるものであったが、そこで念頭に置かれていたのは、教会が神の名のもとに何百万もの人を苦しめてきたという事実なのである。

神話的-順応的段階においては、階層的に定められたさまざまな役割の中で、自らの**「役割《ロール》アイデンティティ」**を確立することが重要となる。一方、啓蒙思想においては、自民族中心的な偏見から解放された**「自我《エゴ》アイデンティティ」**を確立する（人間としての普遍的な権利を追求する）ことが目標となり、合理的で科学的な探究が重視されるようになった。

普遍的な権利を追求するということは、奴隷制度と闘うということであり、民主制を実現するということは、君主制と闘うということであり、個としての自我を確立するということは、群集心理と闘うということであり、科学を重視するということは、神話と闘うということである――啓蒙思想の担い手たちは、自分たちの運動のことをこのように理解していた（そして多くの面で、それは正しい理解であった）。

言い換えれば、**リベラルな啓蒙思想は――その最良の部分においては――慣習的で自集団中心的な意識から、後-慣習的で世界中心的な意識への進化を体現していた**（あるいは、そうした意識進化の結果、生み出されたものだった）のである。

もし、リベラル派《リベラリズム》の思想が単純にそうしたもの――自民族中心的な段階から世界中心的な段階への純粋な進化によって生み出された成果――であったなら、リベラル派《リベラリズム》の思想が勝利を収めるという、ただそれだけのことだったろう。

しかし実際には、**リベラル派《リベラリズム》の思想は、私が「フラットランド」（flatland）**〔平板な世界〕**と名づけている風潮の中で生まれた**ものなのである。フラットランド――科学的唯物論と言い換えてもよい――とは、**物質の領域のみが現実であり、狭い科学《ナロー・サイエンス》だけが真理を主張できるという見方**のことである[1]（思い出してほしいのだが、狭い科学《ナロー・サイエンス》とは、右側象限を対象とする科学であり、右上象限を対象とする原子論的な科学と右下象限を対象とするシステム科学の両方が含まれるのだった）。言い換えれば、フラットランドとは、右側象限のみが現実であるという見方なのだ。

そして、リベラル派《リベラリズム》の思想は、科学的唯物論〔フラットランド〕の真っ只中で生まれたものであるために、その世界観を、何から何まで呑みこんでしまったのである。言い換えれば、**リベラル派《リベラリズム》の思想が、フラットランドの世界における政治的な勝者となった**のだ。

究極的にリアルなものとは、右側象限の物質的で感覚運動的な世界だけである。心そのものは、何も書かれていない単なる空白の石板《タブラ・ラサ》であり、外的世界の表象が刻まれているにすぎない。もし主観的領域が病んでいるならば、それは客観的な社会制度が病んでいるからである。それゆえ、人々を解放するための最良の方法とは、物質的および経済的な自由を与えることである。科学的物質主義と経済的平等こそが、人々の苦しみを終わらせるための主要な方法なのだ。

こうして、**内面の領域、つまり左側象限そのものが、単に無視されるか、あるいは積極的に否定される**ことになる。全ての内面は平等であり、どんな立場も他の立場より優れているわけではない――議論はこれで終わりなのだ[2]。

どのような意識の段階《ステージ》も、意識の水準《レベル》も、意識の波《ウェイブ》も存在していない。なぜなら、そうした見方は順位づけを伴う価値判断であり、順位づけることは、とても、とても悪いことだからだ。それは立派な心持ちではあるが、実際には、内面領域そのものを無力化し、フラットランドに忠誠を誓っているのである。

だが、フラットランドの見方に従ってはいたものの、人々の苦しみを和らげたいという願いは、全ての人間に向けられることになった。人種、肌の色、性別、信条等に関わりなく、全ての人間が公平に扱われなければならないと考えたのである（自民族中心的な段階から世界中心的な段階への移行である）。

こういうわけで、リベラル派の政治理論は、確かに保守派よりも高次の発達段階に由来するものなのだが、その発達とは、フラットランドの病理に侵されたものだったのだ。はっきりと言ってしまえば、**リベラル派《リベラリズム》の思想とは、「高次の段階の病理的なバージョン」**なのである。

これこそが、リベラル派《リベラリズム》の思想が陥っている大いなる皮肉なのだ。

理論家たちが合意しているのは、伝統的なリベラル派の思想には、重大な自己矛盾が埋めこまれているという点である。なぜなら、自由と平等の両方を支持しても、実際には、両方を同時に手に入れることはできないからだ。

私なら、この矛盾の根本原因を次のように説明する。リベラル派《リベラリズム》の思想とは、意識発達の諸段階——自己中心的、自民族中心的、世界中心的——を進んできた結果として生まれたものだったのだが、そこでくるりと後ろを向いて、内面的な発達の重要性を――さらには内面的な発達段階の存在そのものを――否定するようになったのである。外面領域の原因だけを信じることで（フラットランドの見方に陥ることで）、そもそもリベラル派の思想《リベラリズム》を生み出すことになった内面の旅路そのものを否定してしまったのだ[3]。リベラル派の立場とは、自らが否定している諸段階によって生み出されたものである――これこそが、リベラル派の思想《リベラリズム》に埋めこまれている矛盾なのだ。

それゆえ、リベラル派の思想《リベラリズム》では、個人の内面に関するどんな「価値判断」を行うことも拒絶される。どんな立場も、他の立場より優れているわけではないのだ。

その代わりに、外面領域、すなわち、経済システムや社会制度だけに焦点が当てられる。内面領域の要因（さまざまな価値や意味、内面的発達など）を完全に捨て去り、それらを全て、保守派に委ねてしまうのである。

他方で、**保守派の思想《コンサバティズム》は、内面的発達という見方を十分に含んだものであるのだが、その発達というのが、神話的-順応的な段階までのものでしかない**――しかしその範囲においては、健全な在り方なのである。

言い換えれば、**保守派の思想《コンサバティズム》とは、「低次の段階の健全なバージョン」**なのである（神話的で、順応的で、市民道徳的で、慣習的なブルー段階の在り方――これは人間の発達において、全く正常で、健全で、自然で、しかも必要な段階《ウェイブ》である。そしてこうした頑丈な社会体制を維持することこそが、今なお、伝統的な保守政治の土台にある考え方なのである）[4]。

こういうわけで、私たちは今日、実に奇妙な政治的選択を迫られている――**「高次の段階の病理的な**

バージョン」（リベラル派）と**「低次の段階の健全なバージョン」**（保守派）のどちらを選ぶか、というわけだ。

大事な点は、統合的政治《インテグラル・ポリティクス》は、**「高次の段階の健全なバージョン」**を採用するだろうということだ。**後-慣習的で世界中心的な段階に基礎を置いたうえで、内面的発達と外面的発達の両方を等しく重視する**のである。意識を成長させたり、心の豊かさを増大させようとしたりしながら、それと同時に、経済的ないし社会的な豊かさを向上させようとも努めるのだ。

言い換えれば、それは「全象限、全レベル」の政治理論／実践なのである[5]。

さらに、統合的政治における最優先指令《プライム・ディレクティブ》は、全ての人間を特定の意識段階《レベル》（例えば統合的段階、多元的段階、リベラルな段階）へと到達させようとすることではなく、**発達の螺旋《スパイラル》全体が健全であることを保証する**ということになるだろう。

したがって、統合的政治《インテグラル・ポリティクス》を実現するために必要な手順は次の二つである[6]。

(1) 内面領域と外面領域の両方を包含する

(2) 内面領域における発達の諸段階を理解し、そのことによって最優先指令《プライム・ディレクティブ》に到達する

こうした一般的な方向性こそが、私が先述の理論家たちとの議論に持ち込んだ論点であった。

さらに、チッカリング（著書に*Beyond Left and Right: Breaking the Political Stalemate*など）とシ

ユプレッヒャーとの議論を通して、私が採用するようになった見方は、「秩序重視派《オーダー》」と「自由重視派《フリー》」という区別である[7]（なお、二人はそれぞれ独立に、左派〔リベラル派〕は外面的要因を重視しがちであり、右派〔保守派〕は内面的要因を重視しがちであるという私の大まかな見解に同意してくれた[8]）。

保守派とリベラル派のどちらの中にも、この二つの陣営が存在している。**秩序派は「集団」を重視し、自由派は「個人」を重視する。**右派であれ左派であれ、秩序重視派は、自分たちの考えを――通常、政府を介して――全ての人に強要しようとする。それに対して、自由重視派は、右派であれ左派であれ、個人の権利を最優先に考える。

こういうわけで、例えば、国家がその権限を用いて伝統的な役割や価値を強化してくれたらいいのにと思っている人は、「秩序重視型の右派《オーダー・ライト》」である。ポリティカル・コレクトネスの推進者や正統派フェミニストのように、国家の力を利用して自分たちの信じる平等性を強化したいと思っている人は、「秩序重視型の左派《オーダー・レフト》」である。自由市場を重視する経済的リバタリアニズム《エコノミック・リバタリアニズム》の支持者は、大抵は「自由重視型の右派《フリー・ライト》」である。そして市民的リバタリアニズム《シビック・リバタリアニズム》の支持者は、大抵は「自由重視型の左派《フリー・レフト》」である。

こうした政治的マトリクス（図5-1）は、図らずも、私の提唱する四象限モデルとかなり対応している。というのも、私の四象限モデルにおいて、上側の象限は、自由派が重視する個人の領域であり、下側の象限は、秩序派が重視する集団の領域であるからだ。加えて、左側の象限は、右派（保守派）が重視する内面の領域であり、右側の象限は、左派（リベラル派）が重視する外面の領域である[9]。

こうした図式を用いることで、私たちは、特定の理論家がどの象限を最も重要だと考えているのか

（どの象限の内容を扱うことによって、政治的目標を達成できると考えているのか）を把握することができる。

もちろん、大事な点は、**実際には四つの象限の全てが絶対的に重要なものである**ということである。それゆえ、「全象限、全レベル」のアプローチは、真に統合的な政治的志向を実現するための理論的基盤にもなるのである。

いくつかの例を挙げよう。

ジャック・クリッテンデン（著書に*Beyond Individualism: Reconstituting the Liberal Self*など）は、私が著書『エデンから』において発展させた「複合的な個」という概念を政治理論や教育理論に応用しており、この概念に対する私自身の理解を、今なお、向上させてくれている。

図5-1●政治的志向性と四象限

自由重視型右派 例：右派リバタリアニズム	自由重視型左派 例：左派リバタリアニズム
秩序重視型右派 例：伝統的保守派	秩序重視型左派 例：ポリティカル・コレクトネス 正統派フェミニズム

※本文の記述に基づき訳者作成。ただし、本文の「経済的リバタリアニズム」と「市民的リバタリアニズム」を、それぞれ「右派リバタリアニズム」と「左派リバタリアニズム」に言い換えている。

ベックとコーワンのスパイラル・ダイナミクスは、既にさまざまな形で「現実の世界」（政治、教育、ビジネスなど）に応用され、そこで生じる議論からも、私は大いに学びを得ている。おそらく、ベックほど、最優先指令《プライム・ディレクティブ》（螺旋全体の健全さを高めようという方針）について深く理解している人物はいないだろう。私自身のモデルも、ベックの業績のおかげで、ますます内容豊かなものになっている。

ジム・ギャリソンは、ステート・オブ・ザ・ワールド・フォーラムの代表であり、統合的ヴィジョンが国際的な舞台の中で今後どのように現れるのか（そしてもっと多くの場合に、現れないのか）ということについて、広範な経験を積んでいる。

マイケル・ラーナー（著書に*The Politics of Meaning: Restoring Hope and Possibility in an Age of Cynicism*など）の提唱する「意味の政治学《ポリティクス・オブ・ミーニング》」は、秩序重視型左派《オーダー・レフト》の立場を前提としており、それゆえ、あまり統合的なアプローチではないが、それでも、リベラル派の人々に内面領域（意味や価値や精神性《スピリチュアリティ》／霊性）を考慮させようという稀有な試みであり、称賛すべきものだ。伝統的に、こうした試みは疾病のように避けられてきたものであり、そしてそのために、多くの悲惨な結果がもたらされてきたのである（例えばリベラル派は、内面領域のことを全て保守派に委ねてしまったのだが、多くの保守派は進歩的な見方に反対し、神話的-順応的な価値観を守ろうとする。確かにこうした見方も、社会の一部分を構成する土台としては重要なものなのだが、内面領域を保守派だけの好き勝手にさせておくと、ひどい結果がもたらされるのである）。

統治論への応用

　こうした見方を踏まえたうえで、現在、私たちは、統治《ガバナンス》に対する第二層ないし統合的なアプローチとはどのようなものになるかという、その手がかりを探しているところである。

　一般的に言えば、アメリカの憲法は、オレンジ段階の道徳性（後-慣習的で世界中心的な道徳性）に基づいて作成された文書である。この文書が作成された当時、実際にオレンジ段階の道徳性をそなえていたのは、おそらくアメリカの人口の10パーセント程度だったであろう。

　この文書が素晴らしいのは、世界中心的で後-慣習的な在り方を実際の制度として定めたことで、それが統治《ガバナンス》のシステムとして作動し、まだそうした高度な在り方に到達していない大半の人々を導いたことにある。憲法そのものが、ある種の**「変容のペースメーカー」**になったのだ——**憲法下にある全ての活動に対して、その活動が自民族中心性を超えた世界中心的で後-慣習的な形で表現されるように、優しく働きかけた**のである。こうした憲法の文書、およびその起草者たちの素晴らしさは、本当に強調しきれないほどだ。

　アメリカ合衆国憲法は、第一層における統治《ガバナンス》哲学の最高点とも言えるものであった。多くの場合、憲法の起草者たちは第二層の思考を用いていたのだが、彼らが向き合っていた現実とは、ほぼ完全に、第一層の現実であったのだ。中でも、重要な課題は、封建的帝国や古代国家を脱して、法人型国家を形成することであった。

現在では、そうした法人型国家や価値の共同体を超えて、地球的システムないし統合的な網目細工《メッシュワーク》が出現しつつある（図3‐1参照）。

そして、こうした地球的システムには、**新たな統治《ガバナンス》の方法が必要**なのだ。内面的発達と外面的発達の全体を見渡したうえで、さまざまな国家とさまざまな共同体を（支配するのではなく）統合できるような統治《ガバナンス》の在り方が必要なのである。

現代世界が必要としているのは、歴史上初となる本物の**第二層の政治哲学**であり、**第二層の統治《ガバナンス》**なのだ。

もちろん、私の考えでは、それは「全象限、全レベル」の政治理論／実践であり、その構造とスタイルは徹底して統合的なものになるだろう。

とはいえ、こうした新たなシステムが、アメリカの憲法（あるいは他の国の憲法）に取って代わるというわけはない。そうではなく、ただ、**各国の憲法を地球的な網目細工《メッシュワーク》の中に位置づけることで、さまざまな国家や共同体が互いに発達し合い、互いに深め合うことを促進する**のだ。言い換えれば、統合的でホロン的《ホロニック》な政治が実現するのである。

とはいえ、問うべきことは多い。

こうしたシステムは、具体的にはどのような形になるのだろうか？　どのように理解されて、どのように受容されて、どのように実行されるのだろうか？　その細部や個々の項目は、正確にはどんなものになるのだろうか？　いつ、どのようにして、どこに実現されるのだろうか？

こうした問いはどれも、21世紀の地球的政治《グローバル・ポリティクス》を実現しようと呼びかけるものであり、私たちをワクワクさせてくれる偉大な問いかけである[10]。

私たちは、新たな地球的システムの実現にたずさわる「創立の父」や「創立の母」が現れることを待ち望んでいる。

こうした統合的な統治《ガバナンス》システムが創設されることで、私たちは、現在よりもっと包括的な未来へ誘《いざな》われることになるだろう。**統合的な統治《ガバナンス》システムが「変容のペースメーカー」となり、人類の発達の螺旋《スパイラル》全体を穏やかに押し上げる**のだ——次々と開き出されていく一つひとつの段階を全て尊重しながらも、同時に、どの段階に対しても、もっと深い場所へ進んでみないかと、優しく招待するのである。

医療への応用

医療ほど、四象限モデルがすぐに適用できる分野はないであろう。実際、世界中の医療機関や保健機関において、四象限モデルが次々と採用され始めている。

ここでは、各象限に含まれる要素を簡単に見ていくことで、統合的モデルがなぜ有用なのかを示すことにしよう（以下の例は、さまざまな身体的疾患——例えば骨折、ガン、心臓病など——について、その最適な治療法を考えるというスタイルで記述してある。それは、正統派医学のほとんどが、こうした関心のもち方をしているからである）。

まず、正統派の医学ないし慣習的な医学が採用しているのは、右上象限の伝統的なアプローチである。ほとんどの場合、物理的な身体に対して、物理的な介入が行われる。外科的な処置、薬の投与、行動習慣の修正といったものだ。正統派の医学では、基本的に、身体的疾患の原因は身体にあると考えられており、それゆえ、治療の方法も、ほとんどが身体的な介入となる。

だが、統合的モデルないしホロン《ホロニック》型モデルでは、**身体に起こるどんな変化（右上象限）にも、少なくとも四つの側面（四象限）がある**と考える。それゆえ、身体的な疾患でさえも、四つの象限全てから捉えなければならないのである（もちろん、段階《レベル》という視点からも捉える必要があり、この点については後述する）。

ただし、これは右上象限が重要ではないという意味ではない。そうではなく、ただ、それは物語《ストーリー》全体のいわば「4分の1」にすぎないという意味なのだ。

近年、従来のアプローチとは異なる医療への関心が爆発的に広がっている（ここには「精神神経免疫学」〔心の働きが神経系や免疫系とどう関係しているのかを研究する医学の分野〕も含まれる）。こうした研究が示しているのは、**たとえ身体的な疾患であっても、その原因と治療法を考えるうえで、その人の内面的状態**（感情、心理的態度、心的イメージ、意思など）**を考慮することが極めて重要だ**ということである。言い換えれば、包括的であることを目指す医療なら、どんな医療であれ、左上象限の要因を含むことが必要なのだ。

実際、ほとんどの疾患に対して、さまざまな心理的技法——例えばヴィジュアライゼーション、アファーメーション、イメージの意識的活用など——が重要な影響を及ぼすことが知られている。加えて、その治療成績《アウトカム》も、患者がどんな感情的状態にあり、どんな考え方をもっているかによって、変化することが示されているのである[11]。

さて、こうした主観的要因は重要であるが、個人の意識は真空の中に浮かんでいるのではない。一人ひとりの意識は、文化の中で共有されているさまざまな価値観や信念や世界観の中に、分かちがたく埋め込まれているからだ。

ある文化（左下象限）がその疾患をどう捉えているか——気遣いや思いやりをもって接してもらえるのか、それとも、冷たく扱われたり軽蔑されたりするのか——**によって、その疾患に対する本人の心理**

的態度（左上象限）は大きく変化しうるのであり、このことが今度は、身体的疾患の治療効果そのもの（右上象限）に、直接的な影響を与えうるのである。実際、多くの疾患は、人々の間に共有されている文化的背景を前提としなければ、明確に定義することさえできない（ちょうど何を「雑草」だと考えるかはどんな植物を育てようとしているかによって変化するように）。

左下象限に含まれるのは、膨大な種類の**間-主観的な要因**であるが、それらはどれも、人と人とが交わるときに極めて重要になるものである。例えば、医者と患者が、共有された意味に基づいてコミュニケーションを行っているかということ。家族や友人がどんな態度であって、そうした態度が患者本人にどう伝わっているかということ。その疾患が患者の属する文化において受容されているか、非難されているかということ（例えばエイズ）。その疾患が、患者の属する文化の価値観そのものを脅かすものではないかということ。こうした要因が全て、ある程度は、身体的疾患の経過や治療効果に影響を与えるのである（これは単に、全てのホロンには四つの側面〔象限〕が存在するからである）。

実際の治療ではもちろん、左下象限の介入は、効果的に実行できるものに限定する必要がある。それは、医師-患者間のコミュニケーションの在り方を改善することであるかもしれないし、家族や友人にグループとして支援してもらうことかもしれないし、その疾患に対して文化的にどんな価値判断がなされており、そのことが疾患にどんな影響を与えうるのかを大まかに理解することであるかもしれない。

さまざまな研究によって示されているのは、例えば、支援グループの中にいるガン患者は、そうした文化的支援を受けていない患者よりも、長く存命できる傾向にあるということである。こういうわけで、左下象限の中にも、全ての包括的医療にとって極めて重要な因子が存在していると言えるのだ。

最後に、右下象限に含まれるのは、**物質的、経済的、社会的な全ての要因**である。こうした要因が疾患の一部だとみなされることはほとんどないが、実際には他の象限と同じく、疾患をもたらす原因のひとつであり、さらには治療にも影響を与えるものである。

例えば、食糧を提供できない社会システムの中で生きていれば、あなたは死んでしまうだろう（悲しいことに、飢餓に苦しむさまざまな国が、このことを証明している）。

だが、たとえ先進国で生きていたとしても、右下象限が重大な要因となることはある。例えば、もしあなたが命に関わる病気にかかったとして、その病気は治療可能であるものの、加入している保険制度では治療に必要な資金を調達できないとすれば、あなたは死んでしまうだろう。あなたを死に至らしめた原因は、貧しさなのだ。

通常、私たちはこのようには考えず、「ウイルスのせいで彼は死んだ」などと述べる。ウイルスが原因の一部であることは確かだが、他の三つの象限もまた、同じくらいに原因の一部なのだ。かつて米国食品医薬局が、エイズの治療薬になるかもしれない薬の承認を遅らせたとき、患者の一人が国会の前に立って、こう言った。

「私の墓石に『彼は役所の非効率な仕事のせいで死んだ』などと刻まなくてもいいようにしてくれ」

とはいえ、これは全く正しいのだ。現実の世界においては、どんな実体にも必ず四つの側面〔象限〕が存在するのであり、**たとえウイルス（右上象限）こそが立ち向かうべき対象であったとしても、治療を提供できる社会システム（右下象限）がなければ、あなたは死んでしまう**のである。

そして、これは例外的な話ではなく、本質的な論点なのだ。なぜなら、全てのホロンには、必ず四つの側面〔象限〕が存在しているからである。右下象限に含まれる要因としては、経済的状況、保険制度、医療の提供体制、病室のレイアウト（患者が動きやすいか、来院した人と面会しやすいか、など）、そしてもちろん、環境中のさまざまな有害物質などが挙げられる（図5-2）。

さて、ここまで述べた内容は、疾患の原因とその治療法（ないし対処法）に対する「全象限」のアプローチであった。

他方、「全レベル」の部分では、一人ひとりの人間がさまざまな段階《レベル》から構成されているという事実に焦点を当てる。各個人は、それぞれの象限において、少なくとも四つの段階――物理的〔身体的〕、情動的、心的、精神的／霊的《スピリチュアル》――に関わっているのである（図4-5および図4-6を参照）。

図5-2●医療と四象限

左上象限 感情 心理的態度 心的イメージ 意思 など	**右上象限** 外科的な処置 薬の投与 行動習慣の修正 など
左下象限 医師-患者間のコミュニケーション 家族や友人の態度 疾患に対する文化的な価値観 支援グループとの関わり など	**右下象限** 経済的状況 保険制度 医療の提供体制 病室のレイアウト 環境中の有害物質 など

※本文の記述に基づき訳者作成。

確かに疾患の中には、原因も治療法もその大部分が物理的な内容であるものもある（バスに衝突し、脚を骨折したので、ギプスをはめて治療する）。だが、**ほとんどの疾患の原因および治療法には、情動的な次元、心的な次元、精神的《スピリチュアル》／霊的な次元の要因が関係している。** 各レベルからの具体的な影響については著書『グレース&グリット』に記したのでここでは繰り返さないが、世界中の文字通り何百もの研究者たちが、病気と治療法の「多次元的《マルチレベル》性質」についての私たちの理解を大幅に深めてくれているのだ（ここには、さまざまな「大いなる知恵の伝統」――シャーマニズムからチベット仏教まで――が与えてくれる数々の貴重な知恵も含まれる）。

要点は単純明快である。段階《レベル》と象限を組み合わせることによって、これまでよりも遥かに包括的で、しかも効果的な医療のモデルを生み出すことが可能になるのである。

要するに、真に効果的で包括的な医療システムは、「全象限、全レベル」型のものになるだろうということなのだ。その考え方とは単に、全ての象限――私（I）、私たち（We）、それ（It）――には、物理的〔身体的〕、情動的、心的、そして精神的《スピリチュアル》／霊的な段階が存在しているということである（図4-6参照）。真に統合的な治療は、こうした全てのリアリティを考慮に入れるものになるだろう。

さらに、こうした統合的治療は、**疾患に対してただ効果的であるだけでなく、コストパフォーマンスが良いものでもある。** だからこそ、組織的に活動している医学分野さえもが、統合的治療について、詳しく検討し始めているのだ。

こうした点について、素晴らしい成果を挙げている理論家は何百人といるが、少しだけ名前を挙げておこう。ジョン・アスティン（ホロン型《ホロニック》モデルを代替医療や補完医療へと適用する素晴らしい論文を執筆している）[12]、パット・オグデンとケクニ・ミントン（邦訳書に『トラウマと身体』など）[13]、ゲイリー・シュワルツとリンダ・ルセック[14]、ワンダ・ジョーンズとジェームズ・エンサイン（ニューセンチュリーヘルスケア研究所の代表）、そしてバーバラ・ドッシーとラリー・ドッシー（二人が既に進めていた大規模な独創的研究をホロン型《ホロニック》モデルによって補完し、「癒しの大いなる連鎖《グレート・チェイン・オブ・ヒーリング》」という見方に到達している）などである（邦訳書に『祈る心は、治る力』『平凡な事柄の非凡な治癒力』など）[15]。

ビジネスへの応用

近年、ビジネスの領域への統合的モデルの応用が爆発的に増大している。おそらくそれは、ビジネスに対しても、このモデルが即座に、しかも明快に応用できるからだろう。

四象限という見方によってわかるのは、**ある商品が生き残れるかどうかを決定する要因は、四つの領域――四つの「市場環境」――の全てに存在している**ということである。

さらに、段階《レベル》という見方によってわかるのは、自分たちがどんな価値基準に基づいて商品を生産しているのか、および、消費者がどんな価値基準に基づいて商品を買うのかということだ。実際、価値についての階層的モデルであるマズローやグレイブスの理論（例えばスパイラル・ダイナミクス）は、既にビジネスの領域に応用されて巨大な影響を与えており、VALS《バルス》〔Values and Lifestyles：消費者の価値観やライフスタイルを分析する手法の一種で、その基礎にはマズローの理論がある〕などはその一例である。私たちは、価値の段階《レベル》に関するこうした研究を、四象限モデルと組み合わせる（各段階《レベル》の価値観が、四つの市場環境〔象限〕のそれぞれにおいてどんな現れ方をするのかを把握する）ことによって、市場《マーケット》に関する真に包括的な地図を手に入れることができるのだ（ここには、伝統的な市場だけでなく、ウェブ上の市場も含まれる）。

もちろん、こうした地図は、冷笑《シニカル》的な見方に基づいて、人々を自分の思い通りに動かすためだけに用いることもできる――「ビジネスなんて、結局そんなものさ」というように。

しかし、**こうした地図をもっと賢明で有能な形で活用することによって、人類に対して、もっと実り豊かな方法で、必要なモノやサービスを提供する**（そしてそのことによって螺旋《スパイラル》全体の健全性を高める）**こともできる**のである。

さらに、統合的モデルに基づいて**マネジメント能力の向上やリーダーシップ能力の開発**を目指すプログラムも普及し始めている。

ダリル・ポールソンは、論考「マネジメントについて：多次元的な視点から」の中で、マネジメントの分野には4種類の主要な理論が存在すると述べている。**X理論**〔人は本来怠け者であるから、管理や懲罰によってアメとムチを与えることが重要である〕は個人の行動を重視し、**Y理論**〔人は条件次第では自ら進んで責任を引き受けるから、うまく自主性を引き出すことが重要である〕は個人の心理を理解することを重視し、**組織文化マネジメント論**は組織の

図5-3●マネジメントと四象限

Y理論 個人の心理を重視する	**X理論** 個人の行動を重視する
組織文化マネジメント論 組織の文化を重視する	**システムマネジメント論** システムを重視する

※本文の記述に基づき訳者作成。

文化を重視し、**システムマネジメント論**はシステムとその統治《ガバナンス》作用を重視する。ポールソンによれば、これら4種類のマネジメント論が実は四象限を構成しており、統合的なマネジメント論は必ずこうした全てのアプローチを包含するはずなのだ（図5-3）。

さらにポールソンは、「全レベル」の部分として、どの象限にも四つの段階《レベル》が存在すると述べている。それは簡略化された段階モデルではあるが、非常に有益なものだ。論考ではその後、具体的にどうすれば「全象限、全レベル」のマネジメントを実行できるのかについて、提案がなされている。[16]

この領域における他の先駆者たちを紹介しよう。

ジェフリー・ジョイアとJMJアソシエイツは、「フォーチュン500」（米企業総収益ランキング上位500社）に名を連ねている何十もの会社に対して、統合的リーダーシップに関するセミナー（四つの象限それぞれにおいて三つの段階《レベル》を用いるもの）を提供してきた（「最近までは、変容的アプローチに基づく組織変革論が一人勝ちしており、行き詰まりを打開してくれるものだと考えられていた。しかし今では、変容的アプローチは輝きを失い、統合的アプローチが脚光を浴びつつある」）[17]。

R. W. ベック&アソシエイツのジョン・フォーマンは、「全象限、全レベル」のアプローチを用いることで、システム理論や複雑系の科学に欠けている視点を補完しよう（そしてそのフラットランド的な歪みを修正しよう）としている。

オン・パーパス・アソシエイツ（ジョン・クリーブランド、ジョアン・ノイロス、デブ・プラストリック）の活動も注目に値する。

ボブ・アンダーソンとジム・スチュアートとエリック・クライン（クラインは*Awakening Corporate Soul: Four Paths to Unleash the Power of People at Work*の著者でもある）は、そのリーダーシップ・サークルにおいて、「全象限、全レベル」のアプローチに基づいた「統合的な変容とリーダーシップ」を提唱している（「大事な点は、全ての象限における全ての発達ラインが、互いに深く関係しながら成長していくということだ。そしてこうした変容を起こすうえで重要な技能《リテラシー》が、精神的《スピリチュアル》／霊的な知能《インテリジェンス》*訳注37なのである。精神的《スピリチュアル》／霊的な知能《インテリジェンス》は、リーダーシップにとって不可欠な要素であると急速に認識されつつある」）。

レオ・バークは、モトローラ社が立ち上げたモトローラ大学（リーダーシップ研究と文化横断的研究を行う）の理事長兼学部長であるが、世界中の２万人を超える管理職《マネージャー》への研修を監督している。

イアン・ミトロフ（著書に*A Spiritual Audit of Corporate America: A Hard Look at Spirituality, Religion, and Values in the Workplace*など）の業績も重要である。

ロン・カシオペとサイモン・アルブレヒトは、論考「ホロン型《ホロニック》モデルと３６０度評価の活用によるリーダーシップ技能とマネジメント技能の開発」を執筆している。

ドン・ベックのスパイラル・ダイナミクスは、さまざまな場面で、文字通り何十万もの人々に対して活用されてきた。

ジム・レーヤーとトニー・シュワルツは、「全象限、全レベル」のアプローチを応用して非常に具体的な自己変革術を開発し、私たちのエネルギー（物理的エネルギー、情動的エネルギー、心的エネルギー、精神的エネルギー）の使い方を最適化することを提唱している（邦訳書に『成功と幸せのための４

*訳注37：Spiritual Intelligence　精神性（スピリチュアリティ）に関する知能。IQ（認知的知能）やEQ（感情的知能）になぞらえてSQと呼ばれることも多い。
例えば、SQのアセスメントツールを開発したシンディ・ウィグルスワースは、スピリチュアリティを「自分よりも大きな何ものか、あるいは、自分にとって神聖または崇高であると感じられる何ものかとつながっていたいという、生まれながらにして人間にそなわる欲求」、そしてSQを「どのような状況にあっても、内的および外的な平穏を保ちながら、知恵と慈悲をもって行動する能力」であると定義している。

つのエネルギー管理術』など）。

教育への応用

私が統合的ないしホリスティックな見方を重視していることから、多くの人は、一般に「ホリスティック教育」と呼ばれているアプローチを私が支持していると考えている。悲しいことに、大抵の場合、それは真実ではない。

私の意見では、**多くの「ホリスティック」なアプローチは、フラットランドの世界観に基づくものである**（システム理論などの右下象限的なアプローチだけに依拠している）**か、あるいは、グリーンの段階《ミーム》だけを重視し、他の段階を排除してしまっている。**そこでは、どんなアプローチも周縁に追いやらないようにしようという高潔な試みがなされるのだが、実際には階層的発達という見方を周縁に追いやっているために、多くの場合、実際の成長や進化が妨げられてしまうのである。

いずれにせよ、典型的なホリスティック教育のほとんどは、最優先指令《プライム・ディレクティブ》を見落としている――特定の段階《レベル》を優遇することではなく、螺旋《スパイラル》全体の健全性を高めることこそが重要な倫理的責務だということを認識し損なっているのである。

真に統合的な教育とは、全ての人間に最初からグリーンの段階《ミーム》を押しつけることではない。そうではなく、人間の発達とは固有の性質をもった一つひとつの段階が開き出されていくことであり、そのなかで次第に包容力が増大していくのだという深い理解のもとで行われるものなのである。ゲブサーの用語を使えば、意識とは、古代的段階《ウェイブ》、呪術的段階、神話的段階、合理的段階、そして統合的段階へと流動的に展開していくものなのであり、**真に統合的な教育は、最後の段階《ウェイブ》だけを重視するのではなく、全ての段階が適切に開き出されていくことを重視する**のである。

多くの統合的な理論家たちが、こうした考え方を研究し、「全象限、全レベル」のアプローチを教育へと応用しようとしている。実際、既にさまざまな教育機関において、学校そのものの組織構造（全体の経営組織、および、各学科内の組織）と、学生が受講する必修科目《コア・カリキュラム》の両方を、「全象限、全レベル」の原則に基づいて編成しようという試みがなされている。そしてこうした試みは、一般的な学校だけでなく、発達障害を抱えた人たちのための学校でも行われている。*訳注38

＊訳注38：教育分野へのもっと具体的な応用例については、巻末の「解説」を参照のこと。

意識研究への応用

アメリカでは今でも、意識研究の分野における主要なアプローチは、狭い科学《ナロー・サイエンス》によるものである（例えば、認知科学の大部分は、右上象限の方法論に基づいている）。だが、著書*Integral Psychology*〔未訳〕の中でも述べたように、意識研究に対する包括的アプローチは、四つの象限の全てを、あるいは「私（I）」「私たち（We）」「それ（It）」というビッグ・スリーの全てを活用するものになるだろう。言い換えれば、**意識に関する現象学的な説明**（1人称）、**意識の間-主観的な構造**（2人称）、**意識の科学的性質**（3人称）**の全てを研究する**のである。

実際、意識研究へのこうした「1-2-3アプローチ」は既に始まっている。例えば、フランシスコ・ヴァレラとジョナサン・シアーが編集を担当した*The View From Within*という書籍や、学術雑誌*The Journal of Consciousness Studies*に掲載されている多くの論文を読めば、そのことがわかるだろう。

そして、意識研究への包括的アプローチの第二段階は、「全象限」だけでなく「全レベル」も包含することである。その大まかな方法については、私の著書*Integral Psychology*〔未訳〕を参照されたい。

スピリチュアリティへの応用

スピリチュアリティ〔精神性／霊性〕の領域に「全象限、全レベル」のアプローチを適用すると、どうなるのだろうか。**「自己、文化、自然――あるいは私（I）、私たち（We）、それ（It）――の全ての領域において、物理的〔身体的〕、情動的、心的、そして精神的《スピリチュアル》／霊的な段階の全てを同時に鍛える」**というのが、その主要な方針となるだろう。このテーマに関しては、既に多くのアプローチが存在している。例えば、統合的変容のための実践、社会参加型のスピリチュアリティ、スピリチュアルな道としての関係性といったものだ。

　こうした先駆的なアプローチを推進している本当に魅力的な団体や組織は、ここには挙げきれないほどたくさん存在している。だが、少しだけ名前を挙げるなら、ティク・ナット・ハン〔邦訳書に『ブッダの〈気づき〉の瞑想』『小説ブッダ』など多数〕、ダイアナ・ウィンストン、ドナルド・ロスバーグ、雑誌*Tikkun*、ロバート・フォーマンおよび彼が代表を務めるフォージ・インスティチュート〔私もそのメンバーである〕の業績は、どれも尊敬に値するものだ。

エコロジーへの応用

エコロジー（生態学／環境保護活動）への「全象限、全レベル」のアプローチは、著書『進化の構造』において提示したものである。批評家たちが合意しているように、これはとても独創的なアプローチだ。この本に好意的な批評家も、そうでない批評家も、それが独創的であるという点においては一致している。なぜなら、このアプローチは、生態学的な一体性《ユニティ》とシステム理論と非二元的なスピリチュアリティを結びつけようとしながらも、生物圏《バイオスフィア》に特別な地位を与えることはなく、さらに「生命の織物《ウェブ・オブ・ライフ》」（生命の網、生物網）の観念に頼ることもないものだからだ（それはフラットランドの世界観に基づく還元主義的なアプローチであると私は考えている）。

その代わりに、エコロジーへの「全象限、全レベル」のアプローチは、**物質圏《フィジオスフィア》、生物圏《バイオスフィア》、心圏《ヌースフィア》、そして神圏《テオスフィア》の全てを、コスモス全体の諸関係の中に適切に位置づけようとする**のである。そしてそのことによって、生物圏が決定的に重要であることを主張しながらも、同時に、全てを生物圏だけに還元してしまうことを回避するのだ。

鍵となる見方は、前章の図4-6に描かれている。この図には、身体（生物圏）、心（心圏）、魂／スピリット（神圏）が全て描かれていることに注意しよう。

入れ子状の円が示しているように、各段階《ウェイブ》は、前の段階を「超えて含む」のであった。

この意味において、心は身体を超えて含んでいる、あるいは、**心圏は生物圏を超えて含んでいる**と述べるのは全く正しい。生物圏は、心圏にとっての不可欠な構成要素ではあるが、その逆ではないのだ(ほとんどの環境保護活動家《エコロジスト》は、この点を正しく認識できていない)。**たとえ心圏——人間の心や知性——を破壊しても、生物圏は、何の問題もなく存在し続けるだろう。だが、もし生物圏を破壊してしまえば、心圏も一緒に破壊されてしまう。**言い換えれば、生物圏が心圏の部分なのであり、その逆ではないのだ。

もっと明快な例で考えよう。原子は分子の部分である。全ての分子を破壊しても、原子は残り続けるが、全ての原子を破壊してしまえば、分子も一緒に破壊されてしまう。同じことが、生物圏と心圏についても言える。心圏を破壊してしまっても、生物圏は残り続けるが、もし生物圏を破壊してしまえば、心圏も破壊されてしまう。生物圏が心圏の部分なのであり、その逆ではないのだ(図4-3と図4-6にはこの点が明確に示されている)。**人間の心や知性は、自然の部分ではない**のである。

だが、注意しよう。内面領域のどんな出来事も、必ず、外面領域の感覚的世界において、それに対応する変化を生み出している。私たちは、こうした感覚的世界のことを「自然」と呼ぶことも多いのだ。それゆえ、多くの環境理論家《エコセオリスト》たちが、こうした外面的で経験的で感覚的な世界だけを見て、「全ては自然の一部分である」と結論づけてしまうのである。なぜなら、確かに全ての出来事は、右側象限において、それに対応する変化を生み出しているからだ(図4-4や図4-6を見ればわかるように)。こうした環境理論家たちは、「自然」(ないし「生物圏」)こそが究極のリアリティであるから、私たちは「自然」と調和して生きるべきだと主張するのだが、そうすることで、**全てのリアリティを、ある種の生態学的論理《エコロジー》へと、生物圏へと、あるいは生命の網《ウェブ・オブ・ライフ》へと、還元してしまう**のである。

しかし実際には、**それは物語《ストーリー》の半分、右側象限の物語でしかない。**図4-6に示されているように、左側象限すなわち内面の領域においては、自然——感覚的で経験的な世界——とは、もっと大きな物語の中の小さな一部分、もっと大きな全体《パイ》の中の小さな一片《スライス》にすぎないのだ（この全体《パイ》には、生物圏、心圏、神圏が含まれている）。

そしてどんな内面的段階も、それに対応する変化を外面的世界に生み出しているからといって、外面的世界に還元できるわけではない。**内面の諸段階を、自然に還元することはできない**のだ。内面の諸段階を自然に還元するというのは、結局のところ、ある種のフラットランド的な世界観を信奉するということに他ならない。すなわち、右側象限のリアリティだけからなる単色の世界、経験的で感覚的な生命の網《ウェブ・オブ・ライフ》だけを信奉するということなのである。こうした見方は、「エコロジー還元主義《エコロジカル・リダクショニズム》」のもっとも悪い例であると言える。それはコスモス全体を右側象限だけに還元してしまうものなのだが、実際には多くの環境哲学者《エコフィロソファー》が、自らの思想の核心にこうした見方をもっているのである。

それに対して、「全象限、全レベル」のアプローチでは、（図4-6に要約されているように）物質圏、生物圏、心圏、神圏の全てが尊重される。ある領域を別の領域に還元しようとするのではなく、**それぞれの領域がこの驚くべきコスモスの中で決定的に重要な役割を果たしていることを認識し、全ての領域を尊重しようとする**のである[18]。

マイノリティへの支援

真に統合的なアプローチにおいては、全ての人に特定の発達段階（例えば多元的段階、統合的段階、トランスパーソナルな段階）の在り方を押しつけようとする代わりに、螺旋《スパイラル》全体の健全さを向上させること――すなわち、最優先指令《プライム・ディレクティブ》に従うこと――が重視される。それゆえ、少数者《マイノリティ》への統合的アプローチも、典型的な方法（リベラル派のアプローチであれ、保守派のアプローチであれ、対抗文化《カウンターカルチャー》に見られるアプローチであれ）とは大きく異なるものになる。

必要なことは、全ての人にリベラルな多元主義を強制することでも、保守的な価値観を強制することでも、グリーンの多文化主義を強制することでも、ホリスティックな見方を強制することでもない。そうではなく、**個人と文化が自らの速度と方法で発達の螺旋《スパイラル》を歩んでいくことができるように、適切な条件を――内面領域と外面領域の両方において――整える**ことこそが必要なのだ[19]。

そしてこのことは、発展途上国に対する統合的アプローチを考えるうえでも言えることである。ここでは、具体的な例として、ユニセフ（UNICEF）の活動について検討してみよう。

全象限、全レベル、全ライン：ユニセフの例

ユニセフのコンサルタントを務めているアイシャイク・ディベロプメンタル・アソシエイツは、さまざまな提案を行っているが、その中に「統合的発達のプロセス」および「統合的アプローチ：全象限、全レベル、全ライン」と名づけられた提案書がある。これらの提案書では、例を挙げながら、四象限モデルの概要が紹介されている。さらに、それぞれの象限には主にどんな段階《レベル》が存在しているのかが簡単に説明されている。加えて、発達には無数のラインが存在しており、それぞれのラインは相対的に独立した形で各発達段階を進んでいくことが強調されている。そして、「ユニセフの活動についての全ての考え方は、こうした大きな地図の中で認識することが必要である」と記されている。

提案は続く。

「この複雑で相互依存した世界を深く理解するためには、社会と文化の発展に関わる意識発達の地図を描くことが極めて重要である。統合的アプローチを用いることで、進化のプロセスを――したがって子どもたちを、人類を、文化と社会を――持続可能な方向へと戻すことが必要なのである」

そして、次のように指摘される。

「そのためには、新たなフレームワークが必要である。単なる客観的で表層的なシステム、単なる網《ウェブ》の目だけを理解するのではなく、あるいは、単に文化的な多様性だけを理解するのでもなく、もっと深く、もっと幅広い視点を与えてくれるフレームワークが必要なのだ」

言い換えれば、**生命の網《ウェブ・オブ・ライフ》や標準的なシステム理論の分析だけを重視することを超える**ことが必要なのであり（それは右下象限だけを扱うことであるから）、そしてまた、単に**多元主義と多様性だけを尊重することを超える**ことが必要なのだ（それはグリーンの段階《ミーム》だけを尊重することであるから）。要するに、「全象限、全レベル、全ライン」のアプローチが必要なのである。

こうした見方を踏まえたうえで、提案書では、ユニセフと国連（国際連合）のこれまでの取り組みが批判的に分析されている。

明らかなことは、もし持続可能な未来をつくりたいのであれば、社会の発展（開発）とは四つの象限全てを考慮に入れて進めなければならないということだ。だが、それと同じくらいに明らかなことは、人間の発達と相互作用というもっと広い観点からユニセフの取り組みを検討してみると、ユニセフが歩んできた道は、大抵の場合、持続可能な変革を引き起こせていないということである。社会の変化や発展のプロセスを、意識の発達や進化のことを考慮に入れずに理解しようとしても、成功する見込みはほとんどないのである。[20]

続いて、ユニセフと国連が犯してきた過去のいくつかの失敗について、その主な理由が指摘される。「ユニセフの活動は、その大部分が、右上象限と右下象限、すなわち、客観的で外面的な領域（個の領域であれ集団の領域であれ）を扱うものであった。内面の領域、あるいは文化的な領域は、ほとんど無視され続けてきたのである」

こうした単なる右側象限的なアプローチを、私は「独白的《モノロジカル》」（対話的《ダイアロジカル》ではないということ）なアプローチとも呼んでいる（フラットランドのもうひとつの名称である）。この言葉を用いながら分析は続いていく。

「ユニセフと国連がうまくいっていないのは、もしかすると、人々の発達（発展）というものを、独白的《モノロジカル》な見方によって捉えすぎているからかもしれない。あるいは少なくとも、そのために、自分たちがどんなことに関わっているのかについて、大きな地図を描こうとしたことがないのである。確かに短期的には、こうした独白的《モノロジカル》な見方も必要なものだ。人間の意識とは、古代的段階、呪術的段階、神話的段階、そして合理的段階へと（さらにはヴィジョン・ロジックの段階へと）徐々に移行していくものだからである。しかし現代において、こうした組織に求められているのは、後-合理的《ポストラショナル》ないし超-合理的《トランスラショナル》なアプローチなのだ。合理的段階の素晴らしい考え方を組み入れながらも、同時に、合理的段階の見方を超えて、もっと深くもっと高次の意識段階における見方へと――四つの象限の全てにおいて――自らを開いていくことが必要なのである」

さらに、提案書では、ユニセフが実施してきたさまざまなプログラムの歴史を大まかに振り返り、どれも重要ではあったが、全てのプログラムが、右側象限ばかりに焦点を当てるものだったと指摘されている。

・1950年代は**疾患撲滅キャンペーンの時代**であり、「ほぼ右上象限だけに焦点が当たっており、測定可能な事柄、観察可能な事柄、客観的な事柄だけが重視された」。

・1960年代は**開発の10年**であり、「右下象限が強調されるようになり、社会へと機能的に適合できるようになることが重視された」。

・1970年代は**代替手段《オルタナティブ》の時代**であったが、「そこで行われていた代替手段は、ほとんどの場合、右側象限のものであった」。

・1980年代は**「子どもの生存」の時代**であったが、子どもの内面領域や内面的発達への言及がなされることはなかった。

・1990年代は**「子どもの権利」の10年**であった（ただし、こうした権利は全て、行動主義的な言語によって定義されていた）が、そこからすぐに、**援助疲れの時代**が始まった。

「援助国と政府は、グローバル化以前のナショナリズムの状態に戻ってしまった。それは、全ての見方は等しく重要であるという誤った見解のために、国内で問題が生じたり、理解を得られなかったりしたためである」

私がさまざまな場所で述べてきたのは、**どんなホロンも、自らを存続させるためには、正義や権利（エイジェンシー（自律性））と気遣い《ケア》や責任（コミュニオン（共同性））をうまく均衡《バランス》させることが必要だ**ということであり、この提案書でもそのことが述べられている。ユニセフと国連のこれまでの努力はどれも、「子どもの『権利』（正義）を、グローバルな法的原理（気遣いや責任）との関係において明確に捉えようとすることがなかった」のである。

こうした全ての要因を考慮に入れたうえで、提案書では、２０００年代は統合的アプローチの時代にすべきであると結論づけられている。

「ここにおいて、持続可能な変革のプロセスは、統合的な観点から捉えられることになる。左側象限の二つの領域、心の領域と文化の領域を、もっと深く探究するのである。ユニセフにおいてはもちろん、子どもや若者や女性に主な焦点を当てながら、こうした探究を行うことになるだろう」

さらに、ユニセフが現在に至るまで抱えてきた問題が総括される。

「過去50年の間に採用されてきた考え方は、どれも独白的《モノロジカル》なものであった。そこに欠けていたのは、変革と変容のプロセスを持続可能なものにするためには、個人と社会が内面的ないし主観的な領域を発達させる必要があるという認識なのである」

そして最後に、こう結ばれている。

必要なことは、全象限、全レベル、全ラインのアプローチを——注意深く、独創性をもって、個々の事例に適合した形で——活用することによって、「ユニセフの行動やプログラムや理念を、もっと確実に、持続可能で変容的で方向性をもった変革プロセスに寄与できるものにする」ことなのである。

ここで指摘しておきたいのは（提案書でも指摘されていることであるが）、こうした統合的アプローチは、最大限の気遣いと思いやりと慈悲をもって実行すべきものだということである。どの段階《レベル》も、どのラインも、どの象限も、固定的なものでもなければ、初めから決定されているものでもなく、一方的な判断を行うためのものでもない。発達研究の核心にあるのは、人々を固定した枠に押し込むことでもなければ、人々の優劣を判定することでもないのだ。そうではなく、**発達研究とは、ひとつの指針《ガイドライン》であり、どんな潜在的能力が未だ活用されていないのかを明らかにしてくれるもの**なのである。

それぞれの意識段階はどれも、私たちに、必要不可欠な独自の贈り物を与えてくれる。最優先指令《プライム・ディレクティブ》によれば、私たちに求められているのは、こうした全ての段階《ウェイブ》を尊重し正しく理解すること、そしてそのうえで、特定の領域ではなく、**螺旋《スパイラル》全体の健全さを維持し向上させるための行動を起こす**ということなのだ。

だが、それと同時に私たちは、意識のスペクトラムや発達の螺旋《スパイラル》はもっと広範囲にわたって存在しているということを、穏やかな提案として人々に伝えてみないか、とも呼びかけられている。なぜなら、そうすることによって、人間の高次の可能性に未だ気づいていないさまざまな個人や文化（私たち自身の文化を含む）が、この驚くべき心理的資源《リソース》を活用して、行動できるようになるかもしれないからだ。そしてそうなれば、従来のアプローチでは対処の難しかったさまざまな問題へも、うまく対処できるようになるかもしれないのである。

未来の脅威

人類が直面している最大の問題のひとつであり、これまでも幾度となく繰り返されてきた脅威とは、簡潔に述べるなら、こうだ。

右側象限における物質的な実体は、いったん生み出されてしまえば、内面的発達のどの段階にある人も、利用することができてしまうのである。

例えば原子爆弾は、形式操作的な思考（オレンジ）によって製造されたものだが、一度製造してしまえば、もっと低次の発達段階にある人々も――原爆を生み出せるほどに複雑な段階に到達していなくても――利用できてしまう。幸い、世界中心的な道徳の段階にある人であれば原爆を投下することはないだろうが、前-慣習的な段階、レッドの段階、自己中心的な段階にある人なら、喜んで爆弾を落とすだろう。自分の邪魔をする途方もない数の人々を、一掃することができるのだから。

もっと一般的な言葉で述べよう。

人類の絶えざる悪夢とは、**右側象限における科学技術《テクノロジー》の成長が、常に、左側象限における知恵や気遣いや思いやりの成長よりも先に進んできた**ということなのだ。言い換えれば、外面的な発達が、内面的な発達よりも常に先行してきたのである（繰り返すと、これが悪夢であるのは、いったん物質的人工物が生み出されると、どんな内面的段階にある個人も、それを利用できるからである。ある天才――例えばジェームズ・ワット――が高度な認知的能力に基づいて新たな技術――例えば蒸気機関――を発明し、それが製造されるようになると、どんな発達段階にある個人も、その技術を利用できるようになるのだ。大多数の人々は、そうした技術を発明することができないのだが、それでも、その技術を利用することはできるのである)。

近代になるまでは、この問題の影響は限られていた。なぜなら、技術そのものが、影響力の小さなものだったからだ。弓と矢だけでは、生物圏にも、他の人間にも、それ相応の被害しか与えることはできない。だが、近代が到来し、オレンジの段階とその圧倒的な科学的知性が出現するようになると、人類は——ほとんどの人はまだレッドやブルーの道徳的意識をもっているにもかかわらず——オレンジの段階の技術を生み出すようになった。言い換えれば、外面的な技術は信じられないほど強力に発達したのだが、それに釣り合うだけの内面的発達は実現されていなかったのである。

そして**右側象限の技術が左側象限の知恵よりも先に発達したために、人類史上初めて、地球規模の破滅が起きる可能性が生まれた**(そして実際、起きそうになった)。核兵器による大虐殺から、環境破壊による自滅に至るまで、人類は、地球規模の根本的問題に直面するようになったのである。その問題の核心にあるのは、内面的な発達が欠如しているということであった。

そして現代においても、第二層の科学技術——量子レベルでのエネルギー生産技術から、人工知能(ないしロボット工学)、高度な遺伝子工学、地球規模のナノテクノロジーに至るまで——の出現にともなって、人類は再度、もっとも原始的な悪夢に直面している。外面領域における科学技術の爆発的成長に、内面領域における意識と知恵の成長が追いついていないのだ。

しかし今度は、統合的な成長を果たすことができず、人類そのものが滅びるかもしれない。

サン・マイクロシステムズ社の共同創業者であるビル・ジョイは、雑誌*WIRED*に寄稿した文章「なぜ未来に私たちは必要なくなるのか」（２０００年４月）によって、世間を大きく騒がせた。

ジョイによれば、遺伝子工学やロボット工学やナノテクノロジーの発展によって、人間という生物種は50年以内に終わりを迎えるかもしれないという。遺伝子工学の進歩によって、私たちは、故意ないし偶然に、恐ろしい伝染病を生み出してしまうかもしれない。ロボット工学の進歩によって、人間の意識を機械へとアップロードできるようになれば、私たちが知っているような「人間」は、消え去ってしまうだろう[21]。あるいは、ナノテクノロジーの進歩によって、グレイ・グー[*訳注39]が出現し、数日の間に、生物圏全体が遺骸の山になってしまうかもしれない。

ジョイが引用している科学者の推定によれば、人類が21世紀中に絶滅する確率は30パーセントから50パーセントである。

これは極めて複雑な問題ではあるが、次のことは確かだ。

まず、こうした科学技術を「制御」する方法は、基本的には2種類しか存在していない。ひとつは、外面領域において法的な規制を行う（例えば、ある種の研究を禁止する）ことであり、もうひとつは、内面領域において倫理的に自制する（例えば、内面的な成長によって人類全体の知恵を増大させ、どうすれば科学技術を賢明な形で活用できるのかを探求し実行する）ことである。最終的には両方のアプローチが必要になるだろうと私は考えているが、確かなことは、**そもそも内面領域を完全に無視したままでは、内面領域における知恵や意識の成長などについて議論しようがない**ということである。こうした地球規模の悪夢に対する統合的な解決策を生み出せなければ、私たちはおそらく、絶滅するであろう。

＊訳注39：直訳すれば「灰色のベトベトしたもの」という意味。「超小型機械《ナノマシン》が暴走的に自己増殖して巨大な塊となったもの」を指している。

ビル・ジョイも、外面領域と内面領域の両方から科学技術を制御することを推奨している。ジョイは、ある種の研究を禁止ないし放棄するという方針に賛成しているが、それと同時に、もしそうした規制が完全に可能であったとしても（知識は常に境界線を越えて拡大していくことを踏まえると、それも難しいだろうが）、それだけでは根本的な問題を解決したことにはならず、人類全体の集合的な知恵を成長させることが必要であることも認識している。

こうして、ジョイは「私たちは、人類の進路を定めるための倫理的基盤を、どこに求めればよいのだろうか？」と問いかける。

「私が思うところでは、ダライ・ラマの著作*Ethics for the New Millennium*（邦題『幸福論』）に記されている考え方は非常に有益だ。これはおそらくよく言われている考え方だが、まともに注意を払われることがほとんどない内容であると思われる。ダライ・ラマによれば、最も重要なこととは、他者への愛と慈悲に満ちた人生を送ることであり、そしてまた、私たちは普遍的な責任を担う相互依存した存在なのだという考え方を、社会全体として力強く発展させていくことなのである」

他にも、非常に多くの精神的／霊的《スピリチュアル》な指導者たち――キリスト教であれ、ユダヤ教であれ、ヒンドゥー教であれ――が、こうした尊敬すべき見解を述べている。

だが、すぐに指摘しておかなければならないことがある。**私たちは、単純に、愛と慈悲そのものを推奨することはできない**ということだ。なぜなら、**愛と慈悲そのものが、自己中心的な段階から、自民族中心的な段階、そして世界中心的な段階へと、開き出されていく**ものだからである。

私たちは、本当に、自民族中心的な愛を広めたいのだろうか？　そうした愛こそが、多くの問題を引き起こしてきたのではないだろうか？

例えば、ナチスは自分たちの家族を愛していたし、自分たちの人種を、そして自分たちの（拡張された）部族を愛していた。だからこそ、ブルーの段階に基づくほとんどの宗教は、戦いを防ぐのではなく、戦いを引き起こしてきたのである。歴史上、宗教は他のどんな勢力よりも多くの戦争を引き起こしてきたが、それは、神や国家を強く愛していたからなのだ。ただし、その愛は自民族中心的であり、誠実な信仰者ないし選ばれた人々にだけ、惜しみなく注がれるものであった。そしてそれ以外の人々には、愛と慈悲の名のもとで、死が与えられたのである。

確かなことは、**ダライ・ラマや他の精神的指導者たちが訴えている「愛と慈悲」は、後‐慣習的で、世界中心的で、普遍的な段階の愛と慈悲である**ということだ。だが、この発達段階に到達しているのは、世界の人口全体の30パーセントにも満たない。にもかかわらず、世界の事実上100パーセントの人々が、まもなく、地球全体を破壊できる技術を利用できるようになるかもしれないのである……。

明らかに、内面が外面に追いつかなければならないのだ。

私たちが仮に、外面領域において驚くべき技術的進歩を続けたとして――寿命をどこまでも伸ばしたり、心とコンピュータを連結させてひとつのものにしたり、零点エネルギーから無限にエネルギーを取り出したり、ワームホールによる銀河間航行を実現させたりしたとして――こうした技術が、もし自己中心的ないし自民族中心的な意識に基づいて利用されるだけであったなら、一体どんなよいことがあるだろうか？　私たちは本当に、ナチスやＫＫＫ〔クー・クラックス・クラン〕のようなレッド段階の論理に基づいて、宇宙を植民地化することを望んでいるのだろうか？　私たちは本当に、切り裂きジャック〔19世紀末イギリスの連続猟奇殺人犯〕が４００年も生き延び、超高性能自動車《ハイパーカー》に乗って宇宙をビュービュー飛びながら、女性嫌悪《ミソジニー》に満ちたナノロボットを放ちまわるという、そんな未来を望んでいるのだろうか？

　外面的発達のことも考える必要はあるが、それよりも遥かに、内面的発達のことを心配しなければならないのだ。もしそれを欠いていれば……。

　憲法学および国際法学の権威であるエドウィン・ファーメイジは、核兵器の規制に何十年間も関わってきた人物であるが、次のように述べている。

「法的な規制は有用ではあるが、それだけでは、私たちが到達せねばならない場所には少しも到達できないのである。たとえ法律によって世界中の核兵器を強制的に廃絶できたとしても、物理学者の脳に外科手術《ロボトミー》を施すことはできない。それゆえ、軍拡競争をまた一からやり直すことだってありうるのだ。どうすれば、人々の魂を変えることができるのだろうか？　私たちは、法律ではたどり着けないところに進まなければならない……」[22]

私たちが進まなければならない行き先とは、要するに内面領域であり、魂の成長であり、知恵の成長、意識の成長なのだ。左側象限の内面的成長が、右側象限の科学技術の成長と、歩調を合わせて進まなければならないのである[23]。

　そして、これが恐ろしく難しい課題であるということは問題ではない。なぜなら、もしそうしなければ、どんな未来が待ち受けているかは痛いほど明白だからである。

たとえどんな解決策を探求するのであれ、こうした議論は、統合的な見方を土台として行われるようにならなければならない。なぜなら、**十分に統合的なアプローチでなければ、私たちが直面している危機の根本的な原因をうまく指摘することができない**からだ。このままだと、やがてこうした危機は手に負えないものとなり、私たちは死という運命へ向かって、愉快に疾走していくことになるだろう。

第6章

多種多様な世界観を結び合わせる
～世界観のメタ分析～

全ての知的論争において、両方の論者は、肯定していることについては正しく、否定していることについては間違っている傾向にある。

——ジョン・スチュアート・ミル

万物の索引

そもそもホロン型《ホロニック》モデルとは、全ての象限、レベル、ライン、ステートなどを、首尾一貫した形で理解するために生み出されたものであった。それゆえ、統合的モデルないしホロン型《ホロニック》モデルは、自らが真に包括的でホリスティックな理論であると、言い換えれば、自らが本物の「万物の理論」であると主張することになる。

さて、こうした包括的な試みを行おうとするとき、それに付随して、必然的に生み出されるものがある。それは、これまでにどんな世界観や哲学や宗教や科学が生み出されてきたのかを便利に探し出せる「索引システム《インデクシング・システム》」である。もう一度述べておくと、重要な点は、こうしたさまざまな世界観のうち、どの世界観（私自身の世界観を含めて）が全体像を捉えているかということではない。そうではなく、大事なことは、**多様な世界観を自然な形で包含できるようになればなるほど、コスモスに関する見方がより正確なものになっていく**ということなのだ。

そして、コスモスに関するこうした包括的な見方は、単に個人の変容を促すだけではなく（この点については次章で述べる）、数えきれないほど多くの世界観を探し出せる**「ホリスティックな索引システム《ホリスティック・インデクシング・システム》」**としても機能するのである。この索引システムは、さまざまな世界観が互いにどんな関係にあるのかを示すとともに、一つひとつの世界観には代替不可能な価値があることを示すものである[1]。

本章では、さまざまな世界観を紹介するとともに、**どうすれば多種多様な世界観を結びつけ、もっと**

統合的なヴィジョンの中へと包摂できるのかということについて、案を提示していく。

加えて、世界の政治情勢について注意深く検討し、そこで生じているもっとも難しい問題に対して、ホロン型の索引システムならどのように光を当てられるのかを示していく。そうすることで、既存の政治的分析をさらに明確化するとともに、各国および世界全体が実際にどんな進路をとっていけばよいのかについて提言を行っていく。

とはいえ、本章で提示されるどんな理論も、結局は理論にすぎない。それは世界そのものではなく、世界に関する地図なのである。だが、地図としては有益なものであり、私たちが今よりもっと統合的な見方に到達できるように手助けしてくれるだろう。

さらに言えば、こうした**さまざまな地図の全てに習熟することは**、**第二層の統合的思考を行うために必要な基礎能力ではない**。各段階《レベル》の性質を暗記することも必要なければ、このあと論じる全ての文明圏に詳しくなる必要もないし、自分自身で包括的な地図を作成することも必要ないのである。

しかし、こうした統合的な地図——全象限、全レベル、全ラインの地図——に関わることによって、私たちの第二層の能力は鍛え上げられ、その働きが促進されるのだ。なぜなら、こうした地図は、私たちの知性《マインド》を開き、そしてそのことによって私たちの心《ハート》を開き、コスモスおよびその中に暮らす全ての生命を、今よりもさらに包括的に、さらに慈悲をもって抱擁できるようにしてくれるからである。

それゆえ、もう一度言えば、以下で紹介するさまざまな地図を覚えることは必要ではない。そうではなく、**こうした地図に関わることそのものが、あなたの知性《マインド》と心《ハート》を開くためのエクササイズなのだ。**

次の第7章で、統合的実践そのものにもっと具体的に目を向けることになる。そうした実践を行うことによって、あなたの統合的な基礎能力は、遥かに具体的で、遥かに疑いようのないものへと変容するだろう。

さまざまな世界観

さまざまな世界観を分類しようという試みは、これまで長きにわたって、無数に行なわれてきた。プラトンは、古代ギリシャに存在していたさまざまな哲学に見事な説明を与えた。法相宗《ほっそう》は、唐の時代の中国に存在していたさまざまな宗教体系を分類した。聖トマス・アクィナスは、もっとも影響力をもっていた当時の諸哲学に対して、網羅的な説明を与えた。これはほんの一例にすぎず、他にも多くの名前を挙げることができる。

近代になって、**進化**という見方が認識されるようになると、多くの理論家は、**さまざまな世界観を「発達」という観点から分類し始めるようになった。**

その最初期の分類のひとつとして、実証主義の創始者であるオーギュスト・コントの「三段階の法則」が挙げられる。これは今でも大きな影響力をもっている有名な分類であるが、その主張はこうだ。人間の知的探求は、宗教、形而上学、科学という三つの段階を進んでいき、後ろの段階に進むほど、原始的ではなくなり、正確になっていくのである（なお、幸運なことに、コント自身は一番最後の段階に位置しているとされる。多くの発達理論に共通する問題点とは、大抵の場合、不思議な偶然によって、その理論の提唱者が最も高次の段階に位置づけられていることである。私はよく非難されるが、自分自身でそうした位置づけを行ったことは決してないことを指摘しておきたい）。

こうした発達論的分類のなかでもっとも洗練されているのは、ゲオルク・ヘーゲルのものである。へーゲルの哲学は疑いなく見事なものであり、ヘーゲル自身、自らの哲学は歴史上の主要な全ての世界観に居場所を与えるものだと考えていた（だが、残念なことにヘーゲルは――バートランド・ラッセルが指摘しているように――例えば中国について、その国が存在しているということ以上には何も知らなかった。こうした問題のために、さらに他のもっと微妙な問題のために、ヘーゲルの哲学体系は崩れ去ってしまった。にもかかわらず、その観念論が苦労の中で達成した成果は素晴らしいものであり、称賛すべきものである[2]）。

こうした発達論的-歴史的なモデルを提唱した有名な人物としては、他にも、アダム・スミス、カール・マルクス、ハーバート・スペンサー、オスヴァルト・シュペングラー、アーノルド・J・トインビー、ピティリム・ソローキン、アントニオ・グラムシ、テイヤール・ド・シャルダン、キャロル・キグリー、ユルゲン・ハーバーマス、ゲルハルト・レンスキ、ジャン・ゲブサー、オーロビンド・ゴーシュなどが挙げられる。

もっと最近になると、一部の哲学者たちが、世界観に関するさまざまな「包括モデル」をつくろうと模索し始めた。**人々がどんな世界観を形成しうるのかを、タイプ論〔類型論〕として説明しようとし始めた**のである。

最初期のタイプ論のひとつは、ステファン・C・ペッパーの著書*World Hypotheses: A Study in Evidence*に記されている。ペッパーによれば、人々は4種類の世界観を形成しうる――形相的（formistic）（世界はさまざまな分類《カテゴリー》からなる）、機械的（mechanistic）（世界とは因果関係である）、文脈的（contextual）（世界は関係し合っている）、そして有機体的（organismic）（世界は双方向的に関係し合っている）の四つである。さらに、シュワルツとルセック（前章の「医療への応用」の節でも名前を挙げた）は、ペッパーのモデルに四つの世界観を追加した。潜在的プロセス（implicit process）（世界にはもっと微細なエネルギーや意識が存在している）、循環的因果関係（circular causality）（サイバネティクス的な見方）、創造的展開（creative unfolding）（あるいは「創発的適応」）、そして統合的多様性（integrative diversity）（これら全ての世界観をひとつに統合しようとする）である。[3]

　大きな影響力を及ぼした他のタイプ論としては、社会システム理論を展開したタルコット・パーソンズのものが挙げられる。パーソンズは、さまざまな世界観を整理し、（政治的志向性という点で）互いに連続的な五つの立場へとまとめ上げた。右派の全体改革派《ライト・システミスト》、右派の一部改革派《ライト・マージナリスト》、中道の一部改革派《ミドル・マージナリスト》、左派の一部改革派《レフト・マージナリスト》、左派の全体改革派《レフト・システミスト》の五つである。こうした分類にも確かに有用な面はあるが、実際には、私たちが形成しうる世界観（後で見ていく）のうち、非常に狭い範囲のもの、中程度の発達段階《レベル》に対応するものしか包含されていないのである。

　他にもロバート・ベラーは、また別の角度から分析を行い、アメリカには主に四つの世界観――「共和的」「聖書的」「功利主義的」「自己表現的（ロマン派的）」――が存在していることを発見した。マーク・ガーゾンは六つの世界観――「宗教的」「資本主義的」「反抗的」「メディア的」「ニューエイジ的」「政治的」――を見出した。そしてサミュエル・P・ハンティントンは、世界は九つの文化的世界観ないし文明――「西欧文明」「ラテンアメリカ文明」「アフリカ文明」「イスラム文明」「中国文明」「ヒンドゥー文明」「東方正教会文明」「仏教文明」「日本文明」――が衝突することで動いていると考えている。

とはいえ、こうした分類はどれも、さまざまな世界観に関する「メタ分析」としては優れた例であり、多くの学者たちが有用だと考えてきたものなのだ。実際、こうしたモデルを学ぶことで、私たちが**今よりもっと包括的な文脈を見つけ出し、そのことによって、全ての世界観を多少なりとも尊重できるようになる**（ああ、そこが厄介な点なのだ）ならば、こうした分類は本当に有用なものなのである。

さて、世界（ないし存在）にはさまざまな段階《ウェイブ》が存在するという見方を基礎に置くと、こうした分類とはまた別の種類の索引システムが生み出される。大事な点は、スパイラル・ダイナミクスを用いるのであろうと、存在の大いなる連鎖を用いるのであろうと、レヴィンジャーの自我発達理論を用いるのであろうと、世界観そのものの段階を考えることによって、さまざまな世界観を分類することはもっと簡単になるということだ。そして実際、無数の理論家たちが、こうした分類を行ってきたのである。

少しだけ例を挙げよう。性的-生命力的な世界観（例えばフロイトやベルクソン）は、主にパープルの段階《ミーム》に基づくものである。力の世界観（例えばニーチェ）は、主にレッドの段階に基づくものである。合理的な世界観（例えばデカルト）は、主にオレンジの段階に基づくものである。後-近代的な世界観（例えばデリダやリオタール）は、主にグリーンの段階に基づくものである。自然神秘主義（例えばソロー）は、主にコーラルの段階（すなわち心霊《サイキック》段階）に基づくものである。神性神秘主義（例えばアヴィラの聖テレサ）は、主に微細《サトル》段階に基づくものである。そして無形神秘主義（例えばマイスター・エックハルト）は、主に元因《コーザル》段階に基づくものである[4]。

このように、**存在と認識の諸段階《レベル》が、それに対応してさまざまな世界観を生み出している**というのは、もっともなことに思える。それゆえ、本物の「万物の理論」であれば、その理論の中にこの事実も組み込んでおくのが賢明だろう。

最後にもうひとつ、理解しておいてもらわないといけない点がある。統合的なモデルは、もし本当に統合的であろうとするなら、何らかの形で、こうした主要な世界観の全てが本質的には正しい（たとえ「部分的に正しい」としか言えなくても）のだと言えるものでなければならないということだ。**高次の段階ほど正確な見方を与えてくれるのだから、低次の段階は偽りであり、迷信であり、原始的で無意味な見方であるという話ではない**のである。子どもっぽく思える呪術や、サンタクロースの神話でさえも、ある意味では、正しいと言えなければならない。

なぜなら、それぞれの世界観は単に、その段階《レベル》から世界がどう見えるのかを表しているだけであり、全ての段階が、コスモスにとっての不可欠な構成要素だからである。神話的段階においては、サンタクロースは（あるいはゼウスやアポロンや占星術は）現象学的な真実なのだ。「いや、私たちはもうその段階を超えて進化したのだから、サンタクロースが真実でないことは知っている」と述べることはできない。なぜなら、**もしこの主張が真実であるのなら**――後の段階から見れば、それ以前の全ての段階は単なる原始的な間違いであるのなら――**私たちは、自分自身の見方もまた間違いであると、ただちに認めなければならなくなる**からだ（なぜなら、さらなる進化によって現在の見方は超えられていくから）。リアリティとはひとつの段階《レベル》だけからなっており、他の見方は全て、それに比べると原始的な見方、その正しい見方の不正確なバージョンにすぎないということではないのである。それぞれの段階の見方は、正確な見方であり、低次ではあるが重要な段階《レベル》のリアリティを示してくれている。それらは、ただひとつの正しい段階《レベル》に関する不正確な見方ではないのだ。

このように、**発達という見方は、真理とは入れ子状に包まれたものであり、過去の見方は単なる原始的な迷信ではないということを認識させてくれる**のである[5]。

私はよく質問を受けることがある。

どうしてさまざまな世界観を統合しようとするのか？　さまざまな見方が伝えてくれる豊かな多様性を祝福するだけで十分であり、それらを統合しようとすることは必要ないのではないか？

確かに、多様性を祝福することは素晴らしい活動であり、私もそうした多元主義を心から支持している。だが、**もし私たちが、単に多様性を祝福する段階にとどまるのなら、私たちは究極的には、断片化、疎外、孤立、そして絶望を生み出してしまう**のである。私は私の道を行き、あなたはあなたの道を行く、さあ、離れ離れに飛び立とう――こうした在り方は、多元的相対主義の支配のもとではよく起きたことであり、その結果、あまりにも多くの領域に、後-近代《ポストモダン》の「バベルの塔」が残されることになった。

私たちは、自分たちがさまざまな点で異なっていることを認識するだけでは十分ではない。私たちは、そこからさらに一歩進んで、**自分たちが多くの点で類似していることも認識し始めなくてはならない**。さもなくば、私たちが行き着く先は、全体論的《ホーリズム》な見方ではなく、ただの寄せ集め《ヒーピズム》の見方であろう。

多元的相対主義が与えてくれた豊かな多様性を基本にしながらも、そこから次の一歩を踏み出すことが必要なのだ。多種多様な糸を織り合わせることで、全てをひとつにつなげるホロン型の螺旋《スパイラル》を、互いに深く絡み合ったコスモスの織物をつくり出すことが必要なのである。

要するに、**私たちは、多元的で相対主義的な見方から、普遍的で統合的な見方へと移行しなければならない**。コスモスの基本的形式である「一即多《ワン-イン-ザ-メニィ》」〔多の中の一、多者の中の一者〕＊訳注40を見つけ出そうと、努力を続けなければならないのである。

私は信じているが、これこそ、私たちが統合的ヴィジョンを探し求めるべき理由なのだ。

この試みはやがて完全に成功するだろうか？　決してそんなことはない。

この試みを続けるべきだろうか？　常に続けるべきだ。

なぜか？　なぜなら、「一即多《ワン-イン-ザ-メニィ》」を見つけ出そうという意思によって、私たちの心と頭が、「一即多《ワン-イン-ザ-メニィ》」と同調するようになるからだ。実際、「一即多《ワン-イン-ザ-メニィ》」とはスピリットそのものであり、世界の中で、まばゆいばかりに輝きを放っているのである。

私の考えでは、統合的アプローチこそ、「一即多《ワン-イン-ザ-メニィ》」を表現するためのもっとも有望なアプローチである。なぜなら、これから本章で言及するさまざまな世界観モデルの全てを、明示的に包含し、尊重するものであるからだ。

加えて、先にも述べたように、この統合的な全体像ないし「万物の理論」は、さまざまな世界観を探し出せる索引システムとしても機能する。そのことによって、それぞれの世界観が与えてくれる深遠で特別な贈り物を、正しく尊重しようとするのである。

しかし言うまでもなく、私自身のこうした「万物の理論」も——たとえそれがどれほど真実であった

＊訳注40：One-in-the-Many　「One」や「Many」は著者がプラトンやプロティノス（やホワイトヘッド）の哲学を参照しながらよく用いる表現であり、直訳すれば「多の中の一」ないし「多者の中の一者」である。ただし、ここでは、仏教における「一即多 多即一」（一はすなわち多であり、多はすなわち一である）という表現を踏まえて、「一即多」と訳している。

としても——やがては、未来のもっと優れたヴィジョンに道を譲ることになるのだ。

最近、スイスのダボスで開催されている世界経済フォーラムに、「全象限、全レベル」のアプローチに関するパネリストが何人か招待された。これはおそらく、このアプローチが実務的にも有用であることを示しているのだろう。

ベラーとガーゾンの例

私たちは、**象限**、**レベル**、**ライン**、**タイプ**、**ステート**という見方を用いることで、広大な空間を生み出し、本章で紹介するさまざまな世界観の全てを抱擁できるようになるだろう。これは難しそうなことに聞こえるが、実際には、遥かに簡単なことである。具体的な例を少し挙げてみよう。

世界観を研究している理論家の多くは、どれかひとつの象限に焦点を当てて、その象限における主要な段階《ステージ》ないしタイプとはどんなものであるかを説明しようとする（第3章の図3-6には、単一の象限だけに着目するというこの一般的な傾向の具体例が示されている）。

例えばロバート・ベラーは、左下象限に焦点を当て、この象限における主要な二つの段階《レベル》について説明している。ベラーの述べる「共和的」および「聖書的」な勢力は、神話的-順応的な段階（ブルー）における二つの主要なタイプを表しており、「功利主義的」および「治癒重視的」な勢力は、合理的-自我的な段階（オレンジ）における二つの主要なタイプを表している（「治癒重視的」な勢力の一部はグリーンを構成している）。私の考えでは、ベラーの分析は、左下象限における4種類の「段階《レベル》-タイプ」を社会学的な観点から見事に説明したものであるが、ベラーが提示する解決策は、おそらく、ブルー段階を重要視しすぎていると思う。[6]

一方、マーク・ガーゾンの分析によれば、現代のアメリカには、主に6種類の「信念体系」ないし「国民」が存在している。「宗教的」「資本主義的」「反抗的」「メディア的」「ニューエイジ的」「政治的」

の六つであり、どれも、ほとんど名前から想像される通りの意味である。ガーゾンの分析は、大部分、グリーンの段階《ミーム》（の素晴らしい多元的感受性）に基づいて行われたものであり、これもまた、現代のアメリカに存在している主要な世界観について、見事な現象学的説明を与えてくれるものである（ガーゾンの分類と私のモデルとの対応関係については注釈を参照されたい[7]）。

ただし、注意しておきたいのは、ここで登場する「国民」は全て、第一層に位置する人々であるということだ。第二層の国民、あるいは、第二層の組織が出現してきそうな人口の拠点は、どこにも存在していないのである（ガーゾンの述べる「ニューエイジ的（変容的）」な国民は、そのほとんどが**グリーンとパープルとレッドの複合体**であり、その中で、第二層ないしそれ以後の段階の事柄に積極的に関わっているのは、全くの少数派《マイノリティ》——人口の２パーセント未満——なのである）。

だが、第二層という活動基盤がなければ、ガーゾンが賢明な立場から推奨している「新しい愛国心」も、ところどころで散発的に現れるのが精一杯であろう。

深さという垂直的な視点

タルコット・パーソンズの提唱した分類スキームは、有用なものではあるが、複数の段階《レベル》の存在を考慮しないとどんな限界が生じるのかを教えてくれるものでもある。

パーソンズが提唱した一連の分類（右派の全体改革派《ライト・システミスト》、右派の一部改革派《ライト・マージナリスト》、中道の一部改革派《ミドル・マージナリスト》、左派の一部改革派《レフト・マージナリスト》、左派の全体改革派《レフト・システミスト》）は、合理的段階から見ると、どんなタイプの世界観がありうるのかを示してくれている。言い換えれば、それらは全て合理的な世界観なのだ。この政治的スペクトラムは、合理的段階《レベル》から上下に伸びる垂直的なスペクトラムではなく、**合理的段階の内部での水平的なスペクトラム**なのである。合理的段階の内部に、内面領域の影響力を全面的に信頼している右派の全体改革派《ライト・システミスト》から、外面領域の影響力を全面的に信頼している左派の全体改革派《レフト・システミスト》までが分布しているのだ。

第3章で見たように、意識の各段階《レベル》には、さまざまな水平的タイプが存在している。言い換えれば、〔右派や左派などの〕**政治的志向性とは、各段階《レベル》に位置する個人が利用できるタイプなのである**（それゆえ、あなたはレッド左派であることもレッド右派であることもできる。ブルー左派であることもブルー右派であることも、オレンジ左派であることもオレンジ右派であることもできるのであり……、以下同様である）[8]。

大事な点は、レベルとタイプは、互いに独立した分析軸であるということだ。一方には、垂直的な諸段階《レベル》があり、そしてもう一方には、各段階において利用可能なさまざまなタイプが存在しているのである。

パーソンズの枠組みは、主に、合理的-自我的な段階《レベル》の内部での水平的なタイプ論である。だからこそ、パーソンズの枠組みには、多くの極めて重要な世界観――古代的世界観（ベージュ）、呪術的世界観（パープル）、神話的世界観（レッド、ブルー）――が全く包含されていない（その存在を認識さえされていない）のである。しかし実際には、〔スパイラル・ダイナミクスの調査結果によれば〕**世界人口の最大70パーセントはこれらの段階《ウェイブ》に位置しているのであり、こうした人々全員をパーソンズは除外してしまっている**のだ（言うまでもなく、もっと高次の段階、超-心的《スープラメンタル》で超-個的《トランスパーソナル》な段階である心霊《サイキック》段階、微細《サトル》段階、元因《コーザル》段階も除外されている。この点についてはまた後で述べる）。

もちろん、パーソンズの枠組みに欠けているものは、**深さ（depth）**〔深度〕という垂直的な視点である。これから見ていくように、深さという視点は、本章で紹介する全ての標準的理論家が見落としているものなのだ[9]。

本章で紹介する全ての理論家（イヴリン・アンダーヒルを除く）のモデルは、そのほとんどが合理的段階《レベル》から見たときのモデルであり、そうした視点から見たときの世界観モデルとしては非常に有益なものである。

だが、同じくこれから見ていくように、私たちは、重要だが限界に満ちたこうした視点を、もっと包括的な「全象限、全レベル」の見方によって補完していく必要がある。特に、高次の諸段階を含むことが必要であるし、さらに重要なのは、**もっと初期の発達段階（パープル、レッド、ブルー）をモデルに**

包含するということである。なぜなら、世界人口の大半は、こうした段階の論理によって動いているからである。

フクヤマ『歴史の終わり』

現代の世界情勢についての最も影響力のある分析家《アナリスト》を3人挙げるなら、フランシス・フクヤマ、サミュエル・P・ハンティントン、そしてもっと一般大衆向けの分析家として、トーマス・フリードマンであろう。彼らの主張が異なるのは、それぞれが異なる象限やレベルやラインを重視しているからであると言える。

フクヤマは *The End of History and the Last Man*（邦題『歴史の終わり』）の著者であるが、フクヤマが重視しているのは、合理的-自我的な段階（オレンジ）、および、その段階における自己認知への欲求（マズローの欲求階層理論で言えば自尊心の欲求）である。フクヤマによれば、リベラルな民主主義国家こそ、歴史上の他のどんな体制よりも効果的に、人々が互いを認め合う〔認知し合う〕ことを可能にしたのである。それゆえ、この意味においては、今後、さらなる歴史的な大変化が起こることはあり得ない。西洋のリベラルな在り方こそが、この意味において、歴史に勝利し、歴史を「終わらせた」のである。

フクヤマの主張には、重要な真理も多数含まれている。問題は、**フクヤマの分析は、合理的-自我的な段階《レベル》だけに、あるいは世界中心的で後-慣習的な段階（オレンジとグリーン）だけに有効である**ということだ。

だが、これまで見てきたように、そうした段階に位置するのは世界人口の30パーセント前後にすぎないのである。さらに言えば、**世界中の全ての人は——たとえ合理的でリベラルで後-慣習的な国に生まれたとしても——生まれたときには段階1（古代的段階、ベージュ）に位置するのであり、そこから発達の螺旋《スパイラル》を歩んでいかなければならない**のだ。そして、五つか六つの段階を通り抜けてようやく、後-慣習的な意識（オレンジ）に到達するのである。

だが、**後-慣習的な意識にまで実際に到達するのは、世界の人口の3分の1にも満たない**（それは四つの象限の全てにおいてさまざまな障害が存在しているためである）のであり、それ以外の人々（すなわち世界の人口のおよそ70パーセント）は、合理的-自我的な段階に対するフクヤマの愛に共感することもなければ、そもそも合理的段階の存在を認識することさえないだろう。そしてその代わりに、古代的段階や呪術的段階や神話的段階におけるさまざまなリアリティを愛するのである。

まとめると、フクヤマの分析は、左側象限におけるオレンジの段階《ミーム》と、右下象限におけるリベラルな民主主義や資本主義経済を重視するものであるが、**世界の人口の大多数を構成しているオレンジ以前の発達段階については、置き去りにしてしまっている**のである。

ハンティントン『文明の衝突』

そしてこの点こそ、サミュエル・P・ハンティントンの分析が、非常に役に立つところなのだ。なぜなら、世界中心的な段階、後-慣習的な段階、あるいは**オレンジとグリーンの段階《ミーム》の「下」には、自民族中心的な文明（私たち自身の文明を含む）という故郷《ルーツ》ないし土台がさまざまな形で広がっている**からである。こうした自民族中心的な文明の中には、多くの場合、世界中心的な理想が存在しているが、にもかかわらず、人口の大半はパープルやレッドやブルーの発達段階に意識の重心を置いているのだ。

ハンティントンの分析によれば、世界には9種類の巨大な**文明圏**が存在している。「西欧文明」「ラテンアメリカ文明」「アフリカ文明」「イスラム文明」「中国文明」「ヒンドゥー文明」「東方正教会文明」「仏教文明」「日本文明」の九つである（図6-1を参照）。これらの文明（文明圏）は、いわば人類の文化を構成する水平的なプレート〔岩盤〕なのであり、ちょうどさまざまな地質学的プレートが大地を動かしているように、人類のさまざまな文化を動かしているのである。それゆえ、こうした個々の文明の特性を考慮に入れることは絶対的に不可欠なことなのだ。

ハンティントンが説得力をもって論じているように、こうした文化的プレートこそ、国際政治や貿易、戦争や外交の在り方を方向づけている最大の要因のひとつなのである[10]。

図6-1●さまざまな文明圏

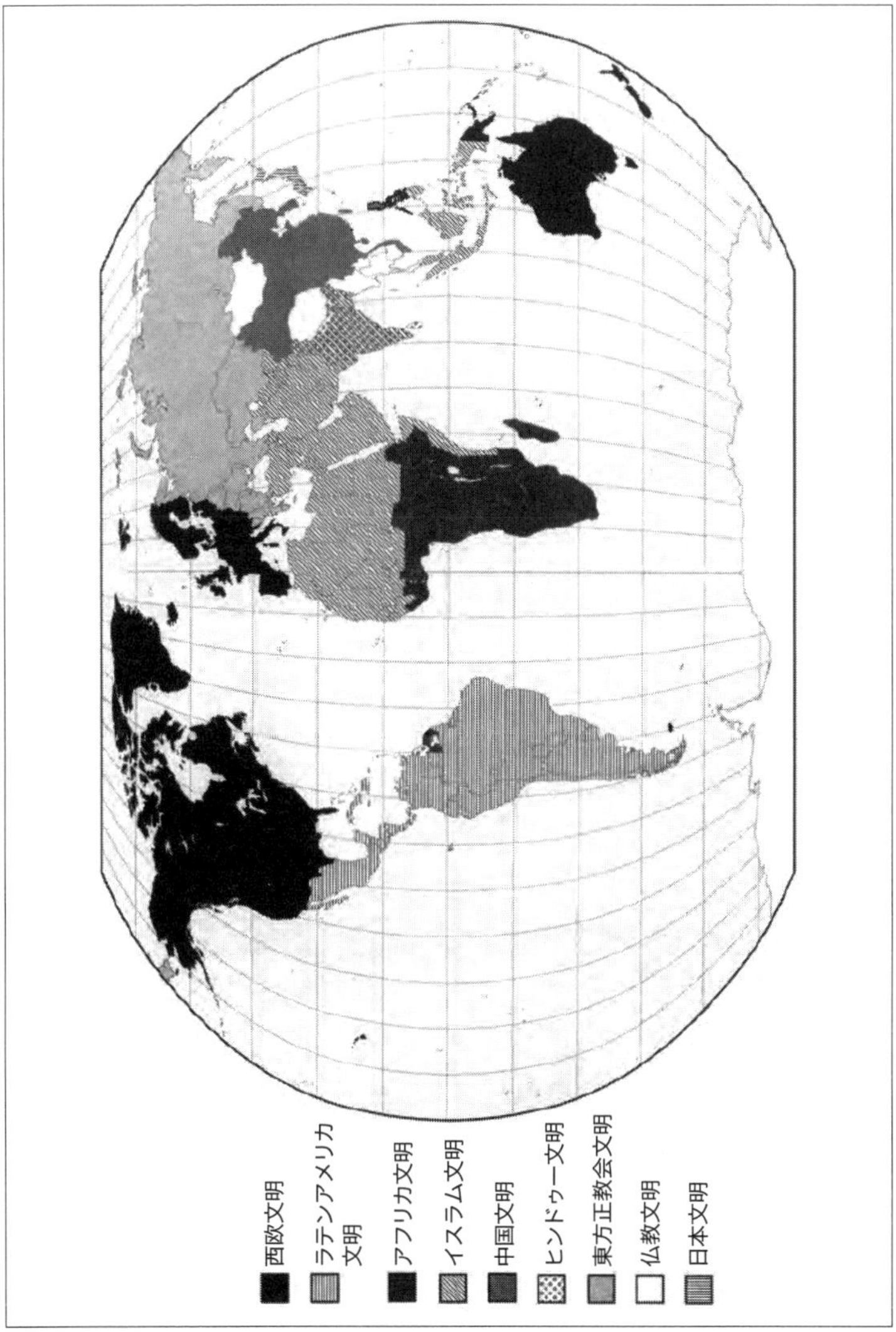

（ハンティントン『文明の衝突』より）

ハンティントンは文明という言葉をかなり広い意味で用いているが、これから見ていくように、ハンティントンが特に焦点を当てているのは左下象限の内容、すなわち、私たちが**文化**と名づけている領域である[11]。加えて、ハンティントンの提言は、ブルーの段階《ミーム》ないし保守的-共和的な立場をかなり重要視したものになっている。

（とはいえ、こうした在り方を重要視することは、多くのリベラル派が考えているほどには必ずしも悪いことではない。世界の人口の70パーセントはブルーないしそれ以前の段階にあることを思い出そう。だとすれば、郷に入りては郷に従うほうがよいかもしれない……。さらに言えば、先にも述べたように、保守派は多くの場合、リベラル派よりも、内面領域においては遥かに現実的で遥かに信頼に足る判断能力をもっている。なぜかと言えば、保守派は内面領域の要因を認識しており、ブルー段階までの内面の諸段階も認識しているからだ。一方、リベラル派は大抵、そうした内面領域の存在を全く認めようとしない。そのために、いわば何も見えない状態で内面領域を通り抜け、外面領域の変化だけを要求し続けるのである）

さて、人類の歴史のほとんどにおいて、左側象限と右側象限はおおよそ同じ速度で発展してきた。左下象限においては、古代的段階（ベージュ）から呪術的段階（パープル）、神話的段階（レッドやブルー）、そして合理的段階（オレンジ）への進化が起きたが、それと並行するように、右下象限においても、狩猟採集的、鍬《くわ》農業的、農耕的、そして産業的な社会への発展が進んだのである（図4-4を参照）。呪術的な世界観は鍬農業的な社会システムとともに発展し、神話的な世界観は農耕的な社会システムとともに発展し、合理的な世界観は産業的な社会システムとともに発展してきた……という具合である。だが、近代的な在り方（合理的-産業的段階）が広まるようになると、経済のグローバル化が進行し、そのために、極端な**段階横断《クロスレベル》的現象**が起きうるようになった。例えば、部族的な文化でさえも、合理的-産業的な段階の科学技術を利用できるようになったのである。

　そして多くの場合、結果は恐ろしいものであった。もっと言えば、こうした段階横断《クロスレベル》的現象は、特定の文化の内部でも起こりうるものである。例えば、アウシュヴィッツ強制収容所は、**合理的段階の技術力（オレンジ）が前-合理的で自民族中心的な攻撃性（レッドおよびブルー）によって利用された**ことで、生み出されたものである。さらに今日では、ほとんど全ての部族的集団や封建的体制が、核兵器や化学兵器や生物兵器を入手しうるようになっている。歴史的に見れば、これらの兵器は、そうした勢力が自力では決して製造できなかったものなのだ。その結果、文字通り、今にも爆発しそうな状況が生まれている。

　前章で述べた通り、右側象限のものは全て物質的であるために、こうした物質的人工物（さまざまな科学技術から核兵器に至るまで）はどれも、ほぼ全ての内面的段階《レベル》に位置する個人にとって――たとえ自分自身ではそうした技術を決して生み出せないとしても――利用できてしまうのである。こうした事態が示しているのは、現代の国際政治を考えるうえで、象限やレベルやラインの視点に基づく段階横断《クロスレベル》的分析が、絶対的に、間違いなく必要であるということだ。こうした分析を行えないモデルは、滅びる運命にあるだろう（この点にはまた後で戻ってくる）。

本質的な論点は単純明快だ。

こうしたさまざまな文明を見ればわかるように、**発達とは、ある程度は、ピラミッド型の人口分布を示す**ものだということである——高次の段階《レベル》になればなるほど、その段階に到達している個人の数は減少していくのだ。言い換えれば、何度も述べているように、世界の人口の大半は、初期の基礎的な段階（パープル、レッド、ブルーなど）に位置しているのである。

これは善悪の話ではない。なぜなら、どの文化においても、全ての段階が必要不可欠な役割を果たしているのであり、こうした土台がなければ、さらなる発達を遂げることはできないからである。先にも述べたように、どんな「高次」の文化に生まれた人間も、最初は段階1に位置するのであり、そこから、大いなる発達を始めていかなければならないのだ。

それゆえ、**私たちが実行すべき最優先指令《プライム・ディレクティブ》とは、自らの最良の判断力をもって、発達の螺旋《スパイラル》全体の健全さを維持し向上させるための行動を起こすことであり、自分の好きな段階《ウェイブ》に不当な特権を与えることではない**のだ。

こういうわけで、新しい「レアルポリティーク」〔現実政治〕は、発達の螺旋《スパイラル》全体を視野に入れながらも、同時に、人口の大半が前-慣習的段階（パープルやレッド）や慣習的段階（ブルー）にとどまり続けるということも考慮するものになるだろう。世界人口の大半は自己中心的ないし自民族中心的な段階に位置しているのであり、（ハンティントンが言うように）こうした自民族中心的な諸文明が、世界の動向に非常に大きな影響を与えているのである。もちろん、世界はこうした要因だけで動いているわけではないが、非常に大きな要因であることは確かなのだ。

第1章で述べたように、ベックとコーワンによれば、世界の人口の10パーセントがパープルの段階に、20パーセントがレッドの段階に、40パーセントがブルーの段階に位置している。要するに、世界の70パーセント前後の人々は、自民族中心的段階ないしそれ以前の段階に、意識の重心を置いているのだ。これは人類のかなり多くの部分である。

さらに、ここからもうひとつ言えるのは、世界の人口のおよそ70パーセントは、フクヤマの分析が有効となる段階《レベル》に到達していないということである（もし、世界の人口のほぼ１００パーセントが、一生のうちにオレンジの段階に到達すると見込まれる時代がやってきたなら、そのときには確かに、フクヤマの基準からすれば「歴史の終わり」かもしれない。だが、仮にそうなるとしても、それは１００年後か２００年後の出来事であろう。加えて、オレンジの後には、グリーン、イエロー、ターコイズ、コーラル……と段階が続いている。残念なことに、どうやら、歴史には終わりがないように思われるのだ……）。

垂直的視点と水平的視点

ハンティントンの分析は見事なものであり、ある程度までは有用なものであるが、残念なことに、その大部分は、水平的なリアリティだけを扱ったものである。ハンティントンは、世界にはさまざまな巨大文明圏が存在し、それぞれの文明圏が非常に重要な役割を担っていることを認識している。しかし、こうした各文明圏の中に、いわば極めて重大な**考古学的地層**が、すなわち、発達の諸段階という垂直的な要因（パープル、レッド、ブルー、オレンジ、グリーン、イエローなど）が存在していることを、認識していないのだ。言い換えれば、ハンティントンの分析は、現代世界の非常にリアルな姿を伝えてくれるのだが、その見方はあくまで表層的なものであり、発達という深い視点から、各文明圏がどんな基礎構造をもっているのかを考察しているものではないのである。ハンティントンの水平的な分析に、**垂直的な次元を付け加える**ことによって——さまざまな水平的プレートに着目するだけでなく、各プレートの中にある考古学的地層にも目を向けることによって——私たちは、今より遥かに統合的な視野を得ることができるだろう。そしてその視野によって、今よりもっと健全な政治的判断を行えるようになるのだ。

それでは、もし「全象限、全レベル」のアプローチであれば、どんな分析を行いうるのだろうか。その例をいくつか示そう。

図6-2は、ドン・ベックとグレアム・リンスコットの著書*The Crucible: Forging South Africa's Future*から引用した図である。この図には、アメリカ合衆国、ヨーロッパ、サブサハラアフリカ（サハラ以南のアフリカ）、そして南アフリカ共和国に暮らす成人の発達段階の分布状況が示されている。ハンティントンの水平的な分析に、こうした種類の垂直的な分析を付け加えることによって、私たちは、3次元的で統合的な索引システムを手にすることができる。

そしてこの統合的な索引システムを用いることで、さまざまな人口集団の中で実際に――例えば政治的に、軍事的に、文化的に――何が起こっているのかということを、もっと的確に探し出せるようになるのである。

（ベックはこれまでに、南アフリカ共和国を60回以上訪れており、アパルトヘイト制度を実際に撤廃させた人々とも共に活動を行っていた。リベラル派

図6-2●価値システムのモザイク

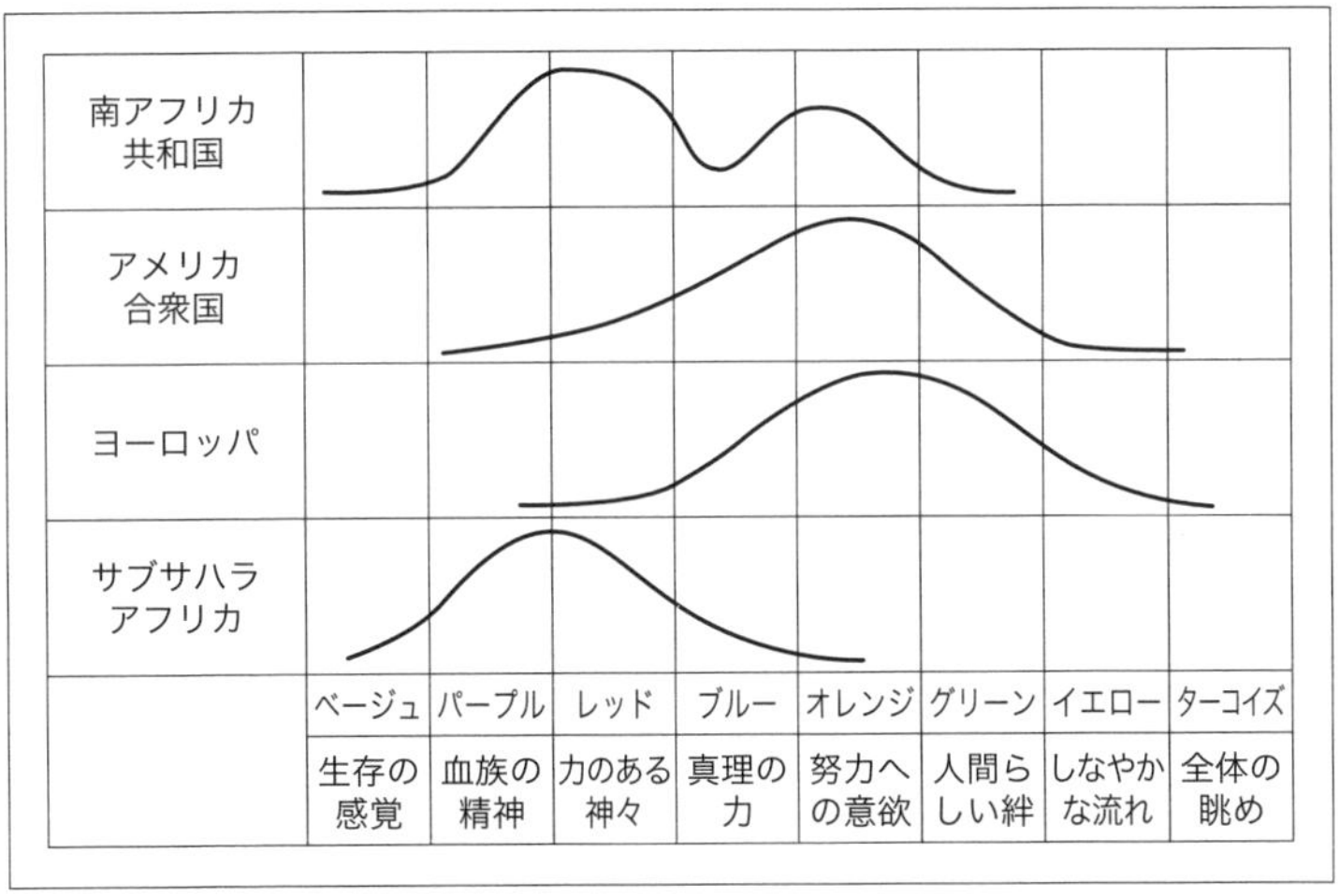

（Don Beck and Graham Linscott, The Crucible: Forging South Africa's Futureより）

は、大抵の場合、「段階《ステージ》」や「レベル」といった見方は抑圧的であり、弱者を周縁化するものであると主張する。だが、実際にはそうした批判は、段階という概念を不適切に使用した場合にしか当てはまらない。それは、どのみち他者を抑圧しようとしている人々が、段階という概念を悪用した場合のことにすぎないのであって、そうした抑圧は、段階という階層的な見方を用いて行うこともできれば、ポリティカル・コレクトネスのような非‐階層的な見方を用いて行うこともできるのである。ベックが根気強く伝え続けてきたことは、段階という概念を正しく利用することによって、人々が、人種に関する固定観念《ステレオタイプ》から自由になりやすくなるということだ。「黒人と白人がいるのではない。パープルの人々、ブルーの人々、オレンジの人々、グリーンの人々がいるのである」。ベックが、ネルソン・マンデラからも、ズールー族の長であるマンゴスツ・ブテレジからも、その革新的な取り組みを称賛されていたことは驚くには値しない）

図6‐2から、ただちに、いくつかのことがわかる。

ヨーロッパとアメリカ合衆国は、**オレンジ段階に文化の重心を置いているが、ブルーとグリーンにも大きな勢力を抱えている**（実際、いわゆる「文化戦争《カルチャー・ウォー》」の大半は、ブルーの保守派とグリーンのリベラル派が闘争することで生じている）。サブサハラアフリカでは今なお、**パープルやレッドの部族的意識**が中心的な勢力である。そして北アフリカと中東の大半では、**ブルーの家父長制と封建的体制**が優位を占めている（その大部分は、コーランの中の狭い宗教《ナロー・リリジョン》の側面に基礎を置くものである）。このように、ハンティントンの提示する水平的な諸文明には、実際には、段階という垂直的な構造が含まれているのであり、水平と垂直の両方の視点を考慮に入れることは、必要不可欠なことなのだ。

　南アフリカ共和国は、特に困難な状況に立たされていた。なぜなら、文明間の水平的な衝突（ヨーロッパ型の文明、対、サブサハラアフリカ型の文明）と、段階《ミーム》間の垂直的な衝突（パープル&レッド、対、ブルー&オレンジ）の両方が同時に起きていたからだ。アパルトヘイト政策そのものは、ブルー段階における典型的な方針である（西洋であれ東洋であれ、支配型の階層構造《ドミネーター・ヒエラルキー》に基づく社会階層が存在しているのは、ほとんど全て、ブルー段階の社会、神話的-順応的な社会である）。そしてこのブルーの基礎の上に、南アフリカ共和国の白人たちは、オレンジの資本主義的国家をつくり上げたのだった。それゆえ、アパルトヘイト制度が突然に廃止されたことで、南アフリカ共和国は、混乱の中へと投げ出されてしまったのである。もちろん、アパルトヘイト制度は撤廃すべきものである。しかし南アフリカ共和国は、もう少し時間をかけて、**ヨーロッパ型のブルーの構造ではなく、自分たち自身のブルーの構造を成長させていく必要があった**のだ。

　ベックは今でも、南アフリカ共和国のリーダーたちと近い関係にあるが、このプロセスは、たどたどしく、断続的に、困難を抱えながら、進んでいるところだと言う（そしてこのプロセスは、グリーンのリベラル派からの支援を受けられないでいる。なぜなら、一般にグリーンのリベラル派は、内面的な発達段階の存在を認識しておらず、全てのブルーは解体されるべきであると単純に考えているからである。だが、実際にはこうした態度は、発達の螺旋《スパイラル》全体を壊してしまうのである）。

　同じように、**世界における非常に厄介な状況の多くは、文明間の衝突（水平的要因）と段階《ミーム》間の闘争**

（垂直的要因）という両方の要因が重なって引き起こされたものである。例えば、ベトナムでの終わりなき泥沼は、異なる二つの文明（中国型の文明、対、西欧型の文明）が、複数の発達段階（レッド&ブルー、対、オレンジ&グリーン）において衝突したことで引き起こされたものだ。その結果、法人型国家であるアメリカが、古代国家と封建的帝国が生み出す泥沼の中に足を突っ込むことになったのである。

セルビアでの紛争は、全くの悪夢である。少なくとも三つの文明圏（東方正教会文明、イスラム文明、西欧文明）が、少なくとも四つの発達段階（パープルの部族、レッドの封建的帝国、ブルーの古代国家、オレンジとグリーンの近代国家）において、武力衝突を起こしているからだ。スロボダン・ミロシェヴィッチは、セルビアというブルーの古代国家を支配し、レッドの民族浄化、強姦、拷問などを引き起こしている。グリーンのリベラル派（感受性《センシティブ》豊かな自己）であるビル・クリントンとトニー・ブレアは、グリーンの人権を守ろうとして介入を行っているが、ブルーの国家であるロシアや中国やイランには、まともに耳を傾けてもらえないでいる。そしてこうしたブルーの国家は、クリントンとブレアを本物の戦犯であると考えているのだ（それはブルー段階の構造からすれば、全く理解できることである）。この地域において、本質的なことは何も変化していない。さまざまな文明《プレート》とさまざまな段階《ミーム》が、恐ろしいほど不安定な形でせめぎ合っており、次の「地震」はいつ起きてもおかしくないのである。*訳注41

垂直的な発達段階《ウェイブ》が重要な役割を担っていることは、ドイツの再統一を見れば、もっとよくわかる。ドイツ人は同じ文明圏に属しており、同じ遺伝子プールをもち、大部分は、同じ歴史を共有している。だが、冷戦中のさまざまな出来事によって、東ドイツは、マルクス主義に基づく原理主義的な国家権力

＊訳注41：諸文明と諸段階の衝突という点について、例えばエルザ・S・マアルーフは、スパイラル・ダイナミクスのモデルを中東のさまざまな問題に応用し、イエロー段階の「機能的民主主義」を提唱している。詳細は*Emerge!：The Rise of Functional Democracy and the Future of the Middle East*を参照。

に支配されるようになった。本質的に言って、それはブルーの古代国家であり、一党による支配と、国家への従順な態度を前提とするものであった。一方、西ドイツは発達を続け、オレンジの法人型国家へと成長し、さらにはグリーンの勢力も生まれてきた。それゆえ、ドイツの再統一とは、何よりも、全く異なる二つの発達段階（ブルー、対、オレンジ＆グリーン）をどのように織り合わせるかという問題なのである。もちろん、両ドイツの背景には、第二次世界大戦における狂気の記憶が潜んでいる——オレンジの強力な科学技術を用いて、パープルやレッドの論理に基づく民族浄化と大虐殺《ホロコースト》を実行したことである。それは、近代の出現によって可能になった段階横断的《クロスレベル》な悪夢であった。いずれにせよ、ドイツの再統一の難しさは、文明間の水平的衝突によるものではなく、段階間《ミーム》の垂直的衝突によるものなのである。

同じことが、ロシア（ソ連）についても言える。ソ連は表向きは近代国家であったが、その本質的な構造はむしろブルーの古代国家であり、全体主義的な規則、一党による支配、指令による計画経済、集団主義的な理想などがその基礎にあった。そしてこうした体制のもとでは、オレンジの段階《ミーム》、すなわち、個人の自主性《イニシアチブ》に基づく資本主義的な市場は、発展することができない。そのため、市場経済に似たものが突然導入されても、近代国家へと発達していくことはなかったのである。その代わり、多くの面で、レッドの封建的帝国へと退行してしまった。さまざまなギャング集団や犯罪的軍事勢力やロシアンマフィアがはびこり、市場の大部分を支配することになったのである。加えて、右下象限の社会構造にも欠陥があるために、近代国家へと発達していくための苦闘は、今なお続いている。言うまでもなく、この段階では、グリーンの人権などはもっとも関心を引かない話題である。

同じような発達論的苦闘が、中国本土でも起こりつつある。ブルーの古代国家が、オレンジの近代国家へと向かって、少しずつ、断続的にではあるが、変化しているのである。一般的に言えば、グリーンの人権を主要な課題として設定しても、こうした発達を支えることにはならない。実際、ブルーの国家は、グリーンの人権がブルーの社会構造を徐々に破壊していくということを、（正しくも）直観的に認識している。そうなれば、中国にとっては大惨事なのだ。**オレンジの基礎構造《インフラストラクチャー》——中流階級の成長、科学技術の発達、客観的に定義できる人権の尊重、個人の自主性《イニシアチブ》の解放など——が社会に定着し始めてようやく、グリーンの人権は意味をもつようになり、人々の心に訴えかけるものになる。**たとえブルーの国家がグリーンの多元主義に一挙に移行することを望んだとしても、構造的に、それは不可能なのだ。それゆえ、グリーンの立場から見た問題をしつこく追及しても、偏執的な反対意見を増やしてしまうだけなのである。

そしてこうした例は全て、文明に関する重要な事実を伝えてくれている——**外面的な発達は、それに対応する内面的な発達がなければ、持続可能な形で実現することはできない**のだ。これは、内面が外面よりも重要だということではなく（その逆でもなく）、内面と外面は浮き沈みを共にするという意味である。「全象限、全レベル」の分析は、私たちに、こうした根源的問題に立ち向かうための手がかりを与えてくれるのである。

意地悪なグリーンのミーム

ハンティントンの分析には深さという垂直的な視点が含まれていないが、それでも、その分析は素晴らしいものであり、水平的な文明圏の存在こそが、国際政治や貿易、文化交流や戦争の在り方を方向づけているもっとも重要な要因のひとつだということを伝えてくれている。ハンティントンの分析全体が示しているのは、世界の人口の大半は自民族中心的な段階にあり、おそらく、これからもずっと（これまで数千年間そうであったように）そうであるだろうということだ。

とはいえ、これは、世界中心的な文化が出現しえないという意味ではない（実際、ハンティントン自身、そうした文化が出現しつつある証拠は既にあると述べている）。そうではなく、**各文明圏の「重心」は今なお自民族中心的段階にある**ということであり、そしてまた、発達の人口分布はピラミッド型になりがちであることを踏まえると、**これからも常に、自民族中心的な勢力が個人と文化の意識に強大な**（そして多くの場合、支配的な）**影響を与え続ける**だろうということなのである。

ハンティントンはその後、いくつかの政策を提言している。疑いなく言えるのは、ハンティントンの提言はどれもブルーの段階《ミーム》（世界に対する共和的-保守的な見方）を重要視したものだということだ。そしてこうした見方は、多くの場合、リベラル派を激怒させることになる。なぜなら、多様性、多文化主義、感受性といったリベラル派の公式目標を侵害するものであるからだ。

しかしもう一度言えば、フクヤマの分析が示しているように、リベラル派グリーンの分析が当てはまるのは、世界の人口のほんの一部にすぎない。実際、ベックとコーワンの研究によれば、グリーンの段階に位置するのは、世界の人口の10パーセントにも満たないのである（しかも、その中のほとんどの人間は、西欧文明圏に暮らしてしている。この事実は、西欧文明圏以外のものなら何でも支持するグリーンの多文化主義者にとっては、非常に耳の痛いことである）。

さらに言えば、世界の残りの人口がグリーンの段階に到達するためには、一人ひとりが、パープルからレッド、ブルー、そしてオレンジへと発達を進めていかなければならない。

ベックとコーワンが、そしてほとんど全ての発達研究者が常に強調しているように、ブルーの段階《ミーム》（この段階を指す名前は研究者によってさまざまである）は、もっと高次の諸段階（グリーンを含む）が出現するためには絶対に必要不可欠なのである。しかしグリーンは、ブルーの段階を見つけたときにはいつも、全力で、ほとんどあらゆる手を使って、ブルーを破壊しようとする。スパイラル・ダイナミクスの表現を借りれば、**「グリーンはブルーを解体してしまう」**のだ。そしてそれゆえに、ベック自身が述べているように、「グリーンは過去30年間、他のどの段階《ミーム》よりも多くの害をもたらしてきた」のである。

とはいえ、**グリーンの主張が間違っているわけではない。ただ単に、時期《タイミング》が非常に悪いのである。**現在の世界は――そして現在のアメリカの大部分は――グリーンの多元主義を身につけるための準備をまだ整えていないのだ。もっと言えば、ハンティントンが正しく指摘しているように、人類の歴史上、多元主義的な目標を掲げた文明は、全て滅びてしまったのである。

しかしそれは、（ハンティントンが考えているように）多元主義的な文明が決して存続できないからではない。そうではなく、ただ、人口の10パーセント以上がグリーンの段階に到達するまでは、文化の重心はグリーン以前の段階にあるのであり、それゆえ、多元主義と多文化主義を全ての人に無理やり押しつけようとする文化は、「脱構築」などと言う前に、内側から崩れ去ってしまうからなのだ。これこそ、ベックが「グリーンのもたらした害は、しばしば、その善よりも大きい」と言うときに意味していることなのであり、ハンティントンも痛烈に批判している点なのである。

しかし、ベックとハンティントンの主張には非常に大きな相違点がある。

ベックの分析は、グリーン以後の立場に基づくものであり、最優先指令《プライム・ディレクティブ》に従うものである。要するに、そこには、**グリーンがブルーを解体してしまうと、発達の螺旋《スパイラル》全体が壊れてしまうという認識がある。**ブルーがなければ、パープルやレッドがさらに発達していくことは絶対に不可能なのだ。なぜなら、ブルーという基盤こそが、パープルやレッドの次なる発達を受け入れることができるからである。こうして、グリーンは国内外を問わず、人類の発達の螺旋《スパイラル》に対して恐ろしいほどの損害を与えており、自らがもたらしてきた多くの善を帳消しにしてしまっているのだ。最優先指令《プライム・ディレクティブ》とは、全ての段階《ミーム》（ブルーもグリーンも）が螺旋《スパイラル》全体にとって必要であることを認識するということ、そしてその認識をもとに、全ての段階《ミーム》がその独自かつ不可欠の贈り物によって螺旋《スパイラル》全体の健全さに寄与できるように、状況を整えるということなのである。

他方で、ハンティントンは、グリーンに対して、グリーン以前の立場から攻撃を加えている。**グリーンが嫌いだから、ブルーを擁護する**のである（もっとも、ハンティントンは、一つひとつの文明圏が重要な役割を担っており、正当な存在であるという見方——言うなれば「国際的多元主義」とでも呼ぶべき見方——を攻撃しているわけではない。実際、ハンティントンは、こうした意味での国際的多元主義を強く支持している。ハンティントンが攻撃しているのは、アメリカにおける多文化主義であり、こうした多文化主義によって社会の必要不可欠な土台が解体されつつあると感じているのである）。そしてこうした態度のために、リベラル派の多くは、ハンティントンの重要な論点を完全に無視している。

だが、たとえハンティントンの提言がかなりブルーのものであったとしても、多くの場合、私たちはそこ（健全なブルーの基盤を回復すること）から始めなければならないのである。

グリーンは、意図的であろうとなかろうと、国内外においてブルーの基礎構造《インフラストラクチャー》に損害を与えてきたのであり、その修復作業は賢明に行なう必要がある（私たちは、ジョージ・W・ブッシュの言う「相手にあまり期待しないという穏やかな偏見」を克服する必要があるのだ）。

ブルーとオレンジの頑丈な土台があってこそ、グリーンの理想を打ち立てることができる。ブルーとオレンジが存在しなければ、グリーンも存在できない。それゆえ、グリーンがブルーとオレンジを攻撃することは、全くの自殺行為なのだ。

高度な発達を遂げた後-形式操作的なグリーンの段階《ウェイブ》が「多文化主義運動」を推進すればするほど、実際には、他の段階に対して、グリーンへと発達しないように仕向けることになる。グリーンは、成功すればするほど、自分自身を破壊してしまうのである。

ゆえに、**グリーンにとって、本当に自分たちのためになることとは、最優先指令《プライム・ディレクティブ》に従って、螺旋《スパイラル》全体の健全さを高めるための行動を起こすことなのだ。**そうすることなく、秩序重視型左派《オーダー・レフト》の指令に基づいて全ての人に感受性豊かな人間になれと命じても、逆の効果を生み出してしまうだけなのである。

現在、グリーンの段階《ミーム》は、アメリカの人口のおよそ20パーセントを構成しており、ポール・レイが（紛らわしいことに）「統合的文化」と名づけた文化の中核をなしているが、こうした人々こそ、第二層の意識、本物の統合的意識へと移行する準備を整えているのである。これまで何十年間にもわたり、グリーンの段階《ミーム》は、学問の世界《アカデミア》を、文化的エリートの世界を、そしてリベラル派の政治の大部分を主導してきた。しかし今や、グリーンは、あらゆる側面において疑問を投げかけられている（例えば、自己矛盾を内在させていること、政治的行動に失敗してきたこと、ポリティカル・コレクトネスという名の思想警察によって厳格な不寛容の態度を示していること、どんな主張にも優劣はないという自分たちの主張だけは他の主張よりも優れていると考えていること、極端な後-近代主義に基づくニヒリズムとナルシシズムに陥っていること、ホロン階層《ホラーキー》という見方を攻撃的なまでに周縁化《マージナライズ》していること、統合的なヴィジョンが欠如していることなどが批判の対象となる）。

どんな段階《ミーム》にも言えることだが、ある段階が覇権を失い始めると、多くの場合、その段階のいわば「異端審問官」が現れて、変化を敵視する好戦的な自己防衛活動が始まることになる。特にグリーンの段階におけるこうした在り方を、私は**「意地悪なグリーンのミーム」**（mean green meme）と呼んでいる（これはベビーブーム世代の病《ブーマライティス》の本拠地でもある）。

そして現在、**ベビーブーム世代の病《ブーマライティス》と意地悪なグリーンのミーム《ミーン・グリーン・ミーム》こそ、真に統合的で包括的なアプローチの出現を妨げている最大の障害のひとつ**なのである。

今後10年ないし20年で、意地悪なグリーンのミーム《ミーン・グリーン・ミーム》の覇権は（健全なグリーン段階に見られるさまざまな望ましい役割は残しながら）崩れ去るのだろうか？　それとも、その支持者たちが死滅するまで、痛ましく続いていくのだろうか？　それはこれから決まることである（もっとも、過去の歴史が何らかの判断基準になるのであれば、後者の可能性のほうが高いが）。

にもかかわらず、確かなことは、多くの人々がグリーン段階に進めば進むほど、多くの人々が第二層へ跳躍する準備を整えるということだ。そして、私たちはこうした**第二層の意識においてこそ、世界の諸問題に対する真に統合的なアプローチを、正確に認識し、実行していくことができる**のである。

世界文明

ハンティントンは、自らのブルーの議論を終えるにあたって、後-慣習的で世界中心的な「世界文明」（World Civilization）が出現しつつあることを認めている。この「世界文明」は、今まさにゆっくりと現れ始めたところであるが、単にオレンジやグリーンの傾向があるだけなく、第二層の統合的な段階《ウェイブ》とはどんなものでありうるかを、直観的に認識し始めているものでもある——言い換えれば、それは統合的な世界文明なのだ。ハンティントンの提言は統合的段階に基づくものではないが、統合的な段階が存在すること、しかも世界が少しずつながらも統合的な方向に動きつつあることを認識しているものである。

ハンティントンの指摘によれば、**「普遍主義《ユニバーサリズム》」と呼ばれているものの多くは、実際には「帝国主義」であるにすぎない**。すなわち、ひとつの文明（例えば西欧文明）が、自らの価値観を他の文明に押しつけようとしているにすぎないのである。こうした種類の普遍主義は、ハンティントンも私も否定しているものだ。

その代わりに、ハンティントンは、「共通の性質《コモナリティ》」に基づく普遍主義を主張する。それは、**さまざまな文化に含まれる大切な差異を認識し尊重しながらも、同時に、この小さな惑星に暮らす同じ人間として共通している性質も大事にしようとする態度**である。これは、いわば健全な普遍主義であり、私もこの立場には強く同意する（私はこの立場を「多様性の中の統一性」「普遍的多元主義」「多からなる一《ユニタス・マルチプレックス》」

普遍的で統合的な見方」などといった言葉でも表現している）。

ハンティントンは言う。

「この多文明的な世界において、我々が進むべき建設的な道筋とは、普遍主義《ユニバーサリズム》を捨て去り、多様性《ダイバーシティ》を受容し、そして共通《コモナリティ》の性質を探し出すことなのである」

この点において、私はハンティントンと全く同じ意見である。

健全な普遍主義《ユニバーサリズム》と世界文明に関して、ハンティントンは次のように結論づけている。

「もし仮にも人類が、普遍的文明を生み出すことができるのならば、そうした文明は、自分たちの共通《コモナリティ》の性質を探求し、拡大していくことによって、徐々に現れてくるものであるだろう。それゆえ、必要なことは、全ての文明に暮らす人々が、自分たちが他の文明の人々とどんな価値や制度や実践を共有しているのかを探求し、そしてそれらを拡大していくということなのである」

私もこの考えは正しいと思う。

続けてハンティントンは、問題の核心に入っていく。どのようにして、自民族中心的な段階（ブルー）から世界中心的な段階（そして統合的段階）へと変容していくのかという問題である。

「こうした努力によって、諸文明の衝突を緩和できるだけでなく、『世界文明』を強固なものにしていくことができるだろう。そしておそらく、この『世界文明』は、高次の段階の道徳、宗教、学問、哲学、科学技術、物質的福祉などを、複雑に混ぜ合わせたものになると思われるのだ」

言い換えれば、さまざまなライン（例えば道徳のライン、宗教のライン、学問のライン）は、さまざまな段階《レベル》（例えばパープル、レッド、ブルー、オレンジ、グリーン）を通って発達していくものなのであり、こうしたさまざまなラインが高次の発達段階《レベル》に到達すればするほど、世界文明が出現する可能性は高まるということである。なぜなら、そのとき、一つひとつの文明《プレート》が、自己中心的段階から自民族中心的段階、そして世界中心的段階へと移行していくことになるからである。ハンティントンの分析が思い出させてくれるのは、世界の人口の大半は今なお自民族中心的段階に位置しているということであり、これからのレアルポリティーク〔現実政治〕は——もし世界中心的な未来を本当に実現したいと思っているのならば——この事実を考慮に入れるべきだということである。

同時に言えることは、この世界中心的な「世界文明」は、画一的に、帝国主義的に、全てを均質化するものではないということだ。そうではなく、「多様性の中の統一性」を豊かに織り合わせるもの、**多様性と統一性の両方を等しく重視する**ものなのである。この「世界文明」は、自民族中心的な多様性だけを支持するということはしない。なぜなら、そうした態度こそが、あらゆる恐怖——断片化、疎外、戦争など——を引き起こしてきたからである。この点は、ハンティントンが膨大な例を挙げて論じているところでもある。

最後にハンティントンは、極めて重要な問いを投げかけている。この問いは、著書全体を方向づけているものである。

「どうすれば我々は、文明の発展におけるさまざまな浮き沈みを、ひとつの地図にまとめることができるだろうか?」

ハンティントンはこう問いかけて、著書を締めくくっている。

もちろん、私自身の主張は、「全象限、全レベル、全ライン」のアプローチこそ、そうした地図を描くために現在利用できる最も優れた方法論のひとつであるということだ。こうしたアプローチによって、諸文明が自己中心的段階から自民族中心的段階、そして世界中心的段階へと驚くべき発達を遂げていく様子や、さまざまな危機に瀕しながら浮き沈みに見舞われる様子を、地図に描くことができるのである。そしてそのことによって、それぞれの地域は互いにもっと友好的になり、世界中心的な「世界文明」へと、「多からなる一《ユニタス・マルチプレックス》」という約束の地へと、導かれるのである。

しかも、そこでさえ終点ではなく、新たな未来の始まりなのだ。

フリードマン『レクサスとオリーブの木』

トーマス・L・フリードマンは、単なる大衆向け著作家だとみなされることも多いが、フクヤマの分析からもハンティントンの分析からも抜け落ちている論点をうまく指摘している。

とはいえ、残念なことに、フリードマンの分析もまた、極めて表層的ないし水平的なものである。そこには、六つの領域ないしラインが含まれているが、段階《レベル》や波《ウェイブ》といった要素は全く含まれていないのだ（こうしたフラットランド型のアプローチにおいては、発達段階という極めて重要な要素が無視されるが、これはフリードマンに限ったことではない。それどころか、本章全体を通じて見てきたように、今日の政治分析や社会文化的分析の大部分——例えばハンティントン、ズビグネフ・ブレジンスキー、ポール・ケネディ、ロバート・カプランなど——に見受けられる標準的なアプローチなのである。彼らの業績は本当に称賛すべきものだが、それと同じくらいに、その真実は部分的であり、何らかの統合的な分析によってその欠陥を補完することが必要なのだ）。

フリードマンが示している六つの領域ないしラインとは、「政治」「文化」「安全保障」「金融」「科学技術」「環境」である。そしてフリードマンによれば、このうちどれかひとつを理解するためには、この全てを理解しようとしなければならないのだ。

続けてフリードマンは、ポール・ケネディとジョン・ルイス・ギャディスを称賛している。それは、二人がどちらも「統合的」かつ「地球的《グローバル》」であろうとしているからだと言う。私もそうした動きに半分は賛成であるが、完全に賛成することはできない。なぜなら、**彼らの推進する「グローバル」とは、グローバルなフラットランド、深さのない生命の網《ウェブ・オブ・ライフ》である**からだ。全てはひとつの段階《レベル》の中でのみ互いに結びついているのであり、深さという垂直的な視点が完全に欠落しているのである。

フリードマンは言う。

「ギャディスとケネディが共著で執筆した評論の中で嘆いていたのは、今なお、あまりにも多くの国々で、あまりにも多くの場合に、物事を個別的にしか見られない人たちが外交政策を立案し分析しているということだ。二人はイェール大学の歴史学者でもあるが、次のように書いている。『こうした人々は、全体の中の個々の要素を理解することには非常に長けているのだが、物事全体を認識することが苦手なのである。個々の項目に優先順位をつけ、別々ないし同時に実行していくのだが、そのとき、ある行動が他の行動の効果を弱めてしまうかもしれないといったことには、ほとんど考えが及ばないのだ。彼らは、木から木へと自信をもって飛び移っていくのだが、森の中で自分が迷子になっていることに気づいて驚いてしまうようである。一方、過去の偉大な戦略家たちは、木を見るのと同じくらいに、森を見ていた。彼らは広範な知に通じたジェネラリストであり、生態学的《エコロジカル》な見方に基づいて行動していた。世界とは網《ウェブ》の目であり、ある場所での行動が別の場所での行動に必然的に影響を及ぼすということを――あらゆるものが互いに結びついているということを――熟知していたのである。現代において、どこにジェネラリストがいるだろうか？〔中略〕大学やシンクタンクにおいても、ますます狭く特殊な専門領域を探求していくというのが、支配的な傾向である。特定の分野の奥深くで活動するほうが、多くの領域にまたがって広く活動するよりも、高い報酬を受けとることができるのだ。だが、もし全体を見る者が誰もいなくなれば、どんな戦略を打ち出すこともできないだろう。そして戦略がなければ、我々は、当てもなくただ漂流するだけなのである』」

そして**戦略があったとしても、深さがなければ、私たちはさらに漂流することになる。**

こうした理論家たち――ケネディやギャディスやフリードマン――が意識を向けているのは、ほとんど完全に、右下象限の要因（例えばシステム理論、カオス理論、複雑系の科学、生命の網《ウェブ・オブ・ライフ》、深さのないフラットな全体論《ホーリズム》的思想、科学技術のグローバル化）だけなのである。左側象限は完全に無視されるか、あるいは、何かのきっかけで言及されることがあったとしても、発達的な深さという垂直的な諸段階《レベル》のことが認識されることはない。

それゆえ、こうした理論家たちは、私が**「微細な還元主義」（subtle reductionism）**（微妙な還元主義）と呼んでいる立場――**左側象限の全ての出来事を「機能的に適合しているか《ファンクショナル・フィット》」という右下象限の論理に還元する立場**――に陥ってしまっているのだ。そこで提示されているのは、深さのないフラットな全体論《ホーリズム》（右側象限のリアリティだけを尊重する）であり、統合的な全体論《ホーリズム》（左側象限と右側象限の両方のリアリティを尊重する）ではないのである[12]。

こうしたフラットランド型の全体論《ホーリズム》や、生態学的な生命の網《ウェブ・オブ・ライフ》の見方に付け加えなければならないのは、深さという垂直的な次元であり、生命の階層性《ピラミッド》に対する認識である。この両方の視点――**生命の網《ウェブ・オブ・ライフ》のような水平的視点と、深さという垂直的視点**――が、極めて重要なのだ。

意識の発達段階《レベル》という垂直的な次元を欠いた分析とは、言うなれば、（現実の世界が実際に従っている）3次元のチェスではなく、フラットランド版のチェスを行っているようなものである。その分析からは、深さないし高さという垂直的な次元が抜け落ちているのだ。そしてそれゆえに、そうした分析は基本的に、**分析者自身が位置する発達段階の論理に基づいて行われる**ことになる。

すると何が起こるかと言えば、**大抵の場合、ブルーやオレンジやグリーンの段階が、自らのレンズに基づいて、発達の螺旋《スパイラル》全体を理解しようとするの**である。そして、とても満足とは言えないさまざまな結果がもたらされるのだ。

そういうわけで、私は、こうした分析家たちが重視している「生命の網《ウェブ・オブ・ライフ》」の相互連結性という見方（一つの象限、0個のレベル）そのものには賛成するものの、もっと適切なアプローチ（全ての象限、全てのレベル）を用いることで、もっと賢明な戦略を打ち立てることができると提言しておきたい[13]。

フリードマンに戻ろう。

彼の著作*The Lexus and the Olive Tree*（邦題『レクサスとオリーブの木――グローバリゼーションの正体』）のタイトルには、フリードマンが今日の世界における根本的な対立軸のひとつだと考えているものが示されている。それは、個々の文化（ハンティントンの言う「文明」に近い）対グローバル化であり、別の言い方をすれば、ローカルなもの対ローカルでないものである。

今日、技術-経済的なグローバル化（レクサス〔トヨタの高級車〕という単語で表現されている）のために、ローカルな伝統や文化（オリーブの木という単語で表現されている）は混乱に陥っており、ときに崩壊してしまうことさえある。こうした衝突こそ、現代の世界を動かしている中核的な要因なのだ。

　フリードマンは六つの領域を概観し、各領域がこの中核的な対立に対してどのように関与しているのかを論じているが、フリードマンがもっとも重視している領域、世界を動かす主要な原動力だと考えている領域は、グローバルな科学技術（レクサスからサイバー空間《サイバースペース》まで）の領域である。なぜなら、こうしたグローバルな科学技術は、それ自身の容赦なき論理によって、自らを展開させていくからだ。そしてその論理とは、**世界の均質化**である。だが、あなたが好もうが好むまいが、グローバル化は進行していくのだ。

　フリードマンは言う。

「私の考えでは、冷戦以後の世界を理解するためには、初めに、冷戦が新しい国際体制《システム》に取って代わられたということを理解しなければならない。それはグローバリゼーションである。これこそ、人々が意識を向けるべき『ただひとつの大事なこと』なのだ。グローバリゼーションとは、単に今日の世界においてもっとも影響力の大きな出来事だというだけではない。それは、世界の中心たる北極星、世界全体を形づくる力なのであり、この意味で、ひとつの新しい体制《システム》なのである。この体制《システム》こそが新しいものであり、パワー・ポリティクス〔権力政治〕、無秩序、文明間の衝突、リベラリズムなどは、もはや古いものである。そして冷戦以後の世界におけるさまざまな事件は、こうした古い熱情《パッション》と、グローバリゼーションという新しい体制《システム》との相互作用によって生じることになるだろう」

　グローバル化に関するフリードマンの分析は、さまざまな**ライン**の存在を認識してはいる。だが、そこで強調されているのは、ほとんど全て、**右下象限**の事柄なのだ。技術‐経済的なグローバル化という社会体制《システム》が、世界の他の全ての部分を牽《けん》引していくというわけである。

私の考えでは、右下象限の分析に限って言えば、フリードマンの分析は基本的に正しい（しかしこれから見ていくように、内面領域における垂直的な深さという視点を欠いているために、その分析は不自由なものになっているが）。さらに、フリードマンの（右下象限における）結論は、（当時はさまざまな論争を引き起こしたが今では比較的受容されている）ピーター・シュワルツとピーター・ライデンの分析（雑誌*WIRED*の１９９７年７月号に掲載された「The Long Boom」という分析）と方向性を同じくするものでもある。

シュワルツとライデンによれば、現在、科学技術の五つのライン（個人用コンピュータ、通信技術、バイオテクノロジー、ナノテクノロジー、代替エネルギー技術）が既に成長を始めており、グローバルな統合——非常に強力な統合であり、おそらくは避けられない統合——へと向かう原動力になっているという。

ここでもやはり、右下象限に限って言えば、私は彼らの分析に同意する。だが、「全象限、全レベル」の視点から考えると、こうしたとげとげしい現実認識は、**他の三つの象限からも同じくらいに強大な力が加わる**ということを認識することで、もっと穏やかなものになるのだ。そこにはもちろん、内面領域における意識の考古学的地層を認識するということも含まれている。

結局、**グローバルな技術ネットワークがどんなふうに発展したとしても、こうしたさまざまな段階の意識がそのネットワークの中を動き続ける**のである（なぜなら、全ての人は、たとえ完全に統合的な文化の中に生まれたとしても、生まれたときには段階１であり、そこから発達の螺旋《スパイラル》を進んでいくからである。意識のスペクトラムを構成するさまざまな色の中に、何十億という人々が、隅から隅まで分布しているのである）。

　グローバルな技術ネットワークを単純に称賛する見方には、極めて重要な論点が抜け落ちているのだ。どんな段階《レベル》の意識が、そうしたネットワークの中を動き回るのだろうか？　**もし地球全体が段階1の道徳性によって結びついてしまったら、どんなよいことがあるのだろうか？**

　もしそうなれば、グローバルな戦争が起きるだけであろう。「グローバル」であることだけを推進しても、行き着く先は、グローバルな悪夢であるかもしれないのだ。**グローバルな善と同じくらいに、グローバルな悪も存在しうる**のである。

　もし私たちが、外面の発達に対応する意識の発達を実現できていないならば、グローバルな善よりも、グローバルな悪のほうが大きくなるだろう。**右側象限の発達に沿った左側象限の発達がなければ**――物質的な科学技術の発達に注意を向けるのと同じくらいに、意識の発達にも注意を向けなければ――**私たちは単に、集合的な狂気の可能性を広げてしまうだけなのだ**[14]。

　前章で紹介したように、これはユニセフが到達した結論でもある。内面的発達がなければ、健全な外面的発達は持続できないのである。

　とはいえ、右下象限に関するフリードマンの地図は、カプランやハンティントンが提示する同じくらいに偏った地図を補完してくれるものだ。なぜなら、こうした理論家たちは、ほとんどの場合、右下象限の力を過小評価しているからである（特に言えば、さまざまなネットワークシステムの出現、サイバー空間《サイバースペース》の発展、グローバル市場の成長、科学技術の普及などによる影響を過小評価している。だが、こうした変化によって、金融や環境や商業の領域も変わりつつある)。

そしてこうした変化の中にも、コスモスへの愛《エロス》が存在している。**とても捉えにくい形ではあるが、ゆっくりと、止むことなく、当てもなく漂うかのように、進化は続いており、そのさまよえる流れのなかで、さまざまな出来事が開き出されている**のだ。

非常に長い目で見れば、こうした足取りによって、もっと高次の、もっと深いつながりが――自己中心的から自民族中心的、そして世界中心的な見方への成長が――生み出されていくのである。世界中心的なグローバル技術は、愛《エロス》を味方につけているのだ。

だが、このことは、**こうしたグローバル化の中に西欧文明型の価値観を詰め込むべきだという意味ではないし、いずれそうなるだろうという意味でもない**（実際、西欧文明型の価値観をもとにグローバル化を進めるべきではないという理由は数多く存在しており、それ自身がひとつの大きな論点である）。とはいえ、フリードマンは全く正しいのだ――科学技術が、統合的-地球的《グローバル》な段階の在り方を突き動かしているのである。

実際、グローバルな科学技術（右下象限）の段階とは、基本的に、ハンティントンの言う「世界文明」（左下象限）の段階に対応するものである。果たして、世界文明はゆっくりと現れ始めているのだろうか。ハンティントンとフリードマンの両方が、この難問を解くための鍵を握っているのだ。

現在――これまでも大抵そうだったように――技術-経済的な土台（右下象限）が他の領域に先行して発達し、社会を形づくっている。大抵の場合、科学技術は極めて急速に普及し、何世代もかけて文化をつくり変えていく。狩猟採集的な技術のときも、鍬《くわ》農業的な技術のときも、農耕的な技術のときも、産業的な技術のときも、そうであった。そして今日、情報技術についても、同じことが起こりつつあるのだ。

だが、そうした技術-経済的構造《プレート》（農耕的、産業的、情報的など）の内部で、左側象限においては、さまざまな水平的文明とさまざまな垂直的段階《ミーム》が、未だせめぎ合っているのである。そしてこの領域にこそ、起こすべき行動の大部分は存在しているのだ（そして今後も常にそうだろう）[15]。

なぜなら、もう一度言えば、（たとえ世界文明の中に生まれたとしても）全ての人は生まれたときには段階1なのであり、そこから発達の螺旋《スパイラル》を進んでいかなければならないからである。それゆえに、さまざまな文化的下位集団《サブポケット》は、これからもずっと、人類の文明の一部であり続けるだろう（どんな文明においても——例えば西欧文明においても——パープルのストリートギャング、レッドの部族的な運動競技チーム、ブルーの封建的秩序、グリーンの共有空間《コモンズ》などが存在しているように。こうした諸勢力は、人間が段階1として生まれてくる限り、常に存在しているだろう）。

そしてだからこそ、世界中心的な科学技術が、単純に、全ての人に均質な文化を押しつけることはないのである。このような見方は、技術のグローバル化という表層的な現象だけに着目する右下象限の分析には、全く欠落しているものだ。

その代わりに、私たちは「全象限、全レベル」のアプローチをとることによって、それぞれの分析の最良の部分を組み合わせ、もっと大きな文脈の中に位置づけることができる。そしてそうすることで、各分析が与えてくれる大切な贈り物（と限界）を、もっと正確に認識できるようになるのだ。

全象限、全レベル、全ラインのアプローチ。世界の政治情勢の分析を、統合的な段階《ウェイブ》へと押し上げるための準備は、既に整っているのである。

霊的体験の諸段階

さて、現存するさまざまな世界観（さまざまな世界地図）を統合的に俯瞰しようというこの試みを終えるにあたり、意識発達の高次の段階ないし精神的／霊的《スピリチュアル》な体験の高次の段階とはどのようなものであるかについて、少し例を挙げて説明しておこう。

私がさまざまな著書の中で述べてきたのは、精神的／霊的《スピリチュアル》な体験には少なくとも4種類の類型が存在するということが、相当な量の文化横断的な証拠によって示されているということだ――私の言葉で言えば、それは**「自然神秘主義」**（心霊《サイキック》段階に対応）、**「神性神秘主義」**（微細《サトル》段階に対応）、**「無形神秘主義」**（元因《コーザル》段階に対応）、**「非二元神秘主義」**（非二元《ノンデュアル》段階に対応）の四つの段階《ウェイブ》であり、後の段階になるほど深さが増大していく[16]。そしてこうした段階は、前-合理的な段階（例えばパープルの呪術的段階、レッドの呪術-神話的段階）ではなく、超-合理的《トランスラショナル》かつ超-個的《トランスパーソナル》な段階なのである[17]。

こうした高次の諸段階《ウェイブ》が存在するという文化横断的証拠はかなり多く、真剣に異議を唱えることが困難なほどである。ひとつだけ例を挙げておこう。

イヴリン・アンダーヒルの著書*Mysticism: A study in the nature and development of man's spiritual consciousness*（邦題『神秘主義――超越的世界へ到る途』）は、西洋の精神的伝統を概観するための古典的名著のひとつであるとみなされている。アンダーヒルの結論はこうだ。

さまざまな霊的体験は、（西洋の伝統全体が示しているように）一連の発達的スペクトラムに沿って存在しており、具体的には、自然神秘主義（生命の網《ウェブ・オブ・ライフ》とひとつに融合する）、形而上学的神秘主義（「微細な照明」の段階と「形なき没入」の段階からなる）、神的神秘主義（非二元の融合状態）へと展開していく。

言い換えれば、アンダーヒルの結論は、私自身の枠組みと非常に似ているのである。

もちろん、こうした発達的スペクトラム――物質から身体、心、魂（心霊《サイキック》と微細《サトル》）、そしてスピリット（元因《コーザル》と非二元《ノンデュアル》）へ――は、「存在の大いなる連鎖」の見方そのものである。図4-1、図4-2、図4-3を見れば、この見方はさまざまな形で表現されうるものだということがわかる。実際、ヒューストン・スミスや他の無数の人物が示してきたように、「存在の大いなる入れ子」の見方が文化横断的に存在しているという証拠は、単純に、圧倒的なまでに多いのである[18]。

もちろん、私が推奨しているのは、「存在の大いなる入れ子」のヴィジョンに（図3-2、図4-5で示したように）象限やラインといった視点を付け加えることによって、そこに含まれている重要な洞察を現代の世界へと持ち込むということだ。

そのことによって、古代の知恵のもっとも優れた部分と、近代の知識のもっとも輝かしい部分をひとつに結びつけ、本物の「万物の理論」への道を開くのである。

さらに私たちは、（例えば図3-2のように）こうした意識の全スペクトラムを認識することによって、**段階横断的《クロスレベル》分析**という極めて重要な分析方法を活用できるようにもなる。詳細は注釈で述べるが[19]、その一般的な論点はかなり単純だ。**ほとんどどの発達段階**（例えばパープル、レッド、ブルー、オレンジ、グリーン、イエロー）**に位置する個人も、高次の領域（心霊《サイキック》、微細《サトル》、元因《コーザル》、非二元《ノンデュアル》）に関する「変性意識状態」や「至高体験」を経験することができる**のである。**ただしそのとき、各個人は、そうした高次の体験を、自分が現在位置している発達段階の言葉によって解釈する**ことになる。そしてここにおいて、段階横断的《クロスレベル》分析が必要になるのだ。

例えば、ブルー段階に位置する個人であっても、心霊《サイキック》、微細《サトル》、元因《コーザル》、非二元《ノンデュアル》の全ての領域を「至高体験」する可能性がある。オレンジに位置する個人についても、グリーンに位置する個人についても、同様である。それゆえ、これらを格子状に並べれば、少なくとも20種類以上の「精神的《スピリチュアル》／霊的な体験」が存在しうることになる。こうした体験はどれも非常にリアルなものだが、どれも非常に異なるものなのである[20]。

もしかすると読者は、こうした精神的《スピリチュアル》／霊的な体験の分析は、フクヤマやフリードマンやハンティントンの分析とは全くかけ離れたものだと感じているかもしれない。だが、実際には、**こうした宗教的体験は周縁に追いやられることが多いだけで、ときに、決定的な役割を演じている**のだ。例えば、世界のリーダーと呼びうる多くの人物が、その偉大さを育んでいた時期に、強力な至高体験や変性意識状態（多くの場合、宗教的な性質を帯びた体験）を経験している。そしてそうした体験が、その後の世界観や行動を深く方向づけたのである。もっとも、こうした体験は必ずしも良い方向に作用するものばかりではなかった（ヒトラーはある種の神秘家であったし、ラスプーチンもそうであった）。

私たちは、こうした宗教的体験によって生み出された在り方を深く称賛することもある（例えばジャンヌ・ダルク、マハトマ・ガンディー、マーティン・ルーサー・キング・ジュニア）が、逆に拒絶することもある（例えばハインリヒ・ヒムラー、チャールズ・マンソン）。だが、ここでこそ、段階横断的《クロスレベル》分析が不可欠になるのだ。

発するべき問いは二つである。

「そのスピリチュアルな体験は、どの段階に由来するものであるか?」（心霊《サイキック》、微細《サトル》など）「そのスピリチュアルな体験は、どの段階の言葉によって解釈されているか?」（ブルー、オレンジなど）

自己中心的な段階の個人が超-個的《トランスパーソナル》な領域から強烈なエネルギーを受け取ると、大抵の場合、自己中心性をさらに拡大させ、多くの場合、精神病的になる。自民族中心的な段階の個人が超-個的な衝撃を体験すると、エリーニュス（ギリシア神話に登場する復讐の女神）たちをよみがえらせてしまう。だが、世界中心的な段階の個人が超-個的な啓示を受けると、エイブラハム・リンカーンや、ラルフ・ワルド・エマーソンが現れることになる。

このように、統合的アプローチにおいては、精神的《スピリチュアル》/霊的な体験もまた、「全象限、全レベル」の分析を形づくる重要な一要素なのである。しかも、これは単に、世界のリーダーだけの話ではないのだ。十分な確証のあるデータではないものの、**大多数の人々が、少なくとも一度は精神的《スピリチュアル》/霊的な体験ないし至高体験をしたことがあると述べている**のである。言い換えれば、こうした体験は――マザー・テレサに後光を与えるにせよ、人々を狂信的な聖戦《ジハード》へと駆り立てるにせよ――人間の心理に作用するもっとも強力な動機づけ要因のひとつなのだ。

こうした要因を無視して世界の出来事を分析しても、成功することはないだろう。

宗教が簡単には消えない理由

統合的アプローチによって世界の情勢を分析することで、もっとも扱いにくいとされる問題のひとつをただちに解決することができる。それは過去２００年以上にわたって、さまざまな社会分析家が立ち向かってきた問題である。

「近代的な在り方（オレンジ）が政治や技術や経済の領域を支配していることは明らかなのに、どうして今もまだ、前-近代的な勢力（パープルやレッドやブルー）が圧倒的な規模で存在し続けているのだろうか？」

社会学者たちが長らく予言してきたことは、宗教とは基本的に前-近代的で原始的な迷信に基づくものでしかないので、**近代的な在り方が普及すれば、単純に、全ての宗教的物語は一掃されてしまうだろうということだ**。だが、現代世界は今でも、さまざまな宗教運動に満ちあふれており、そうした勢力が退場するつもりはないようだ。どうしてなのだろうか？

答えはこうである。たとえ現代の世界であっても、全ての人は生まれたときには段階《ウェイブ》1（ベージュ）に位置しているのであり、そこから発達の歩みを開始し、パープル、レッド、ブルー、そしてオレンジ（あるいはグリーン、あるいはもっと高次の段階）へと進んでいかなければならないからである。発達においては人口がピラミッド型に分布する（高次の段階になればなるほど、そこに到達する人間の数は少なくなる）ということを考慮すると、**常に、多くの人々が呪術的段階や神話的段階にいる**ことになる。

そしてそうした段階に位置する個人は、大抵の場合、伝統的宗教と深い関わりをもっているのだ。

それゆえ、今後も、伝統的な宗教的信仰が完全に消え去ることは決してないだろう。なぜなら、全ての人間は、生まれたときには段階1にいるからである。

もっとも控えめに言っても、こうした統合的地図を欠いた政策分析では、現実の人々の心理がどんな力学に基づいて動いているのかを根本から理解することはできないだろう。そのため、こうしたフラットランド型の政策分析においては、例えば**オレンジの科学技術やグリーンの人権をパープルやレッドやブルーの人々に押しつけていれば、どうにか問題は解決するだろうと想定されてしまう**のである。

だが、実際には多くの場合、ブルーの狂信的な聖戦《ジハード》や、レッドの猛烈な反乱を引き起こしてしまうだけなのだ。世界の人口のおよそ70パーセントは、今なおパープルやレッドやブルーに位置しているのであり、その意味で、極めて「宗教的」（伝統宗教的）なのである。オレンジやグリーンの政策分析者《アナリスト》は、もっと統合的な全スペクトラム型の分析を採用することで、こうした確固たる事実を包含したほうがよいだろう。さもなければ、おそらくこれからもずっと、同じような結果を生み出し続けるだけだと思われる。

そして、これは狭い宗教《ナロー・リリジョン》だけの話である。深い宗教《ディープ・リリジョン》（ターコイズ段階以後のトランスパーソナルな諸段階における精神性《スピリチュアリティ》／霊性）に関して言えば、そうした精神性《スピリチュアル》／霊的な体験は、人類の「重心」がよろめきながらも徐々に高次の段階へと進んでいくにつれて、ますます一般的なものになっていくだろう。

かつて、近代以前の時代にあっては、前‐合理的な宗教こそがもっとも一般的な宗教であった。しかし今では、さまざまな超‐合理的宗教が生まれつつある。そしてこうした**超‐合理的な宗教は、その中核**

にある地球的《グローバル》な意識を、人類全体へと下降させることを使命としているのである。

第二層の個人を対象とする研究が示しているのは、第二層の段階においては、ある特徴的な信念が現れるということだ。

「地球はひとつの有機的組織体《オーガニズム》であり、集合的な心《コレクティブ・マインド》をもっている」

なるほど、しかしこれにはまだ先がある。研究によれば、こうしたターコイズの洞察はコーラル段階（すなわち心霊《サイキック》段階）になるとさらに強くなり、本物の自然神秘主義へと発展していくのである。そしてそこから、神性神秘主義、無形神秘主義、さらには非二元神秘主義（非二元の深い霊性《ディープ・スピリチュアリティ》）が花開くことになるのだ。

ただし、こうした高次の諸段階《ウェイブ》は、低次の諸段階を置き去りにするものではない。例えば微細《サトル》段階に位置する個人であっても、オレンジの合理性、グリーンの感受性、第二層の全体論《ホーリズム》的思想を用いることはできる。なぜなら、それぞれの段階は、前の段階を「超えて含む」ものだからである。

とはいえ、以上のことが意味しているのは、次の二つである。

ひとつは、**私たちはこれからも、前-合理的な宗教と一緒に生きていくだろう**ということだ。なぜなら、全ての人は、生まれたときには段階１にいるからである。そしてもうひとつは、**人類が進化するにつれて、超-合理的な宗教はますます一般的なものになっていくだろう**ということである。

宗教的なものは全て愚かなガラクタであり、誰もが早くそこから解放されたらいいのにと思っている人たちは、おそらく、苦難に満ちた道を歩むことになるだろう。

統合的実践

本章の初めに述べたことをもう一度述べておきたい。

本章で示した理論は全て、単なる理論である。それは世界そのものではなく、世界に関する地図なのだ。だが、地図としては有益なものであり、私たちが今よりもっと統合的な見方に到達できるように手助けしてくれるのである。

さらに言えば、こうしたさまざまな地図の全てに習熟することは、第二層の統合的思考を行うために必要な基礎能力ではない。各段階《レベル》の性質を暗記することも必要なければ、本章で論じた全ての文明圏に詳しくなる必要もないし、自分自身で包括的な地図を作成することも必要ないのである。

しかし、こうした統合的地図に関わることによって、私たちの第二層の能力は鍛え上げられ、その働きが促進されるのだ。なぜなら、こうした地図は、私たちの知性《マインド》を開き、そしてそのことによって私たちの心《ハート》を開き、コスモスおよびその中に暮らす全ての生命を、今よりもさらに包括的に、さらに慈悲をもって抱擁できるようにしてくれるからである。

大きな地図《ビッグ・ピクチャー》と関わることによって、私たちの知性《マインド》と心《ハート》は、統合的な変容へと向けて開かれるのである。

とはいえ、もし読者がここまで読み進めてこられたのであれば、第二層の統合的意識への基礎能力は既にそなわっているはずである（そうでなければ、もっと前に、読み続けるのをやめていただろう）。

必要なことは、こうした個々の地図を学ぶことよりもむしろ、**自分自身の統合的な基礎能力を実践に移す**ことなのだ。

それでは、統合的実践とは何であるのかについて、述べることにしよう。

第7章

自分自身を変容させる
～統合的実践を始めるために～

人間とは、私たちが宇宙と呼んでいる全体の中の一部分、時間的にも空間的にも有限なひとつの部分である。人は自分自身を、自らの思考や感情を、他とは切り離されたものとして体験する。だが、この体験は、自らの意識がもたらす光学的な錯覚にすぎない。この錯覚は一種の牢獄であり、私たちを、自らの個人的な願望や、自分の近くにいるごく少数の人たちへの愛情の中に縛りつけてしまう。私たちは、慈悲の輪を広げて、全ての生命と自然全体の美しさを抱擁することによって、この牢獄から自らを解放しなければならない。

――アルバート・アインシュタイン

私は著書『科学と宗教の統合』を執筆し終えてすぐに、1年間、個人的な日記をつけようと決意した。そのように決めた最大の理由は、学問の世界における著作のほとんどが、個人的な話をしたり、主観的な思いを述べることを避けていたからである。そうした記述はただの「偏見《バイアス》」であり、「客観的ではない」とみなされているのだ。確かにこの主張にも意義はあるが、全ての場合に必ずしも適切なわけではない。特に、主観的な領域について詳しく調べようとしている場合はそうだ。

それゆえ、私は1年間、日記をつけることにした。精神的《スピリチュアル》／霊的な実践を含めて、私自身の日々の活動を時系列的に記録していったのである。

こうして生み出された書籍が『ワン・テイスト――ケン・ウィルバーの日記』〔原著名*One Taste: Daily Reflections on Integral Spirituality*〕である。この本でもっとも伝えたかったのは、統合的生活《インテグラル・ライフ》とはどんなものであるかについて、すなわち、自己と文化と自然の全てにおいて身体と心と魂とスピリットを開き出していくとはどういうことかについて、私自身がどう考えているかということだ。言い換えれば、私たち一人ひとりが自分の現在の段階《ステージ》のなかでできる限り「全象限、全レベル」であるためにはどうすればよいのかについて、私の思いを述べたのである。

とはいえ、これは、私が統合的生活を実現できているという意味ではなく――そんなふうに主張したことは一度もない――ただ、統合的生活とは、真剣に追求するに値する理想であると伝えたかったのだ。同時にこの本は、私自身がどのような形で「統合的変容のための実践《インテグラル・トランスフォーマティブ・プラクティス》」を行っているのかを紹介する本にもなっている（その内容はこの後すぐに簡単に紹介する）。

ちまたにあふれている精神性《スピリチュアリティ》／霊性に関する書籍のほとんどは、**精神的《スピリチュアル》／霊的な生活とはどんなもの**

であるかを、現実の生活とは切り離された形で、長々と説明しているものばかりである。私たちは、「どのようにして神を知るのか」あるいは「聖なる自己を見つけよう」といったタイトルの本を開くとき、その中に、お金の稼ぎ方、セックスの仕方、ワインの味わい方、ハワイでの休暇の楽しみ方などについての章があるとは考えない。それゆえ私たちは、例えばマイアミのサウスビーチへと旅行する途中で、本物の精神的《スピリチュアル》／霊的な文章に出会うと、ひどく不愉快に感じてしまうのである。

しかしこれこそ、私がこの本で実行したことなのだ。規範的道徳を信奉する保守派の原理主義者たちは、うさんくさくて罪深い内容だとして、この本を警戒した。内面領域の要因を認めようとしないリベラル派たちは、私が（瞑想的なリアリティだろうとそれ以外のものであろうと）主観的なリアリティばかりに注意を向けており、外面領域における経済的な再分配を真剣に追求していないとして、この本を警戒した。もちろん、保守派とリベラル派の両方から警戒されたからといって、この本に統合的な真実が示されていると言えるわけでは全くない。

だが、もし統合的な真実が示されているのなら、両方の陣営から警戒されることは、おそらく避けられないことである。

もう一度言えば、これは、私が統合的な試みを十分に達成できているということではない。そうではなく、私はただ、スピリチュアリティを他の領域から分離したひとつの領域として扱わない日記を書きたかったのだ。スピリチュアリティを普段の生活と対立するものとして位置づけるのではなく、日々の仕事、遊び、パーティー、病気、休暇、セックス、お金、家族といったものの真っ只中に位置づけたかったのである。そしてそうすることで読者に、日々の生活においても統合的アプローチにもっと親しくなってみませんか、と招待したのである。

もちろん、一時的に、特定の種類の発達にだけ焦点を当てることが全く適切な場合もある。例えば、料理を学ぶとか、自然の中をハイキングするとか、瞑想の集中合宿《リトリート》に参加するといったものだ。精神的《スピリチュアル》／霊的な発達について言えば、私はこれまで常に、瞑想の重要性を強く訴えてきた。瞑想には数えきれないほどの種類があり、その中のどの瞑想でも構わない。私が『ワン・テイスト』で伝えたかった二つ目の点は、**瞑想や黙想を統合的実践の一部として採用することが極めて重要だ**ということなのである。

幸いなことに、『ワン・テイスト』を読んだ人たちからのメッセージでもっとも多かったものは、「私は瞑想を始めました」「本を読んだ後、集中的な瞑想合宿に参加しました」「瞑想の実践にもっと真剣に取り組もうと決心しました」といったものであった。これこそ、私がこの本を通して実現させたいと思っていたことなのだ。

実際、新しいホリスティックな哲学を採用しようが、ガイアの存在を信じようが、あるいは、統合的な言葉を用いて思考することでさえも、精神的《スピリチュアル》／霊的な変容を引き起こすうえではほとんど役に立たないのである。**そうした全ての考えを信じている自分とはそもそも誰なのかを見つけ出すこと**。そこにこそ、神へと向かう扉は存在するのだ。

統合的変容のための実践

統合的変容のための実践（Integral Transformative Practice: ＩＴＰ）の基本的な考え方は、単純明快である。

私たちが、**自分自身の多くの側面を同時に鍛えれば鍛えるほど、変容は起こりやすくなる**だろうということなのだ。言い換えれば、ＩＴＰとは、できる限り「全象限、全レベル」であろうとする試みなのである。そしてそうすればするほど、次の段階《ウェイブ》への変容は起こりやすくなるだろう。

もしあなたがブルーの段階に位置しているのなら、オレンジへの変容が起こりやすくなる。もしあなたがグリーンの段階に位置しているのなら、第二層への移行が起きやすくなる。そして、もしあなたが既に第二層に位置しているのであれば、超《トランスパーソナル》‐個的で精神的《スピリチュアル》／霊的な諸段階への移行――単なる一時的な変性意識状態としてではなく、永続的な特性としてそうした段階を確立すること――が起こりやすくなるだろう。

全レベルとは、物質から身体、心、魂、そしてスピリットへと至る存在の諸段階全てを考慮に入れることを意味している。全象限とは、「私（Ｉ）」「私たち（Ｗｅ）」「それ（Ｉｔ）」（あるいは「自己」「文化」「自然」、あるいは「芸術」「倫理」「科学」、あるいは「１人称」「２人称」「３人称」）という三つの領域全てを考慮に入れることを意味している。それゆえ、「全象限、全レベル」の実践とは、自己、文化、自然の全てにおいて、物理的（身体的）、情動的、心的、そして精神的《スピリチュアル》／霊的な段階の全てを訓練することなのだ。

まず、**自己**の領域から始めよう。

自分自身の中に現れる存在の諸段階（物理的〔身体的〕、情動的、心的、精神的／霊的《スピリチュアル》）は、次のような実践によって鍛えることができる。

・**身体的エクササイズ**（例：ウエイトリフティング、食生活の改善、ジョギング、ヨーガ）
・**情動的エクササイズ**（例：気功、カウンセリング、心理療法）
・**心的エクササイズ**（例：アファーメーション、ヴィジュアライゼーション）
・**精神的／霊的エクササイズ**（例：瞑想、祈り）

だが、こうした諸段階は、自分自身の中だけでなく（それだとベビーブーム世代の病《ブーマライティス》だ！）、文化や自然の領域においても訓練する必要がある。文化の

図7-1● 統合的実践の例

左上象限	右上象限
瞑想、祈り 心理療法、カウンセリング アファーメーション ヴィジュアライゼーション　など	ウエイトリフティング 食生活の改善 ジョギング ヨーガ、気功　など
左下象限	**右下象限**
地域への奉仕､地方自治への参加 ホスピスとの関わり 社会復帰支援、ホームレス支援 結婚、友人関係、子育て　など	リサイクル 環境保護 自然への賛美　など

※本文の記述に基づき訳者作成。

領域における実践とは、例えば、地域社会への奉仕活動に参加することかもしれないし、ホスピス運動に関わることかもしれないし、地方自治体の活動に参加することかもしれないし、スラム街での社会復帰訓練に関わることかもしれないし、路上暮らし《ホームレス》の人々に支援を行うことかもしれない。

加えて、**文化**の領域における実践とは、**人間関係全般**（例：結婚、友人関係、子育て）を、自己と他者の両方の成長につながるものへと変えていくことも意味している。実際、お互いを尊重した対話こそ、自己と他者を結びつけるための由緒ある方法であり、そうした相互理解の躍動《ダンス》のなかで、私たちはやがて、統合的な抱擁へと導かれるのである。

自然の領域における実践とは、自然を単なる道具だとみなしたり、私たちの活動の後ろに無機質に広がる背景だとみなしたりするのではなく、私たち自身の進化のプロセスに参画している存在だとみなすことを意味している。自然を尊重するためのさまざまな積極的活動（例：リサイクル、環境保護、自然への賛美）に関わるということは、**自然に敬意を表すことであると同時に、私たち自身の気遣い《ケア》の能力を高めることでもある**。

要するに、統合的変容のための実践とは、人間存在を構成する全ての基本的段階――物理的〔身体的〕、情動的、心的、精神的《スピリチュアル》／霊的な段階――を、自己と文化と自然において鍛えようとする試みなのである。

私たちは、たとえどの発達段階にあったとしても、**できる限り「全象限、全レベル」であろうとする**ことはできる。**これこそが、次の段階《ウェイブ》への変容を引き起こすためのもっとも強力な方法なのだ**――そしてもちろん、現在の段階においてできる限り健全になる（これもかなり大きな仕事である！）ためのもっとも強力な方法でもある。

もっとも、ある個人が例えばブルー段階に位置していれば、高次の段階と永続的につながり続けることはできない（その理由はただひとつである。自民族中心的で慣習的なブルーの段階は、世界中心的で後-慣習的な在り方にはまだ到達していない。そのため、全ての生命の中にスピリットが等しく光り輝いていることを認識できず、それゆえに、地球的《グローバル》な慈悲心を確立することもできないのである。そしてそうである限り、本物の精神的《スピリチュアル》／霊的な意識を確立することもできない）。

にもかかわらず、これまで見てきたように、こうした個人も、高次の領域に関する一時的な変性意識状態ないし至高体験を経験することはできるのである。

こうした至高体験によって——そして瞑想によって——もたらされる効果とは、**自分が現在位置している段階と脱同一化しやすくなる**ということである。そしてそのことによって、次なる段階への移行が起こりやすくなるのだ。

実際、瞑想によって次の段階への移行が起きやすくなるという証拠は数多く存在している（『統合心理学への道』第10章参照）。瞑想は、真に統合的な実践を形づくる重要な要素なのである。

マイケル・マーフィーとジョージ・レナードは、著書*The Life We Are Given*の中で、ＩＴＰの具体的な実践内容を初めて紹介した。私は二人とともに、こうした実践の理論的土台を明らかにするための研究を進めている。そして現在では、アメリカにはおよそ40組のＩＴＰグループが存在している。スタンフォード大学医学部の疾病予防研究センターでは、こうした実践を行っている人々からなる複数の集団をモニタリングしているが、既に驚くべき成果も出ており、ＩＴＰを通してどのようなことが促進されるのかを立証しつつある。他にも、同じような「全象限、全レベル」型のアプローチが数多く発展している。

私は、こうした包括的なプログラムへの関心がさらに高まることを期待したい。その理由は単純で、こうしたプログラムは、既存のものよりも効果的に変容を引き起こせるからである。

推薦図書

統合的変容のための実践（ＩＴＰ）を始めたい読者には、私の著書『ワン・テイスト』、および、マーフィーとレナードの*The Life We Are Given*〔未訳〕を推奨したい。これらの本には、読者が自分自身のＩＴＰを始めるために必要な具体的項目が示されている。

加えて、ロバート・キーガンの*In Over Our Heads: The Mental Demands of Modern Life*〔未訳〕も推薦したい（人間が心理的に変容するとはどういうことなのかについて、見事な説明を与えてくれる本である）。トニー・シュワルツの*What Really Matters: Searching for Wisdom in America*〔未訳〕も重要である（自己成長のためのさまざまな技法が紹介されており、そのどれもが統合的実践の中に含めうるものである）。ロジャー・ウォルシュの*Essential Spirituality*〔未訳〕は、私が思うに、大いなる知恵の伝統についてのもっとも優れた本であり、こうした伝統の中核にあるのは「瞑想の科学」すなわち精神的／霊的《スピリチュアル》な科学（狭い科学《ナローサイエンス》ではなく広い科学《ブロードサイエンス》）であることが力説されている。

統合的アプローチの概要をもっと知りたい読者には、私の著書*Integral Psychology*〔未訳〕および『万物の歴史』を推奨したい。*訳注42

＊訳注42：ウィルバーらはその後、統合的変容のための実践（ITP）の具体的な実践プログラムとして、「**統合的生活実践（Integral Life Practice：ILP）**」を開発している。ILPとは、具体的には「ボディ」「マインド」「シャドー」「スピリット」という四つの「コア・モジュール」と、さまざまな「付属モジュール」からなる複合的実践システムである。詳細は『実践インテグラル・ライフ——自己成長の設計図』（原著名*Integral Life Practice: A 21st-Century Blueprint for Physical Health, Emotional Balance, Mental Clarity, and Spiritual Awakening*）などを参照されたい。

真実だが部分的

私はこれまで多くの本のなかで、さまざまな分野への統合的なアプローチを提唱し続けてきたが、私の著作への反応は大きく二つに分けることができる。

ひとつは――幸いなことにもっとも多い反応であるが――熱烈に支持するというものだ。そしてもうひとつは、怒りに満ちた否定的な反応である。こうした怒りの一部分は、単に、そもそも統合的なアプローチというものを不快に思う人々がいることによるものだ。

こうした人たちは、私が自らの考えを無理やり押しつけようとしている、私の提唱しているホリスティックな見方が自分たちの自由を奪う、と感じている。そうした見方は、自分たちを束縛する有害な概念であり、闘うべき敵なのだ。

しかし、私の著作の本当の意図はそうではない。あなたはこのように考えなければならないということではないのである。そうではなく、**本当の意図は、豊かにすることなのだ。**

ここに、この驚くべきコスモスを構成している重要な側面がたくさんある。こうした側面を、あなた自身の世界観に含めようと思ったことはあるだろうか？　私の著作は、コスモスの中にある全ての次元、全ての段階、全ての領域、全ての波、全てのミーム、全ての様式、全ての個人、全ての文化……といった限りなき要素に対して、居場所を与えようとするものなのだ。

万物の理論を探求するにあたって、私はひとつのルールがあると考えている。それは、誰もが正しいということだ。もっと正確に言えば、**全ての人**——私自身を含めて——**が、何らかの真実のかけらをもっている**ということである。こうした真実のかけらは全て、大切に尊重されなければならない。そうすることで、こうした部分的な真実は全て、もっと優美で、もっと広大で、もっと慈悲に満ちた抱擁の中に、言い換えれば、本物の「万物の理論」の中に、包摂されるのである。

そして全ては元通りになる

思うに、私たちは最終的には、存在そのものに内在する歓び、あらゆる瞬間の大いなる完全性に基づく歓びを見つけ出すことになるだろう。全ての瞬間は、それ自体として驚くべき全体であると同時に、次なる全体の一部分であり、この全体と部分の連鎖は、滝のように次々と滑走し、無限へと向かったり戻ったりしているが、そこに欠けているものや不足しているものは何もなく、常に、現在という輝きのなかで完全に満たされている。

統合的なヴィジョンは、その役目を終えれば、最終的には、認識するにはあまりにも明らかであり、到達するにはあまりにも近いスピリットの輝きの前に、敗北するだろう。統合的な探求は、探求そのものを手放すことによって、とうとうその目的を達成し、常にすでに現前していた根本的な自由《フリーダム》と最上の豊かさ《フルネス》の中へと溶解する。私たちは、万物の理論を放棄することで単に万物そのものになり、コスモスを優しく握りしめているこの終わりなき意識のなかで、全てとひとつになる。

そしてそのとき、本当の神秘は自らを明らかにし、スピリットはひそかに微笑み、太陽はあなたのハートから天へと昇り、大地はあなたの身体となり、銀河はあなたの血管を駆け巡り、星々はあなたの夜のニューロンとなり、あなたはもう二度と、万物についての単なる理論を探そうとはしないだろう。

そう、この全ては、あなた自身の〈本来の顔〉なのである。

監訳者による解説

ケン・ウィルバーが提唱したインテグラル理論に触れて、いかがだったでしょうか？

私自身、改めて本書を読み、以前読んだ時とは異なる発見や気づきが多々ありました。

インテグラル理論は、人間存在およびこの現代社会に関する新たな洞察や気づきを絶えずもたらしてくれるとともに、日々の実践をより豊かにしてくれるものです。本書を読み終えた後に重要なことは、**インテグラル理論の価値を冷静な視点で認識し、自分の実践領域と照らし合わせたとき、どのような応用が可能かを考えること**です。言い換えると、インテグラル理論を絶対視するのではなく、あくまでも私たちの実践の支えとしてどのように活用することができるのかを考え、目の前の現実がさらに豊かなものとなるようなアクションをとっていくということです。

ウィルバー自身が述べているように、インテグラル理論とは、現実世界を包括的に映し出してくれる地図です。つまり、インテグラル理論はいわゆる「メタ理論」であり、「メタ理論」であるがゆえに、私たち一人ひとりは、個別具体的な理論を継続的に学び、その理論の具体的な実践を続けていく必要があります。

例えば、経営者であれば、経営理論を学び、そこにインテグラル理論というメタ理論を携えて日々の実践にあたることで、これまでよりもさらに包括的かつ豊かな企業マネジメントが実現されていくでしょう。これは経営者のみならず、教育に携わる人、医療に携わる人、政治に携わる人など、すべての実践者に当てはまります。

例えて言えば、既存のマネジメント論は木を見るために重要なものであり、インテグラル理論は森を見るために重要なものだとも言えます。木を見るだけでも、森を見るだけでもなく、木と森の双方を見ながら、森林を実際に歩くということ――つまり具体的な実践活動に取り組むことが何よりも欠かせません（この点に関しては、本書の中でも言及のあった、ハーバード大学教育大学院教授カート・フィッシャーの「ダイナミックスキル理論」の考え方が参考になるでしょう。詳しくは拙著をご参照ください）。

インテグラル理論というのは、私たちの知識や実践を豊かにしてくれるOS（オペレーティングシステム）のようなものであり、そうしたOSを獲得することに加えて、自らの専門・関心領域における学習と実践を継続させながら、アプリケーションを磨いていくことがさらなる成長につながります。

また、本書が私たちに促していることは、自らの専門・関心領域に閉じこもるのではなく、**さまざまな関係当事者と共に協働・実践をしていく**ことでもあります。この点においても、インテグラル理論は大きな貢献を果たしてくれるでしょう。なぜなら、インテグラル理論はメタ理論であるがゆえに、多様な領域間の対話を促す共通言語になりえるからです。

本書を読み終えた私たちは、一人ひとりがもつ関心を大切にし、それを育みながらも、この世界に存在する多様な領域に、関心の目を開いていく必要があります。そして、他領域にいるさまざまな人たちと、インテグラル理論という共通言語を用いてつながり、対話し、自己・他者・世界を変容させる実践に日々取り組んでいただければと思います。

こうした取り組みは、まさにインテグラル理論の実践と言えます。

各人がそれぞれの領域で実践を続ける中で、「万物の見取り図」としてのインテグラル理論は、より洗練されたものになるでしょう。まさにウィルバーが本書で指摘しているように、**私たち一人ひとりは、地図の読み手であるだけではなく、地図のつくり手でもある**のです。本書を読み終えた今、私たち一人ひとりがインテグラル理論、そしてそれが示す私たちの世界そのものを改善・改良するという地図のつくり手として、各人の領域で活用・実践し、人・組織・社会の変容に関与していくことが、何より大切なことではないでしょうか。

インテグラル理論をさらに深く学びたい方へ

本書はインテグラル理論の入門書であり、ケン・ウィルバーの思想にはさらに奥深い側面があります。

さらなる探究を進めていきたい方には、本書の中で言及のあった諸々の文献を読んでいくことをお勧めします。

特に、ウィルバーの思想についてより詳しく知りたい方には、**『進化の構造』『万物の歴史』『統合心理学への道　「知」の眼から「観想」の眼へ』『インテグラル・スピリチュアリティ』**をお勧めします。特に、**『進化の構造』**は、ウィルバーの書籍の中でも最重要文献だと言っても過言ではなく、同書を通じて、ウィルバーの洞察溢れる思想体系をさらに詳しく知ることができます。また、ウィルバーの発達理論についてより詳しく知りたい方には、*Integral Psychology*〔未訳〕の原著への挑戦をお勧めします。これらの応用的な書籍を少しずつ読んでいくことによって、インテグラル理論をより深く理解することが可能になり、私たちの実践はより深いものになっていくでしょう。

もし、本書の第7章で取り上げた「統合的変容のための実践」に関心があれば、**『実践インテグラル・ライフ　自己成長の設計図』**がお勧めです。同書では、インテグラル理論の枠組みを知的に活用する方法に加え、身体的な実践、心の闇（シャドー）と向き合うための実践、私たちの精神性《スピリチュアリティ》／霊性を涵養するための具体的な実践方法を丁寧に解説しています。さらなる自己変容を実現させたい方にとって格好の手引書になるでしょう。

最後に、これらの書籍を全て読むことは難しいけれど、ウィルバーの思想のエッセンスだけを学びたいという方には、**『存在することのシンプルな感覚』**をお勧めします。同書は、ウィルバーの珠玉の言葉と考察をまとめており、特に人間の霊性について、さらには本書で言及のあった高次元の段階（心霊《サイキック》、微細《サトル》、元因《コーザル》、非二元《ノンデュアル》）に対する理解を深める上でも非常に有益です。

これらの書籍以外にも、国内においては、インテグラル・ジャパンが、インテグラル理論に関する有益な情報をウェブサイト上に共有しています。ここで紹介されている論文・文献に目を通すことで、さらなる探求が実現できるでしょう。

インテグラル・ジャパン　http://integraljapan.net/

教育とビジネスの領域で先駆的な試みを行っているレクティカの事例

続いて、インテグラル理論を活用した事例として、本書では言及されていない先駆的な試みを行っている組織を紹介していきます。

本書の第5章では、現実世界におけるインテグラル理論のさまざまな活用事例が紹介されていました。ドン・ベックをはじめとした数多くの実践者による政治の領域への応用のほか、医療やエコロジーへの応用も含まれていました。こうした例のほか、原著の出版以降、教育とビジネスの領域における人間発達に多大な貢献を果たしている組織のひとつとして、マサチューセッツ州のレクティカがあります。

レクティカ　https://lecticalive.org/

レクティカは、本書の中で言及があった、ハーバード大学教育大学院教授カート・フィッシャーの理論を元に、極めて精緻な発達測定サービスを提供している組織です。教育の領域においては、知識の絶対量を試すようなアセスメントではなく、知識の活用力（応用力）に着目したアセスメントや、子どもたちの内省能力を測定するアセスメントを提供しています。

第1章の中で、ウィルバーは、私たちには多様な発達領域が存在することを指摘しています。レクティカの創設者の一人であるセオ・ドーソン博士は、多様な発達モデルに共通する構造に着目し、フィッシャーの理論モデルを基礎に据えながら、**多様な発達領域をひとつの物差しで測れるようなアセスメント体系**をつくり上げました。まさに、こうしたひとつの物差しを活用することによって、多様な学習領域（国語・算数・理科・社会など）のさまざまな学習項目に対して、子どもたちの理解力の度合い（発達段階）を測定することを実現させました。

そして、レクティカが優れているのは、そうしたアセスメントを行うだけではなく、アセスメントを**「さらなる成長」や「さらなる学習」を実現させるためのもの**だと捉えており、学校関係者への提言と、**教師たちの発達に関する理解（発達リテラシー）を高める試み**に従事していることです。

こうした「さらなる成長」と「さらなる学習」を実現させるためのアセスメント、という発想に基づいたアセスメントサービスの提供や、発達リテラシーを高めるというレクティカの試みは、教育の世界にとどまらず、企業や国家組織においても実践されています。

例えば、ひとつユニークな事例として、CIA、NSA、FBIといった国家組織が、レクティカのアセスメントを活用し、一人ひとりのメンバーのさらなる成長を実現させるために、メンバー各人の知性や能力を測定するプロジェクトが行われていたことが挙げられます。このプロジェクトにおいては、例えばＦＢＩの捜査官の意思決定能力や協働能力などを測定し、日々の業務上の課題と現在の自分の能力との差を可視化し、その差を埋めていくようなトレーニングを具体的に提言することが行われていました。

また、現在では、レクティカのアセスメントはより具体的に、リーダーシップ開発や、リクルーティング、昇進評価の文脈においても活用されるようになってきています。

発達理論を活用したアセスメントが企業や国家組織に注目され始めた背景には、既存のアセスメントの多くは、本書の言葉で言えば「深さ（発達段階）」に着目することなく、水平的な「タイプ」に着目するものが多かったことにあると言えるでしょう。言い換えれば、**既存のアセスメントにはない、垂直的な要素、つまり発達段階を測定することの重要性を、企業や国家組織が少しずつ認識し始めていると**も考えられるでしょう。

残念ながら我が国においては、教育やビジネスの領域において、人間発達の視点に基づいた、レクティカが提供しているような優れたアセスメントは未だ存在していません。そのため、一人ひとりの子どもや大人がもつ多様な能力の多様な発達段階を測定し、能力の成長を支援する先駆的な実践を行っているレクティカの試みから学ぶことは多いでしょう。

「醒めのプロセス」としての発達

続いて、インテグラル理論を実践・応用する上で大切な視点をお伝えしたいと思います。

本書を通じてウィルバーは、実に平易な言葉で人・組織・社会の発達の本質について語ってくれています。また、インテグラル理論の実社会での応用可能性についても、ウィルバーは多くの示唆を与えてくれました。

私が初めてウィルバーの著作に出会った時、インテグラル理論が扱う領域の広さ・深さに感銘を受けました。そして、この理論を活用すれば、現実世界の問題を解決することに少しでも貢献できるのではないか、さらには一人の人間として、自分自身のさらなる発達が実現されるのではないか、という思いを抱きました。ウィルバーが言及しているように、インテグラル理論の枠組みは、まさに個人・組織・社会の発達の螺旋がより健全なものになることを目的にしているという点において、私が当初抱いていた思いは決して誤っていないと思っています。

しかしながら、私自身が米国に留学していた時に、実際にインテグラル・コミュニティの中で活動してきた経験をもとにすると、インテグラル理論を活用する際にはいくつか注意しなければならないことがあるのも事実です。

本書を読んだ後、私たちに問われるのは、**どれだけ醒めた目**――冷たい目ではなく――**で自己および社会を冷静に捉え、最大限の幅と深さを伴った形で、自分にできる試みをいかに実践していくか**ということです。

発達とは、「醒めのプロセス」であり、私たちの発達が進んでいくと、自己および社会を透徹した眼差しで見つめることができるようになっていきます。こうした眼差しで自分自身、そして社会をとらえることができたら、私たちは健全な発達の歩みをさらに進めていくことができるでしょう。

また、発達の要諦は、既存の囚われからの解放にあります。私たちは絶えず、今いる発達段階の限界に囚われており、**発達とはそうした限界を乗り越え、一つひとつの囚われから解放されていくプロセス**だとも言えます。ここで私たちが注意しなければならないのは、既存の囚われの中で成功するためにインテグラル理論を活用することを促すような、目には見えない社会の風潮が存在しているということです。

例えば、「生産性向上のためにインテグラル理論を明日から活用しよう」「インテグラル理論を用いて、利益拡大のための実践法を考えよう」という発想が早急に生まれる場合、注意をしなければなりません。確かに、生産性向上や利益拡大が大切だという側面はあり、それらをすべて否定するわけではありません。

しかしながら、あえて厳しいことを言えば、現代社会には、インテグラル理論のみならず、**ありとあらゆる理論や実践を、既存の社会的な枠組みの中で成功するために活用する風潮が蔓延している**というのが現実です。近年の例で言えば、マインドフルネス瞑想、システム思考、リフレクション、睡眠、食事、エクササイズ、果てはアート（芸術）までもが、企業社会という狭く特殊な世界の中で成功していく――ないしは勝ち抜いていく――ために消費されているような状況も、この社会のひとつの側面であるのは確かです。

残念ながらそこには、**現代の企業社会がいかなる世界観に基づいて動いているのか**という洞察が欠けています。諸々の理論や実践を、現代の企業社会を自縄自縛している狭い枠組みから解放するために活用するという発想もまた、極めて少数派の意見であるのが現実でしょう。

それどころか、むしろ既存の囚われにますます縛られる形で、理論や実践が消費されてしまっているというのが実情ではないでしょうか。

つまり、これからインテグラル理論を活用していく私たち一人ひとりが自らに問いかけていきたいのは、**「インテグラル理論を既存の社会的な枠組みの中で成功するためだけに活用しようとしてはいないだろうか」**という点です。

ぜひ一度ここで立ち止まり、本書の内容に立ち返る形で次のような問いを自らに投げかけてみてください。

「純朴に金銭獲得に邁進できる発達段階とは、どの段階なのだろうか?」
「既存の社会的な枠組みの中で成功することに躍起になれる発達段階とはいかほどだろうか?」

こうした内省的な問いを自らに投げかけること自体が、自己のさらなる変容を促すことでしょう。そして同時に、こうした実践が、インテグラル理論が目指す個人・組織・社会の健全な発達の実現につながるのではないかと思います。

安直な上昇志向をもつことの危険性

インテグラル理論の中心に、「発達」という概念があります。発達という概念をどれほどの深さで理解しているかは、「私たちの発達段階」を表すだけではなく、私たちの「実践の深さ」に大きな影響を及ぼします。

本書の中でも述べられていたように、確かに、私たち個人、そして組織や社会は、長大な時間軸で見れば、進化の方向に向かって歩みを進めていると言えるでしょう。しかし、健全な発達であればあるほど、その進行は緩やかである、というのも本書の要点のひとつです。

そして最も重要なことは、「発達することは、一概にも良い（善い）ことではない」ということです。

発達科学の観点から見ると、例えば、モラルの発達領域で多大な貢献を果たしたローレンス・コールバーグ（ロバート・キーガンの師匠）の研究によると、高度なモラルの知性をもっている者が、実際の生活の中で、高度なモラルが体現された行動をとるかどうかは未だ不明のままです。これはモラルの領域だけではなく、認知的な領域にせよ、霊性を司る領域にせよ、はたまた、より個別具体的な戦略思考能力や問題解決能力などの能力においても当てはまる事柄です。端的に言えば、現在の発達研究では、獲得された高度な知性や能力が現実世界の中でいかに活用されるのかは、未だに不明な点がとても多いということです。物事は、常に光と闇（正義と悪）を内側に抱えていることを踏まえると、発達によって獲得された知性や能力が誤った方向に活用されてしまうことも十分に考えられます。

また、発達とはそもそも、既存の課題や葛藤を乗り越え、さらに複雑かつ過酷な課題や葛藤に向き合っていく現象だとも言えます。ひと言で述べると、今いる発達段階の先の発達段階では、今の自分が想像できないような苦悩や葛藤と向き合うことが突きつけられる、ということでもあります。

ウィルバーが述べているように、現代社会における成人の多くは、ブルーやオレンジの段階に重心を置いています。そこからさらに、グリーン、ティール、ターコイズと発達を進めていけばいくほどに、社会の発達の重心からますます乖離し、そのことが生み出す実存的な苦悩を味わうことになるでしょう。さらに、残念ながら、現代社会において、そうした高次元の発達段階の人々を精神的に支援する枠組みが不十分です。

こうしたことからも、高度な次元に発達することが一概にも良いことだとは言えないという点が見えてくるのではないでしょうか。

ただし、**発達とは「醒めのプロセス」であり、既存の囚われからの解放という肯定的な側面があること**も確かです。発達を遂げていくことによって、自己および他者、社会をより包括的に捉え、かつより共感的に接することが可能になります。また、既存の囚われから解放されることによって、これまで背負っていた人生の重荷が軽くなることも起こりえるというのも、ひとつの側面です。

私たちが生きている現代社会は、あまりにも前のめりであり、絶えず量的拡大や上昇を希求するような世界だと言えるかもしれません。そのため、ひとたび私たちの内側に、発達を盲目的に追い求めるような衝動が芽生えたら、それには注意が必要です。

少し厳しい物言いになるかもしれませんが、私たちに求められるのは、安直な上昇志向をもつことではありません。そうではなく、**発達という現象そのもの、そしてこの現代社会が抱える課題の本質をより深く理解していく**ことです。

そうした理解を促してくれるのが、インテグラル理論なのです。

また、発達心理学者のスザンヌ・クック゠グロイターやカート・フィッシャーが実証研究によって示しているように、**発達とは絶えず上昇する形で成し遂げられるものではなく、停滞や退行を絶えず経験しながら紆余曲折を経て成し遂げられていく**ものだということも忘れてはならないことです。別の観点で言えば、もし今何か停滞感を抱いているとすれば、それは私たちの成長過程で必ず起こることであり、決して否定的な現象ではなく、むしろさらなる成長への兆しだと捉えることができます。

健全な発達を遂げていくためには、過去に積み残した発達課題と向き合うことや、何よりも、今の発達段階を十分に経験すること――味わうこと――が大切になります。さらなる発達を盲目的に志すことが、時に私たちを発達から遠ざけていくという矛盾に気づけるかどうかは大切であり、時に先に進むことよりも、今の発達段階でいかにくつろぐことができるかが大事であることも忘れてはなりません。

本書を読んでくださった一人ひとりの方が、「インテグラル（統合的）」であろうとする前に、本書を通じて獲得したフレームワークをもとに自己および自己を取り巻く社会を冷静な目で捉え直していただければと思います。そして、私たちがどのような状況の中を日々生きていて、個人と社会の本質的な課題が何かを把握し、それと真摯に向き合っていただきたいと切に願っています。

現代社会は確かに多くの課題を抱えていますが、本書をここまで読み進めてくださった皆さんであれば、きっとそれらを乗り越えていく力をおもちなのではないかと思います。本書を読んだ私たち一人ひとりが、自らの知見と経験をもち寄り、お互いを尊重し合いながら実践を積み重ねていけば、統合的な世界が少しずつ開かれていき、健全な発達の螺旋が徐々に生み出されていくでしょう。

一人ひとりの叡智と希望を結集し、それらを慈悲の心をもって結び合わせていけば、令和という新たな時代は、きっと明るいものになる、そう信じています。

謝辞

このたび、本書の企画を立案し、監訳に関するお声掛けをしてくださった、日本能率協会マネジメントセンターの柏原里美さんに、この場を借りてお礼申し上げます。本書は私にとって大変思い入れのある書籍であり、本書と出会って10年の時を経て、このたび監訳の仕事に従事できたことは大変感慨深いものがありました。柏原さんからこのような機会をいただけたことに大変感謝しております。

また、本書の翻訳をしてくださった門林奨さんにもお礼申し上げます。門林さんの名訳を、今回世に送り出せることは、監訳者としての大きな喜びでした。門林さんとの出会いも今から10年前のことであり、このような形で協働し、インテグラル理論を日本に紹介できることのありがたさを感じております。

最後に、現代社会の課題を深く洞察し、その課題の克服に向けた、意義ある理論的・実践的フレームワークを創出してくれたケン・ウィルバーにも感謝の意を伝えたいと思います。また、ウィルバーのインテグラル理論を構成しているさまざまな理論や研究成果を生み出した、無数の研究者と実務家にも感謝の意を捧げたいと思います。彼らの献身的な探究と彼らが見出した叡智がなければ、そして、それらを統合したウィルバーの試みがなければ、私たちが今日このようにして、インテグラル理論の枠組みに触れることはできなかったでしょう。

門林さんの素晴らしい翻訳と、柏原さんの優れた編集の賜物である本書が、日本の多くの方に読んでいただけることを願い、そして何より、インテグラル理論をもとにして、一人でも多くの方がこの現代社会の課題に向き合っていく流れが生まれることを心から願って、ここで筆を置きたいと思います。

２０１９年5月　バルセロナの旅の空の下で

加藤洋平

訳者あとがき

本書はKen Wilber, *A Theory of Everything: An Integral Vision for Business, Politics, Science and Spirituality*（２０００）の全訳であり、ウィルバーが創始した「インテグラル理論」への入門書としては、最も適した本の一冊です。

この『インテグラル理論：多様で複雑な世界を読み解く新次元の成長モデル』は、２００２年に『万物の理論：ビジネス・政治・科学からスピリチュアリティまで』（岡野守也訳、トランスビュー社）として邦訳出版されていた内容を全面的に訳し改めたものであり、日本語として読みやすく、かつ、原文の微妙な意味合いも伝わる文章になることを重視して、一から翻訳をやり直しています。それゆえ、旧訳書を読んだことのある人にも、原著を読める人にも、新たな気づきや発見をしていただける本になったのではないかと思います。もちろん、その成否は、読者の方々の率直な評価に委ねるほかはありません。

ここでは、各章の内容を、訳者の補足も交えながら簡単に振り返っておきたいと思います。

第1章では、スパイラル・ダイナミクスというモデルが紹介されました。テクノロジーの発達によって、あらゆる文化や情報に触れられるようになった現代、無数の真理を有機的に関連づけて、信頼に足る新たなヴィジョンを提示することなど果たして可能なのでしょうか。ウィルバーによれば、そのひとつの鍵となるのが発達心理学であり、代表例としてスパイラル・ダイナミクスが紹介されています。

ここで大事な点は、**人類の世界観の歴史と個人の内面的発達には、ある種の並行関係が見られる**と主張していることです。もちろん、具体的な内容に至るまで両者が厳密に対応しているわけではありませんし、どちらも、単に直線的に進歩していくものでもありません。にもかかわらず、抽象的ないし深層的な次元に着目し、かつ、乱雑な動きの背後にひそむ大きな流れを捉えれば、そこには、並行関係が認められるというのです。しかも、**過去の全ての段階は「超えて含む」という形で私たちの内部に受け継がれており**、どの段階も、私たちに重要な贈り物を与えてくれています。

第2章では、ベビーブーム世代の病《ブーマライティス》という現象を切り口にしながら、人間の内面的な「発達」（ウィルバーにおいて、この言葉は「変容」や「進化」ともほぼ同義である）とは何であるかについて、説明がなされました。具体的には、**「発達とは自己中心性の減少である」**や**「発達《ディベロプメント》とは包み込むこと《エンベロプメント》である」**という大原則、そして**「前《プレ》／後《ポスト》の混同」**（○○でないからという理由で前‐○○段階と後‐○○段階を混同すること）や**「進歩の弁証法」**（発達や進化においては、良いことと悪いことの両方が新しく出現する）や**「差異化と統合」**（発達とは差異化と統合を繰り返していくプロセスでもある）といった重要な見方が示されます。

私たちは、適切な条件が整えば、大人になってからも子どもの頃に経験したのと同じような抜本的な変容を遂げうるのであり、その先端にあるのが、第二層（そして第三層）の実存への変容なのです。

第3章では、統合的ヴィジョン、すなわち、インテグラル理論の概要が説明されました。現在、インテグラル理論は、**AQAL《アークアル》モデル（All Quadrants, All Levels, All Lines, All States, All Types）**、**すなわち、「象限、レベル、ライン、ステート、タイプ」という五つの要素からなるモデル**として紹介されることが多く、その基本的な内容が説明されています。とはいえ、ウィルバー自身も弁明しているように、その内容をたった1章だけで説明するとなると、かなり抽象的な説明にとどまってしまいます。それゆえ、興味のある読者は、それぞれの要素について、自ら探究してみるのもよいでしょう。

例えば、象限については、図3-6で挙げられている**各象限の思想家**や**理論**について学んでみるのもよいかもしれません。レベルについては、本書の監訳者でもある加藤洋平氏の著作をはじめとして、組織での応用に焦点を当てた**ロバート・キーガン**の著作も多く邦訳されています。私自身も、本文で何度か名前を挙げられていた**スザンヌ・クック＝グロイター**の自我発達理論に関する論文を翻訳しており、ウェブ上で検索していただければ、無料で読むことができます。ラインについては、第2章の冒頭でも引用されていたハワード・ガードナーによる**多重知能理論**について調べてみるのもよいかもしれません。ステートについては、**瞑想**や**禅**や**マインドフルネス**を実際に始めてみるのもよいでしょう。タイプについては、例えば、本文で言及されていた**エニアグラム**について学んでみるのもよいでしょう。

加えて、本章では**ホロン**（それ自身として全体であると同時に他の全体にとっての部分でもあるもの）や**フラットランド**（外面領域だけが現実のものであるという見方）などの単語も登場しており、これらもインテグラル理論においては極めて重要な概念です。

第4章では、科学と宗教、あるいは、科学と精神性《スピリチュアリティ》／霊性の関係について、議論がなされました。象限とレベルという見方を根底に置きながら、一方で科学を「狭い科学《ナロー・サイエンス》」（物質的で感覚的な世界だけを対象とする科学）と「広い科学《ブロード・サイエンス》」（人間の内面も扱おうとする科学）に大別し、他方で宗教を「狭い宗教《ナロー・リリジョン》」（個としての自己に意味や慰めを与える宗教）と**「深い宗教《ディープ・リリジョン》／深い霊性《ディープ・スピリチュアリティ》」（個としての自己を超えた深い意識に目覚めようとする宗教／霊性で、科学の三つの要件を満たすもの）**に大別することで、両者の間に橋を架けようというのです。

こうした論点は、現代社会の中で忙しい日々を送っていると興味を抱きにくいものかもしれませんが、生きていると、ふと、そうした領域に深い関心が向くときがあるようにも思われます。そんなときに読んでみれば、きっと、大きな洞察やヒントを得ることができるでしょう。

加えて、本章の最後の節では、リベラル派と精神性《スピリチュアリティ》に関する議論が展開されていましたが、これはウィルバーがその後『インテグラル・スピリチュアリティ』第9章などでさらに深めている論点であり、**合理性や近代性（≒オレンジ段階）がなぜこれほど歪んだものになっているのか**という問題に対して、独自の切り口を与えるものとなっています。

第5章では、さまざまな分野へのインテグラル理論の応用例が紹介されました。本文では、政治、統治論、医療、ビジネス、教育、エコロジー、スピリチュアリティ、国際協力などの例が紹介されていますが、他にも、芸術、フェミニズム、法律など、多くの分野に応用がなされています。

ただし、注意しておく必要があるのは、**それぞれの専門領域そのものに精通していないと、インテグラル理論だけではあまり役立たない**ということであり、もっと悪い場合には、その分野のことを「わかった気になってしまう」ということです。例えば教育の領域において、象限やレベルという要素を使おうとしても、実際にその領域に関与してみないとわからない経験知や身体知というものが無数にあり、それがなければ、単にインテグラル理論のフレームワークを振りかざしても、あまりよい結果にはならないでしょう。逆に、そうした実践的な知に長けた人が、例えば象限やレベルといった見方を活用すれば、大きな変化をもたらすことができるかもしれません。あるいは、政治の領域について、政治的志向性を四象限に対応させ、内面重視と外面重視、個人派と集団派という軸から考察することは確かに有益かもしれませんが、政治学そのものには、あるいは現実の政治状況には、こうした分析軸では扱えないもっと無数の論点や事態が生起しています。

それぞれの分野における個別具体的な内容を探究することなしには、本当の「統合的分析」を行うことはできず、物事のうわべだけを体裁よく整理する、いわば「総花的《そうばなてき》分析」を行うことしかできないでしょう。AQALは極めて有用なフレームワークですが、だからこそ、**そのフレームワークでは見えにくい論点に対して無頓着になりやすい**ということにも、注意しておく必要があります。

最後の節では、人類の歴史においては大抵——あるいは、少なくとも近代以降は——外面における科学技術の成長が内面における知恵や慈悲の成長よりも先に進んできたこと、そしてそれが（過去に悪夢を生み出しただけでなく）人類の未来にとっての脅威になっていることが指摘されます。**内面の発達が、外面の発達に追いつかなければならない**のです。

そしてそのために重要なのは、逆説的なことに、**ブルーやオレンジやグリーンを解体してイエローやターコイズを押しつけることではなく、螺旋全体の健全さを維持し向上させること**（最優先指令《プライム・ディレクティブ》）なのです。

第6章では、この世界に関するさまざまな「地図」ないし世界観（例えばフクヤマ、ハンティントン、フリードマンなど）を紹介しながら、それぞれの見方の有用性と限界を指摘し、インテグラル理論のようなもっと統合的な地図が求められていることが論じられました。特に後半では、さまざまな国や世界の情勢についての分析がなされており、例にはやや古さを感じるところがあるかもしれませんが、その本質的な論点は現在にも全く当てはまることがわかります。

加えて、本章では全体を通して、「螺旋全体の健全さを維持し向上させる」ことの大切さが改めて説かれていました。各段階の「健全さ」とは単純な問題ではありませんが、本書の議論を踏まえて簡潔にまとめるなら、次のように言えるかもしれません——私たちに求められているのは、**「フラットランド型オレンジ」ではなく「深さのあるオレンジ」**を追求すること、**「自己愛型《ナルシシズム》グリーン」ではなく「相互的な愛に満ちたグリーン」**を体現すること、そして「支配型の階層構造《ドミネーター・ヒエラルキー》に基づくブルー」に抵抗しつつ

「健全な秩序と美徳に基づくブルー」を回復することなのです。

第7章では、統合的な「実践」を始めるためのヒントが示されました。その基本的な方針は、全ての象限とレベルを大事にすること、すなわち、**「自己と文化と自然（あるいは真善美、あるいは心と体と人間関係とシステム）の全ての領域において、物理的**〔身体的〕**な次元、情動的な次元、心的な次元、そして精神的《スピリチュアル》／霊的な次元の全てに配慮する」**というものです。

とはいえ、私たちは一体何のために理論を学んでいるのでしょうか。私たちは何のために、実践を始めようとしているのでしょうか。そもそも、こうした探求を行っている「私」とは、誰なのでしょうか。インテグラル理論もまた、最終的には、認識するにはあまりにも明らかであり、到達するにはあまりにも近いスピリットの輝きの前に敗北し、そして私たちは、単に全てとひとつになり、常にすでにそうであったところの「本来の面目」を見つけ出すのかもしれません……。

最後に、巻末の注でも、本文への単なる注記にとどまらないさまざまな補足や論考が示されます。例えば、ホロンについて、ミームについて、さまざまな種類の時間について、統合的という言葉のさまざまな用法について、4種類の妥当性要求について、永遠の哲学について、微細な還元主義と粗い還元主義について、リベラル派の「空白の石板《タブラ・ラサ》」論について、自律性《エイジェンシー》と共同性《コミュニオン》について、人工知能について、占星術について、チャクラ論について、段階横断的《クロスレベル》分析について、など。本文を読み終えた後に、あるいは二回目の読書の際に読めば、インテグラル理論に対する理解をさらに深めることができるでしょう。

なお、活動を終了している団体や公刊に至らなかった文献に関する記述など、一部、訳書では割愛したところがあります。

本書の出版は、さまざまな方の協力なくしては実現できませんでした。何より、本書の復刊企画を提案してくださった柏原里美さん、私を翻訳者として紹介してくださった鈴木規夫さん、そして監訳を担当していただいた加藤洋平さんに、深く感謝申し上げます。特に柏原さんには、編集者としての懇切丁寧な編集だけでなく、関西出張の際には私と直接会うために何度もお時間をとっていただきました。加えて、仮原稿の段階から訳文を頻繁に読んでくれた私の法友でもある酒徳孝則氏に、感謝します。他にも、さまざまな方から、直接ないし間接に、応援や激励をいただきました。

図らずも、２０００年代の始まりにあたって執筆された本書の原著を、令和時代の始まりにあたって翻訳出版できることには、不思議な偶然を感じます。ウィルバー自身、この本を、新たな時代の道しるべとして執筆したことでしょう。

本書が、たとえわずかでも、日本において新たな時代を拓《ひら》くための一助となれば、訳者としてこれに勝る喜びはありません。

令和元年　春　大阪府茨木市

門林　奨

インテグラル理論
多様で複雑な世界を読み解く新次元の成長モデル

2019年6月30日　　初版第1刷発行
2022年9月15日　　　第6刷発行

著　　者——ケン・ウィルバー
監 訳 者——加藤 洋平
訳　　者——門林 奨 ©2019 Shou Kadobayashi
発 行 者——張 士洛
発 行 所——日本能率協会マネジメントセンター
〒103-6009　東京都中央区日本橋 2-7-1 東京日本橋タワー
TEL　03(6362)4339(編集)／03(6362)4558(販売)
FAX　03(3272)8128(編集)／03(3272)8127(販売)
https://www.jmam.co.jp/

装丁、口絵作成——玉村 幸子
ＤＴＰ————株式会社明昌堂
印 刷 所————シナノ書籍印刷株式会社
製 本 所————株式会社三森製本所

ISBN 978-4-8207-2734-7　C0034
落丁・乱丁はおとりかえします。
PRINTED IN JAPAN

著者：ケン・ウィルバー（Ken Wilber）

1949年、米国オクラホマ州に生まれる。

最初の著作『意識のスペクトル』以来、トランスパーソナル心理学の代表的な理論家として知られるようになる。その後、大著『進化の構造』とそれに続く一連の著作群を通して、自らの思想を文明論的なものへと拡張し、現在はインテグラル理論（インテグラル思想、統合哲学）の提唱者として認知されている。

その革新的な業績から「意識研究のアインシュタイン」あるいは「現代の最も重要な思想家の一人」とも呼ばれ、米国元副大統領アル・ゴアもウィルバーの著作を愛読しているとされる。映画「マトリックス」のコメンタリーを担当するなど、著名人との交流も多い。

著書の数は20以上に及び、世界中の言語に翻訳されている。邦訳書は上記の他に『無境界』『ワン・テイスト』『万物の歴史』『インテグラル・スピリチュアリティ』『実践インテグラル・ライフ』『存在することのシンプルな感覚』など多数。

監訳者：加藤 洋平（かとう ようへい）

知性発達学者。発達科学の最新の方法論によって、企業経営者、次世代リーダーの人財育成を支援する人財開発コンサルタント。

一橋大学商学部経営学科卒業後、デロイト・トーマツにて国際税務コンサルティングの仕事に従事。退職後、米国ジョン・エフ・ケネディ大学にて発達心理学とインテグラル理論に関する修士号（MA. Psychology）、および発達測定の資格を取得。オランダのフローニンゲン大学にてタレントディベロップメントと創造性に関する修士号（MSc. Psychology）、および実証的教育学に関する修士号を取得（MSc. Evidence-Based Education）。人間発達と学習に関する研究の成果をもとに、人財開発コンサルタントとして大手企業の人財育成プロジェクトを支援するためにラーニングセッションや成長支援コーチングを提供。また、知性発達科学の理論をもとにした能力測定のアセスメント開発にも従事。

著書・監修等に『なぜ部下とうまくいかないのか 「自他変革」の発達心理学』『成人発達理論による能力の成長』『リーダーシップに出会う瞬間　成人発達理論による自己成長のプロセス』（日本能率協会マネジメントセンター）、翻訳書に『心の隠された領域の測定　成人以降の心の発達理論と測定手法』（IDM出版）がある。

ウェブサイト「発達理論の学び舎（https://www.yoheikato-integraldevelopment.com/)」にて、発達理論に関するさまざまな情報を共有。

訳者：門林 奨（かどばやし しょう）

1988年生まれ、大阪府堺市出身。京都大学理学部卒（地球物理学）、同大学院教育学研究科修士課程修了（臨床教育学）。学生時代、関西でウィルバーとインテグラル理論に関する研究会を主催し、さまざまな職業や境遇の人と交流する。卒業後、京都市内の高校で数学および物理の教員として３年間勤務するが、自分の目指す理想を共有するための日本語の情報源がほとんどないことに直面し、離職。

現在はインテグラル理論や発達理論の分野を中心に、英語文献の翻訳を行っている。

翻訳論文に「自我の発達：包容力を増してゆく９つの段階」（日本トランスパーソナル学会）。

Blog：http://shkd.jugem.jp/

注

第1章　私たちはどこへ向かっているのか
～現代の発達心理学の視点より～

(1) コスモスに関するこうした包括的な見方には、「弦」や「膜」も含まれるが、それだけに還元されるものではない。私の著書『進化の構造』に目を通した読者であれば、弦理論（ないしM理論）が、その本で提示した「20の原則」（全ての領域における全てのホロンが従っている20の基本的なパターン）と完璧に両立するものであることがわかるだろう。『進化の構造』で述べたのは、リアリティを根本において構成しているものは——粒子でもなく、クォークでもなく、大きさのない点でもなく、弦でもなく、膜でもなく——**ホロン（holon）**だということである。ホロン〔全体／部分〕とは、それ自体がひとつの全体であると同時に、他の全体にとっての部分であるようなものを指している。例えば、クォークという全体は陽子という全体にとっての部分であり、陽子という全体は原子という全体にとっての部分であり、原子という全体は分子という全体にとっての部分であり、分子という全体は細胞という全体にとっての部分であり、細胞という全体は有機体〔動物や植物〕という全体にとっての部分であり、有機体という全体はコスモスという全体にとっての部分であり、コスモスという全体は次の瞬間のコスモスという全体にとっての部分である……というように、無限に続いていくのである（このことを、『進化の構造』では「どこまで上っても亀、どこまで下っても亀である」と表現した）。**こうした実体は全て、他の何であるよりも前に、ホロン、すなわち、全体／部分なのだ。**コスモスは、そのさまざまな組織化のレベルにおいて、ホロンから構成されているのである（それゆえ例えば、さまざまな物理的ホロン、さまざまな情動的ホロン、さまざまな心的ホロン、さまざまな精神的／霊的《スピリチュアル》ホロンが存在することになる）。こうした洞察を手にすることで、私たちは、例えば「コスモスとは単なるクォークの集まりにすぎない」といった恐ろしく還元主義的な見方に陥らずに済むのだ。実際、高次の段階《レベル》のホロンは、新しく創発した特性をそなえている。それ以前の段階のホロンから導出することもできなければ、それ以前の段階のホロンに完全に還元してしまうこともできない特性をもっているのである。こうした創発こそが、この世界を、単なる物理的宇宙（cosmos）ではなく、コスモス（Kosmos）にしているのだ。

低次のホロンであればあるほど、そのホロンは**基本的（fundamental）**であると言える。他方で、高次のホロンであればあるほど、そのホロンは**重要（significant）**であると言える。例えば、クォークは極めて基本的なホロンである。なぜなら、クォークは他の非常に多くの全体（例えば原子、分子、細胞）にとっての部分となっているからだ。他方で、細胞は、クォークよりも重要なホロンである。なぜなら、**ホロンの組織化の程度が高次になればなるほど、ホロンはその内部に、他の非常に多くのホロン**（例えば分子、原子、クォークなど）**を含む**——そしてそうしたホロンに重要性を与える《シグニファイ》——ようになるからだ。こういうわけで、低次のホロンほど基本的であり、高次のホロンほど重要なのである。別の言い方をすれば、低次のホロンは、高次のホロンにとって必要な構成要素ではあるが、十分な構成要素ではないのだ。一方、高次のホロンは、その構

成要素である低次のホロンに対して、意味と重要性《シグニフィカンス》を与える。高次のホロンであればあるほど、その内部に他の非常に多くのホロンを含んでいるのであり、したがって、**多くの存在を含んでいる**のである。

『進化の構造』でも説明したように、ホロンには上限がない（「どこまで上っても亀」）という証拠は数多く存在している。問題は、ホロンに下限があるかどうかだ。言い換えれば、もっとも基本的なホロン（他の全体にとっての部分であるが、それ自身の中にはどんな部分もないもの）は存在するのだろうか？　どこまで下っても、やはり亀なのだろうか？　それとも、それ以上分割できないもっとも基本的なホロンに到達するのだろうか？

私の立場は、どこまで上がっても、そして**どこまで下がっても亀**であり、今後も常にそうだろうということだ。私たちが、もっとも基本的な構成単位ないしホロンだと考えるものを発見したとしても、やがて、その中にはさらに基本的なホロンが含まれていることが明らかになるだろう。言い換えれば、人間の意識が高次の強力な段階に進化すればするほど、もっと深く、もっと基本的なホロンが発見されるだろうということであり、このプロセスには基本的に終わりがないように思われるのだ。

そういうわけで、弦理論もまた、この「はてしない物語」のひとつのバージョンにすぎないのである。長い間、陽子や中性子や電子こそが、もっとも基本的な構成要素であると考えられていた。しかしやがて、「標準理論」と呼ばれるモデルが出現し、こうしたホロンそのものが、さらに小さなホロン、すなわち、さまざまな種類のクォーク（さらにはミューオン、グルーオン、ボソン、ニュートリノなど）から構成されていることが明らかになった。実際、標準理論が主張していたのは、こうした要素こそが、もっとも基本的な構成単位であるということであった（そしてこうした構成単位は、「大きさのない点」を扱う数学によってモデル化されていた）。

だが、弦理論が、この全てをひっくり返してしまった。1980年代に提唱され始めたことは、クォークが——そして物理学における全ての力、粒子、反粒子が——**「弦」**と呼ばれる基本的な実体がつくる共鳴のパターンによって生み出されたものだということである。標準理論では、大きさのない点こそが存在の基本的な構成単位であると仮定されていたのだが、弦はそれとは異なり、１次元の線であり、しかも多くの場合、輪ゴムのようにループ状の構造をなしているとされる。こうした弦の振動によって奏でられるさまざまな「音」こそが、物理的な世界におけるさまざまな粒子や力の正体なのだ。こうして、さらに基本的なホロンが提唱されたのであった。

弦理論には、ただちに主張することのできる数多くの利点がある。特に重要なのは、弦に〔大きさのない点として扱うのではなく〕実際の大きさを与えたことで、理論上生じると考えられる量子的な揺らぎの幅が小さくなり、そしてそのことによって——歴史上初めて——量子力学と一般相対性理論をひとつに結びつけられるかもしれないということである。加えて、弦の共鳴パターンのうちのひとつが重力子《グラビトン》を生み出すとされており、それゆえに——やはり歴史上初めて——モデルの中に重力を組み込めるかもしれないということである（従来のモデル、すなわち標準理論においては、電磁気力、強い核力、弱い核力の三つの力を説明することはできたが、重力を説明することはできなかった）。こうして、弦理論は「万物」（物理的領域における万物という意味であるが）の理論の候補となったのである。

こうして、弦こそがもっとも基本的なホロンであり、その下にはもう何もないと宣言されたのであった。しかし、1990年代中頃になると、弦理論の「第二次革命」が始まり、エドワード・ウィッテンによって「M理論」が提唱されるようになった。この新たな理

論によれば、弦とは実際には、「pブレーン」と総称されるさまざまな膜――例えば3次元の膜、4次元の膜……そして9次元の膜（時間を加えれば10次元）まで――の中の一種類にすぎないという。弦よりもさらに基本的なホロンが、互いに変換可能な諸形式からなる並列構造《ヘテラルキー》として存在しているのだ。そして、こうした並列構造《ヘテラルキー》の中から、高次のホロンからなる階層構造《ヒエラルキー》（弦、クォーク、原子など）が創発するのである。いずれにせよ、こうしたことは全て、『進化の構造』で示した20の原則と十分に両立するものなのだ。弦理論やM理論は、他の非常に多くの領域と同じく、20の原則と非常に親和的なパターンを示しており、単にその新しい例なのである。

それでは、pブレーンこそが、もっとも基本的なホロンなのだろうか？　現在はそのように見える。言い換えれば、当面はそうであろうが、やがて、私たちの意識がさらに強力なものへと成長し、量子レベル以下の領域についてもさらに深くまで調べられるようになると、それよりもさらに基本的なホロンが、私たちの前に顔を出すことであろう。どこまで下っても亀なのだ……。

（理論的には、もっとも基本的なホロン――それ以上小さなホロンには分割できないホロン――が本当に発見されたとしても何も問題はない。実際、新たに創発した多くの発達ラインには、積み木の一段目となる最初のホロンが存在している。例えば、文章は単語からなり、単語は文字からなるが、文字をそれ以上分解することはできない。言語学的な記号は、そこから始まるのである。しかし、**コスモス全体には、もっとも上位のホロンもなければ、もっとも下位のホロンも存在していないように思われる**）

本書はおそらく、私の研究全体を把握するための最良の入門書である（とはいえ、さらに『万物の歴史』や『ワン・テイスト』や*Integral Psychology*〔未訳〕を読むことで、私の研究への理解はさらに補完されるだろう）。しかし、私の提唱する「万物の理論」を理解するための**もっとも重要なテクストは、今でも『進化の構造』である。**

(2) 例えば、リアリティとは社会的に構築されたものだということを過度に強調する（全能の文化的自己が全てのリアリティをつくり上げている）、知識とは全く相対的なものだと主張する（全ての知識は文化に依存した相対的なものであるが、全知なる私が発見したこの知識だけは例外である）、極端なまでの脱構築（私には全てのテクストを論破する力がある）、読者反応理論（私が芸術作品を見るとき、芸術作品をつくり出しているのは作者ではなく私である）、私たちがガイアや女神やスピリットを復活させ救済するのだという理論（しかし通常の考え方では、スピリットが私たちを救うのであって、その逆ではない）、自分自身がリアリティをつくり上げているのだというニューエイジ思想の見解（確かに、精神病の患者は自分自身のリアリティをつくり上げている）、UFOによる誘拐（驚くほど高度な知的生命体は、この私を調べる以外には何も望まない）、何百という新しいパラダイム（私は世界を変容させるパラダイムをもっている）、といったものである。非常に多くの分野において、恐ろしいほどの力が有限な自己に付与されていると思わないだろうか？　こうした大量の「自己肥大《セルフインフレーション》」が存在することを把握している社会評論家は、重要な点を認識しているように思われるのである。

(3) Alexander et al., *Higher Stages of Human Development*, p.160 におけるF. RichardsとM. Commonsの文章より。

(4) C. Graves, "Summary Statement: The Emergent, Cyclical, Double-Helix Model of the Adult Human Biopsychosocial Systems," Boston, Mays 20, 1981 より。

(5) こうしたモデルの妥当性を支持する文化横断的な研究に関しては、*Integral Psychology*〔未訳〕に広範な参考文献を記してある。

(6) ドン・ベックとの私信より。こうしたデータの大部分は、テキサス州デントンにある

National Value Centerに電子ファイルとして保管されており、条件を満たす研究者であれば、自由に閲覧することができる。

私自身の理論体系においては、基本となる同じ発達段階《レベル》の中を、数えきれないほど多様なライン（能力領域、流れ）が、相対的に独立した形で成長していく。各個人は、いくつかのラインにおいては相対的に高次の段階に位置しているが、他のいくつかのラインにおいては中程度の段階であり、さらに他のラインにおいては相対的に低次の段階にあるかもしれない。それゆえ、全体としての発達は、直線的に進んでいくものではないのである。

グレイブスのモデルは、私が「ウィルバー２」と呼んでいる時期のモデルに相当する。主要な発達軸はひとつだけであり、人はさまざまな状況のなかで、その軸上を前後に行ったり来たりするのである。他方、「ウィルバー３」のモデルにおいては、人は単一の状況のなかでも、いくつかのラインにおいては高次の段階に位置し、他のいくつかのラインにおいては中程度の段階に位置し、さらに他のラインにおいては低次の段階に位置することがあると主張される（そして「ウィルバー４」のモデル〔本書もここに含まれる〕では、ウィルバー３のモデルそのものが「四象限」という文脈の中に位置づけられる。なお、ウィルバー１からウィルバー４までの各モデルについての詳細は『統合心理学への道』を参照されたい)。

さらに言えば、人は、基本的にどの発達段階にあっても、**変性意識状態**や**至高体験**を経験することができる。したがって、精神的／霊的《スピリチュアル》な体験は高次の発達段階だけで起こりうるという意見は正しくないのである（この論点についての詳細な議論は*Integral Psychology*〔未訳〕を参照のこと)。スパイラル・ダイナミクスには、意識のステート〔状態〕という要素は含まれておらず、さらに、高次の超-個的《トランスパーソナル》な意識段階も含まれていない（本章の注10も参照)。だが、スパイラル・ダイナミクスは、それが扱っている範囲に限って言えば、自己とその旅路に関するひとつの非常に有用でエレガントな理論モデルを与えてくれるものである。私たちの自己は、グレイブスの言葉で言えば、「実存の諸段階《ウェイブ》」を歩んでいくのである。

ドン・ベックは、グレイブスのモデルをさらに前進させ、「ウィルバー４」型のモデルへと発展させた。ベックは私の四象限を用いており、今では自らのモデルを「４象限／８段階」モデル（四つの象限全てに八つの段階が存在する）と呼んでいる。さらにベックは、意識には超-個的な状態も超-個的な構造も存在するという見方に強く賛同している。スパイラル・ダイナミクスの各段階は、実際の調査とデータに基づくものだが、問題もある。それは——こうした調査には常に付きまとう問題であるが——変性意識状態は非常にありふれたものであるが、高次の段階〔構造〕を永続的に確立することはかなり珍しいということだ（深さ《デプス》が増大するほど、数《スパン》は減少する)。ターコイズ段階に位置しているのは人口のおよそ0.1パーセントだとされているが、もしそうだとすれば、ターコイズよりもさらに高次の意識段階に安定的に（一時的な状態ではなく永続的な特性として）位置している人々がどれほど少ないかということは、想像に難くないだろう。こうした事情があるからこそ、本物の高次の段階〔構造〕について多くのデータを集めることは、非常に難しいのである。そしてそれゆえに、私たちが超-個的《トランスパーソナル》な諸段階について合意できる事柄も、次第に先細りになっていくのだ。ベックとコーワンは、ある公刊物の中で、ターコイズを超える段階に対して「コーラル」という名称を与えており、さらにこう述べている。「コーラル段階の存在は、我々にとっては、今なお不明瞭なものである」 私の考えでは、コーラルとは、心霊《サイキック》段階に対応している。とはいえ、こうした段階についての十分なデータを集めることが非常に難しいということは、もうおわ

かりだろう。この論点についての詳細は*Integral Psychology*〔未訳〕を参照のこと。

(7) 第１章で紹介するのは、意識の構造《ストラクチャー》、すなわちレベルという要素だけである。第３章で、これにステート、ライン、タイプという要素を追加する。

(8) 本書で述べているスパイラル・ダイナミクスの解釈は、ドン・ベック自身によって注意深く確認されたものである。私の友人でもあるベックとコーワンの解釈については、spiraldynamics.comを参照されたい。ベックとコーワンは現在、著書*Spiral Dynamics*の改訂第二版を完成させるための作業を行っており、書籍の内容に近年の研究成果が反映されるようになる。グレイブスのモデルから着想を受けとった他の非常に興味深い発達モデルとしては、ジェニー・ウェイドの*Changes of Mind: A Holonomic Theory of the Evolution of Consciousness*を挙げることができる。

(9) 私自身の考えでは、ミームに関する無数の理論は、極めて混乱したものである。ミームに関する全ての理論に見られる基本的な主張とは、ミームは、文化や心の領域で作用する淘汰〔選択〕のプロセスにおいて伝えられる情報の単位であり、いわゆる「マインド・ウイルス」〔心のウイルス〕と同じように伝染していき、生き残ること《サバイバル》（私の言葉で言えば「機能的適合《ファンクショナル・フィット》」）こそがやはり基本原理であるというものだが、私からの反論は数多く存在する。

1. ミームという単位は、３人称の言語である「それ（It）」の言語によって記述されており、それゆえ、「私（Ｉ）」や「私たち（We）」といった左側象限ないし内面領域のリアリティを把握し損なっている。
2. それゆえ、ミームという見方は、私の言う**「微細な還元主義」（subtle reductionism）**〔全てのリアリティを右下象限に還元してしまう立場〕に陥っている典型的な例であると言える。ミームという言葉は、統合的な見方に寄与するよりも、害を与えることのほうが多い。なぜなら、いったん意識を「それ（It）」の領域に還元してしまえば、科学的唯物論や**「粗い還元主義」（gross reductionism）**〔全てのリアリティを原子や素粒子の働きに還元してしまう立場〕を避けることは非常に難しいからである。
3. ミームは個々人の中にある心的-文化的な単位であるとみなされることが一般的であり、それゆえ、ミーム自身もまたホロンであること、すなわち、それ自身の発達の歩みを包み込んだ複合的な個であることを把握し損なっている。それぞれのミームは、さまざまな下位《サブ》ホロンから構成されており、単なる水平的な歴史だけでなく、垂直的な考古学によっても結びついているのである。
4. それゆえ、ミームとは単に、フラットランドの世界観に基づいて認識された心と文化の基本単位である。言い換えれば、ミームとは、４次元のホロンに関する不正確で歪められた２次元の図式である。すなわち、ミームとは、時間という二つ目の次元の中を前進していく１次元のウイルスであり、機能的適合という〔右下象限の〕基準だけによって選択〔淘汰〕されるものであるとみなされている。しかし実際には、ミームとは、時間という四つ目の次元の中を前進していく少なくとも３次元のホロンである——言い換えれば、ミームは、「私（Ｉ）」「私たち（We）」「それ（It）」あるいは「内面（Ｉ）」「外面（It）」「共有された内面（We）」という三つの次元をもっており、**これら三つの領域全て（もっと正確には四つの象限全て）から課せられる妥当性要求（validity claim）によって選択〔淘汰〕される**のである〔訳注：各象限から課せられる妥当性要求とは、「真理」（右上）「機能的適合」（右下）「正

直さ」（左上）「公正さ」（左下）である。第４章の注15も参照〕。なお、次元という言葉についての詳しい議論は、本注釈の後半を参照されたい。

5. 加えて、フラットランドの内部においても、科学者の大部分がミームという概念を拒否している。なぜなら、ミームという概念は、操作可能な具体的項目を欠いているからである。

それにもかかわらず、中には、「ミーム」という言葉を、もっと正確に、四象限的に用いている人たちもいる。ドン・ベックはその一人であり、本書ではベックらのスパイラル・ダイナミクスを紹介しているのであるから、ミームという用語を用いなければならない。ある意味では、これは不幸なことだ。なぜなら、ミーム理論の流行が終わってしまえば、それに関連する全ての理論も衰退してしまうだろうと思われるからだ。だからこそ、私が絶えず強調しているのは、意識発達の諸段階という見方はさまざまな研究によって強く支持されており、ミームとは単に、こうした研究の成果を定式化するためのあまり適切でないひとつの方法にすぎないということなのだ。こうした点について、ベックは非常に注意深く対処しているので、私は彼のミーム概念には満足している。だが、これは珍しいことであり、ベックは例外である。先ほど述べたように、私自身が「ミーム」という概念を用いるときはいつも、**心的-文化的なレベルにおける四象限的なホロン**のことを意味している。

「次元／領域《ディメンション》」という言葉に関して言えば、この単語には非常に多くの意味があるために、長々しい説明を（以下で述べるように）加えない限り、首尾一貫した形で用いることは難しい。物理学においては、一般には、この巨視的《マクロ》な世界には四つの次元が存在すると考えられている。空間の３次元（長さ、高さ、幅）と、時間の１次元である。一方、弦理論やM理論においては、この物理的世界には多くの微視的《ミクロ》な次元が存在していると考えられており、空間の９次元ないし10次元と時間の１次元を合わせて、私たちが生きているのはおよそ10次元ないし11次元の世界であるとされる。

しかしこうした次元は全て、物理的な世界だけの話である。科学的唯物論の見方の中では、存在するのはこうした物理的世界だけなのだ。だが、もし私たちが、物理的な次元だけでなく、情動的な次元、心的な次元、精神的《スピリチュアル》／霊的な次元の存在も認めるなら、言葉の使い方の問題に立ち入らなくてはならない。なぜなら、限られた数の言葉しか、十分に広めることはできないからだ。

著書『科学と宗教の統合』でも述べたように、私は大抵の場合、「段階《レベル》」および「次元／領域《ディメンション》」という言葉をそれぞれ次のように用いている。段階《レベル》という言葉は、**垂直的**な構造のことを指しており、次元／領域《ディメンション》という言葉は、それぞれの段階で見受けられる**水平的**な諸側面のことを指している。そして、その中でももっとも目につきやすい領域《ディメンション》が、要するに四象限――「私（I）」「私たち（We）」「それ（It）」「それら（Its）」あるいは「主観的」「間-主観的」「客観的」「間-客観的」――なのだ。ここで、「それ」と「それら」はどちらも客観的であるので、これら四つの領域を三つに要約してビッグ・スリー――「私」「私たち」「それ」あるいは「芸術」「倫理」「科学」あるいは「美」「善」「真」――とすることも多い。

それゆえ、こうした言葉の用法においては、それぞれの段階には、少なくとも四つの次元が存在するということになる。例えば、もし五つの段階（物質、身体、心、魂、スピリット）を想定し、さらに各段階には四つの次元（すなわち四象限）が存在すると考えるのであれば、20種類の「段階-次元《レベル・ディメンション》」が存在するのである（具体的に述べれば、「物理的な私」の次元、「情動的な私」の次元、「心的な私」の次元、「魂としての私」の次元、「スピリットとしての私」の次元、さらに「物理的な私たち」の次元、「情動的な私

たち」の次元、「心的な私たち」の次元……などが存在することになる)。

さらに、**それぞれの段階《レベル》には、異なる種類の時間が存在している**。例えば、物理的な時間(時計によって計測される時間)、情動的な時間(次々と展開していくこの瞬間が、あなたにとってはどのように感じられるかという時間)、心的な時間(歴史が展開していく時間。例えば、あなたが自分の人生について考えるとき、あなたの人生は物語的《ナラティブ》なな時間のなかで、すなわち、さまざまな物語《ストーリー》や神話やドラマや脚本の時間のなかで展開していく。これは正真正銘のリアルな時間であり、象徴的物語《ナラティブ》の時間である)、精神的《スピリチュアル》/霊的な時間(時間なき現在のなかで永遠が見出される)などである。こうした各段階《レベル》の時間はどれも、全くリアルなものだ。言い換えれば、こうしたさまざまな時間を通して、コスモスは、存在の各段階《レベル》を開き出していくのである(こうしたさまざまな時間についての議論は、『アートマン・プロジェクト』および『エデンから』を参照されたい)。

時間を、他の次元とは異なる(本当は切り離せるものではないが)もうひとつの次元として数えることも一般的である。もしそのように数えるなら、各段階《レベル》には少なくとも五つの次元が存在することになる(四つの象限、および、各象限のリアリティを展開させていくひとつの時間)。それゆえ、五つの段階《レベル》(物質、身体、心、魂、スピリット)のそれぞれにおいて、四つの空間的次元(私、私たち、それ、それら)と、その段階に対応するひとつの時間的次元が存在することになり、全部で25種類の「段階-次元《レベル・ディメンション》」が存在することになる。

こうした次元のうち、「物理的なそれ(physical it)」の次元には、微小な次元を含めると9個か10個の空間的次元が存在するとされているが、私はこうした次元全てを、ひとつの次元として数えている(その中に9個か10個の下位《サブ》次元が存在することを否定しているわけではない)。加えて、物理的なレベルにおいても、「それ」の次元だけでなく、「私」や「私たち」や「それら」の次元が存在している。しかし、もうおわかりだろう。次元に関する話は、目が回りそうなくらい複雑なのだ!

先にも述べたように、こうした長い補足を加えることなしには、「次元/領域《ディメンション》」という言葉を首尾一貫した方法で用いることは難しい。それゆえ、私は便宜的な理由から、次元という言葉を「象限」(特定の段階《レベル》における水平的な諸側面)と同じ意味で使うときもあれば、垂直的な諸段階と水平的な諸領域の両方を指す言葉として広い意味で使うときもある。私がどちらの使い方を行っているかは、前後の文脈から明確に判断できるはずである。

(10) 私信より。ベックはミームという言葉を独自の意味で使用している。それは「価値のミーム《バリュー・ミーム》」という意味であり、vMEMEとも表現される。vMEMEとは「中核にある価値体系、世界観、基本原理であり、思考の構造、意思決定システム、さまざまな文化的表現行為の中に浸透しているもの」であると定義されている。

グレイブス/ベックの理論モデルでは、私の言う「移行構造」と「恒久構造」の違いも、「基本構造」と「自己関連構造」の違いも、明確には示されていない。私自身の理論モデルでは、各段階の**基本構造(basic structures)**〔基本的な諸能力〕は恒久的〔永続的〕なものであり、後の段階に進んでも完全に利用可能な能力として残り続けるが、**自己関連ライン(self-related lines)**(例えば道徳のライン、価値のライン、自己感覚のライン)は移行的なものであり、後の段階に進むと別の性質に置き換わるようになる(ただし、人はさまざまな段階における「サブパーソナリティ」――例えばパープル段階のサブパーソナリティ、ブルー段階のサブパーソナリティ――をもっているかもしれない。こうしたサブパーソナリティは、多くの場合、特定の状況において刺激《トリガー》され、

さまざまな道徳的反応、感情的反応、欲求等を引き起こすことになる)。

一般的に言えば、例えば、ある人の自己の**重心**がグリーンの段階にいったん到達してしまえば、その人が過去の段階に退行しない限り、純粋なパープルの段階が活性化されることはない。だが、パープルの段階——情動的-空想的な段階——の**基本構造を活性化することはできる**(そして絶えずそうしている)。とはいえ、グリーンの成人が「活性化」させるパープルの段階は、２歳の子どもが身につけているパープルの段階と同じではない。２歳の子どもにとって、パープルの段階は、自らの中心的なアイデンティティ——**近接自己(proximate self)**、すなわち「私(Ｉ)」——の土台をなすものである。他方、グリーンの成人にとって、パープルの段階は、あくまでも**遠隔自己(distal self)**、すなわち「そこにいる私(me)」の一部であるにすぎない。グリーンの成人がパープルの段階を活性化するとは、かつて自分自身が「パープルの時期」(情動的-空想的な時期)にいたときに身につけた基本的な諸能力(つまり基本構造)を活性化するということなのであり、パープルの段階に対応するさまざまな移行構造(道徳のライン、価値のライン、世界観のラインなど)は、自己の中心的なアイデンティティがもはやパープルの段階にはないため——過去の段階に退行しない限り(あるいはパープル段階のサブパーソナリティを活性化させない限り)——大きく活性化されることはないのである。

それゆえ、私は少なくとも、パープルの能力とパープルの自己の二つを区別することにしたい。各段階の基本的な諸能力〔基本構造〕は**恒久的(enduring)**であるが、各段階の自己〔自己関連ライン〕は**移行的(transitional)**なのである。こうした論点についての詳細は*Integral Psychology*〔未訳〕を参照のこと。加えて、本章の注６も参照されたい。

とはいえ、こうしたことは細かな専門的区別であるので、互いの理論に友好的でありながらも異なる意見であることは十分に可能である。実際、グレイブス／ベックの理論モデルでは、「さまざまな段階《ミーム》を活性化する」という図式を用いることで、非常に明快で簡潔な方法によって、実存の諸段階に関するもっとも一般的で重要な性質をとりあげることが可能になっている(例えば、人間の意識には確かに一般的な発達段階が存在するが、一度ある段階が出現してしまえば、私たちはどの段階の在り方も活性化することができるという点など。こうした性質があるからこそ、私たちはさまざまな状況において、「さまざまな人間」になることができるのである)。

加えて、私が気づいたことは——特に教育的な観点からすると——細かな専門的区別(移行的／恒久的、基本構造／自己関連ラインなど)を強調すると、人々は洞察を得るよりも、むしろ混乱してしまうということだ。ミームという大雑把な見方であっても、発達の螺旋《スパイラル》全体ないし意識のスペクトラム全体を踏まえて思考できるようになるためには、十分すぎるほど豊かな内容なのである。なぜなら、もっとも基本的でもっとも大事な論点とは、私たち全員が、潜在的には、こうした意識の諸段階の全てを利用できるということであり、そして適当な条件を整えることで、各段階の出現を促進することができるという点だからである。

⑾ 以下の記述の大部分は、グレイブス、ベック、コーワンのさまざまな公刊物に記されている内容を、直接引用したか、または、私自身の言葉で言い換えたものである。参考文献についてはIntegral Psychology〔未訳〕を参照されたい。

⑿ 本章の注６を参照のこと。

⒀ この「感じること《フィーリング》と知ること《ナレッジ》の融合」は、私の言う「成熟したケンタウロス」の段階を特徴づける一般的な特性のひとつである(詳しくは『万物の歴史』を参照されたい)〔訳注: ケンタウロスについては第３章の注８を参照〕。

私自身の理論モデルにおいては――しかも認知のラインだけに着目するなら――グリーンとは「前期ヴィジョン・ロジック」の段階である（形式操作の段階とヴィジョン・ロジックの段階との間の移行期であると言ってもよい）〔訳注: ヴィジョン・ロジックについては第４章の注10を参照〕。この「前期ヴィジョン・ロジック」の段階（グリーン）において、形式操作的なシステムは差異化されて、多種多様な文脈が生み出されることになる。一方、「中期ヴィジョン・ロジック」の段階（イエロー）および「後期ヴィジョン・ロジック」の段階（ターコイズ）に到達すると、多かれ少なかれ、こうして差異化されたものが統合されることになる（しかし同時に、新たな差異化がもたらされる――それはさらに後の段階によって統合されるであろう）。そしてターコイズ段階の次のコーラル段階（心霊《サイキック》段階）が、本当の意味での超-個的《トランスパーソナル》な諸段階の開始地点である。こうした論点についての精密な議論は、*Integral Psychology*〔未訳〕を参照のこと。

図1-2●段階と認知

段階（色）	認知
オレンジ	形式操作
グリーン	前期ヴィジョン・ロジック （形式操作からヴィジョン・ロジックへの移行期）
イエロー	中期ヴィジョン・ロジック
ターコイズ	後期ヴィジョン・ロジック
コーラル	トランスパーソナル

※図は訳者作成。

⒁ この段落で「グリーンの成果」として述べた事柄は全て、実際には、オレンジの段階によって（歴史的には、啓蒙思想の時代において）始められたものである。なぜなら、これから見ていくように、オレンジの段階とは、真に世界中心的で後-慣習的な最初の発達段階だからである。グリーン段階は単に、こうしたオレンジの世界中心的な公平さの視点を、さらに強化し、拡大したにすぎない。グリーンによるオレンジへの攻撃の大部分は的外れなものであり、多くの場合、強烈な「ベビーブーム世代の病《ブーマライティス》」によって突き動かされているのである（詳しくは本書の第２章、および、*Boomeritis*〔未訳〕を参照されたい）。

⒂ 参考文献、および、さらに詳しい議論については、『ワン・テイスト』における11月23日の項を参照されたい。

第 2 章　発達とは何か ～自己愛とケア――発達の本質と現代社会の病～

(1) だからと言って、幼児期や児童期においてもさまざまな種類の精神性《スピリチュアリティ》／霊性が現れうることを否定しているわけではない。ただ、そうしたスピリチュアリティは、主として前-慣習的で自己中心的な方法によって表現されるということである。詳細は*Integral Psychology*〔未訳〕の第11章「幼年期のスピリチュアリティは存在するか？」を参照されたい。

(2) *The Quest for Mind*, p.63 より。

(3) 本章の注１を参照。

(4) H. Haan et al., "Moral Reasoning of Young Adults," *Journal of Personality and Social Psychology*, 1968, 10, pp.183-201. を参照のこと。

(5) 第１章の注14でも述べたように、世界中心的で平等主義的な公平さが実現され始めたのは、オレンジ段階（歴史的には啓蒙思想の時代）でのことである。これは大きな苦労を要することであり、称賛に値する功績であるが、グリーン段階が広く現れ始めたことで、こうした運動はある種の最高潮に達することになった。歴史的には、それまで周縁に追いやられていた非常に多くの人々に対して、法律上の権利、政治的な権利、そして市民としての権利が与えられるようになったのである。ただし、人々を周縁に追いやったのはオレンジではなく、ブルーとレッドである（この事実はグリーンによって常に見過ごされており、それゆえ、グリーンは啓蒙主義の思想に対して、的外れな全面攻撃を仕掛けている。この論点についての詳細は*Boomeritis*〔未訳〕を参照されたい）。

(6) こうした「実現型の階層構造《アクチュアリゼーション・ヒエラルキー》」のことを、私は「ホロン階層」〔ホラーキー〕とも呼んでいる（第３章参照）。私の著作に通じている読者は、ここで提示した一連の階層（原子、分子、……、生物圏、宇宙）においては、個の領域（上側象限）と集団の領域（下側）が区別されていないことにお気づきだろう。しかし**実際には、個的ホロンと集合的ホロンは、発達の各段階において同時に出現する二つの側面なのである**（詳細は『進化の構造』第３章「個体と社会」を参照）。だが、本文で記した素朴な例を用いたとしても、ここでの結論は変わらない。

(7) ジェニー・ウェイドは、グレイブスの業績を慎重に研究してきた人物であるが、オレンジ（ウェイドの言う「達成型意識」の段階）とグリーン（「連帯型意識」の段階）は異なる二つの段階《レベル》ではなく、ブルー（「順応者型意識」の段階）に提示される異なる二つの選択肢《チョイス》だと考えている。それゆえ、ウェイドの見方では、オレンジとグリーンの両方が、直接に、第二層（「真正の意識」の段階）へと発達できることになる。ウェイドの著書*Changes of Mind: A Holonomic Theory of the Evolution of Consciousness*は、意識のスペクトラム全体を概観するための素晴らしい本であり、その内容は『統合心理学への道』（原著名*The Eye of Spirit*）の中で詳しく検討している。

(8) レイの統合的文化が、新しく現れつつある「個人中心的市民宗教」の一例であるという議論については、『ワン・テイスト』における9月23日の項を参照のこと。

(9) ドン・ベックとの私信より。ここで注意したいのは、ベックとコーワンの推定では、世界の人口の10パーセントがグリーンに位置している（第１章でも記したように）が、その大部分は、アメリカとヨーロッパに居住しているということである。実際、ベックの研究によれば、アメリカ合衆国においては成人の約20パーセントがグリーンに位置していると示されており、これはレイの示した数字と非常によく合致している。

(10) こうした調査データに関する参考文献と議論については、『統合心理学への道』を参照のこと。加えて、全体像を把握したい読者には、*Integral Psychology*〔未訳〕を推奨する。

第3章　インテグラル理論とは何か
〜統合的ヴィジョンの概要〜

(1) 以下で述べたのは、どんな要因によって個人の変容が促進されるのかということを、四象限的に分析したものである。ここではまだ、「四象限」という見方を紹介していないので、本文中ではそのような説明はしていない。しかし、私の著作を読んでいる人なら、この分析が四象限に基づく分析だということにすぐに気づくだろう。

(2) もちろん、「乗り越える」という言葉でグレイブスが意味しているのは、グリーンへの**「固着」(fixation)** を超えなければならないということである。たとえ第二層へ跳躍したとしても、グリーンの段階《ミーム》それ自身が螺旋《スパイラル》全体にとって極めて重要な要素であることは変わらない。

(3) マイケル・マーフィーの言葉の引用である。マーフィーはエサレン研究所の共同創設者であり、*The Future of the Body*や*Golf in the Kingdom*の著者でもある。『統合心理学への道』への序文も参照されたい。

(4)『進化の構造』の後に出版した一連の書籍——『万物の歴史』『統合心理学への道』『科学と宗教の統合』『ワン・テイスト』そして*Integral Psychology*〔未訳〕——は全て、『進化の構造』で提示したさまざまな考え方に具体的な内容を与えるものである。一般向けの入門書としては、『万物の歴史』を推奨したい。

(5) ドン・ベックもこれと同じような図を使い始めており、ベックはこれを「4象限／8段階」モデル(四象限のそれぞれに八つの段階を想定する)と呼んでいる。もちろん私自身のモデルでは、こうした段階《レベル》はさらに高次の超-個的《トランスパーソナル》な段階や状態にまで拡張されており、さまざまな変性意識状態や、さまざまな発達のラインも包含されている。だが、こうした簡略化された図は、大まかな論点を把握するには非常に適している。Peter McNab, Wyatt Woodsmall, Brian van der Horst, Maureen Silosの著作も参照されたい。

(6) こうしたさまざまなラインが存在することの証拠は、『統合心理学への道』および*Integral Psychology*〔未訳〕に示してある。

(7) 厳密に言えば、グレイブスの理論モデルは、発達におけるひとつのライン(価値のライン)である。だが、このモデルにおける発達の諸段階は、私の理論モデルにおける意識そのものの段階でもあるため、各段階そのものの一般的な性質を表すために用いることができるのである。詳細は*Integral Psychology*を参照のこと。

(8) 人間の発達に関して「統合的」(integralまたはintegrated)という言葉が用いられるとき、文脈に応じて多くの異なる意味が与えられることになる。

まず、大きく分けて、少なくとも2種類の異なる意味が存在する。「水平的な統合」と「垂直的な統合」の二つである。水平的な統合とは、ある段階(例えばパープル、ブルー、イエロー)におけるさまざまな要素が、**その段階の中では非常によく統合されている**という意味である。この用法においては、十分に統合されているとは、十分に健全であることを意味している——その段階に内在しているさまざまな構造的限界のことを考慮すれば、非常に優れた在り方であることを意味しているのである。水平的な統合においては、基本的に、**現在の段階の中で四つの象限の全てを統合する**ことが重要となる。逆に、四つの象限が不均衡な関係にあったり、あるいは、四つの象限をうまく統合することができなければ(例えば「私(I)」「私たち(We)」「それ(It)」のどれかひとつの領域だけを過剰に重視していれば)、現在の段階に対応する病理的な状態に陥ることになる。ある段階における健全さを回復する(例えば不健全なブルーから健全なブルーへ移行する)とは、その段階におけるさまざまな要素ないしさまざまな象限のあいだに

均衡《バランス》を取り戻す（そしてそれらを統合する）ことなのである。これが水平的な統合である。

それに対して、垂直的な統合とは、高次の段階《レベル》の統合へと完全に移行してしまうことを意味している。そしてここにおいて、「統合的」という言葉の意味が人によって――各理論家がどの段階をもっとも高次の発達段階だと認識しているかによって――大きく変わってくるのである。しかし実際には、**発達のどの段階も、以前の段階に比べてより統合的**である。なぜなら、発達の各段階は、不健全な発達を遂げていない限り、以前の段階を「超えて含んでいる」からだ。それゆえ、後の段階であればあるほど、自らの中に多くのホロンを包含しており、以前の段階に比べるとより統合的なのである。

こういうわけで、多くの理論家は、自分自身が認識しているもっとも高次の段階を「統合的段階」と名づける傾向にある。例えばゲブサーの発達モデルは、古代的段階から始まり、呪術的段階、神話的段階、合理的段階、最後は「統合的段階」である。ジェーン・レヴィンジャーの発達モデルも、自閉的段階、共生的段階、衝動的段階、自己防衛的段階、順応的段階、自意識的段階、良心的段階、個人主義的段階、自律的段階、そして最後は「統合的段階」である。スパイラル・ダイナミクスにおいても、もっとも高次の諸段階（第二層の諸段階）を指すために、「統合的」や「全体的《ホリスティック》」といった単語が用いられている。

こうした用語の多くは第２章の図2-1に示されているが、図2-1に含まれているのは、私の言う**「ケンタウロス段階」**〔ケンタウロスとはギリシャ神話に登場する半人半馬の存在のこと。**心身統合段階**とも呼ばれる〕までの段階である。しかし注意してほしいのは、私の考えでは、さらに高次の諸段階が存在するということだ。私はこうした段階のことを超-個的《トランスパーソナル》な段階（あるいは「第三層」の段階）と呼んでおり、多くの本において、広範な文化横断的研究をもとに、その特徴を詳しく描いてきた（例えば*Integral Psychology*〔未訳〕を参照のこと）。それゆえ私たちは、こうした高次の超-個的《トランスパーソナル》な諸段階の中のさらにもっとも高次の段階を「統合的段階」と呼んでも構わないのである。なぜなら、その段階は、ケンタウロス段階〔心身統合段階〕よりもさらに統合的であり、ゲブサーの統合的-非視点的段階よりもさらに統合的であり、レヴィンジャーの統合的段階よりもさらに統合的であるからだ。もう一度言えば、大事な点は、それぞれの発達段階は前の段階よりも統合的であるということであり、そしてそれゆえに、私たちがどの段階を本当の統合的段階と呼ぶかということは、私たちがどの段階を最も高次の段階として認識しているかに応じて変化するということなのである。

とはいえ、大半の研究者は、ケンタウロス段階（統合的-非視点的な段階、第二層の段階、心身統合の段階）がもっとも高次の段階だと考えている。それゆえ、本書では基本的に、こうした段階を指すために「統合的」という言葉を用いている。だが、理解しておかなければならないのは、「統合的」という言葉は非常に相対的な言葉であるということ、および、究極の統合的段階とは非二元のコスモスそのものだということである。それは、あなた自身の意識のもっとも高次の段階であり、そして同時に、全ての段階をひとつの例外もなく支えている究極の基底《グラウンド》なのである。

(9) このことは、発達のどのラインについても言えることである。例えば、ある人の道徳のラインだけを考えてみても、職場においては、グリーン段階でのタイプ７の在り方が支配的であるが、ストレスが増大する状況下では、オレンジ段階（あるいはもしかするとブルー段階）でのタイプ１の在り方が支配的であるかもしれない。そして、この同じ人物が、認知のラインにおいては、ターコイズ段階でのタイプ４の在り方を体現しているかもしれないのだ。だが、注意したいのは、エニアグラムだけでは、人が垂直的な諸

段階《レベル》の間を移動するという現象を認識できないことである。エニアグラム理論によれば、オレンジ段階に位置するタイプ7の人間は、ストレスが増大すると、オレンジ段階におけるタイプ1の在り方を示すということになる。しかし実際には、本当にストレスが増大すると、オレンジ段階に位置するタイプ7の人間は、ブルー段階に、さらにはレッド段階やパープル段階に退行するだろう。言い換えれば、単にさまざまなタイプが存在するのではなく、さまざまな段階《レベル》におけるタイプが存在するのだ。もう一度言えば、私たちは、水平的な類型論と垂直的な類型論を組み合わせることによって、今よりもっと統合的な見方を形成しうるのである。

私が水平的なタイプ論（例えばエニアグラム）と垂直的な発達論を組み合わせることを初めて提案したのは、著書『万物の歴史』の中においてである。他の複数の研究者も、独立に、同じような提案にたどり着いている。ちなみに、エニアグラムの流派の中には、エニアグラムを垂直的な発達段階――腹、胸、頭――を表すものとして活用しているものもある。そうした試みも素晴らしいものだ。ただ、私はエニアグラムを、どの段階においても成立する水平的なタイプ論として用いている。なぜなら、現在、そうした見方のほうが広く普及しているからである。

(10) 男性と女性の発達についてのギリガンの階層的な見方を適切に要約した文献としては、Alexander and Langer, *Higher Stages of Human Development* を参照のこと。特に、編集者による序文と、ギリガンによる第9章を読まれたい。

(11) 私が『統合心理学への道』で述べた結論は、男性はエイジェンシー〔自律性〕を重視する傾向にあり、それに対して、女性はコミュニオン〔共同性〕を重視する傾向にあるということ、さらに、男性はエロス〔上に手を伸ばす愛〕を重視しながら変容する傾向があるのに対して、女性はアガペー〔下に手を差し伸べる愛〕を重視しながら変容する傾向にあるということである。しかし発達段階そのものは、どちらの性別にとっても、本質的に同じである。発達段階そのものは、ジェンダーに対して中立的なのである。詳しくは『統合心理学への道』の第8章「統合的フェミニズム」を参照されたい。

(12) スパイラル・ダイナミクスの例を用いて説明するなら、女性が進んでいく実存の諸段階（発達の階層）そのものは男性と同じであるが、女性は男性よりも関係性志向であり、周囲に開かれており、共同性を重視する傾向にある。統合的フェミニズムとは、全ての段階や状態やラインにおいて、さまざまな力学やパターンが、どのように「異なる声」を通して現れるのかを探求しようとするものである。『統合心理学への道』第8章「統合的フェミニズム」を参照のこと。

(13) 構造（structure）と状態（state）についての詳しい議論は、*Integral Psychology*〔未訳〕を参照されたい。

(14) 左上象限を右上象限に還元することに、何ら正当な理由は存在していない。詳細は *Integral Psychology*〔未訳〕および『万物の歴史』を参照のこと。脳と心がどのように関係しているのかという点は、*Integral Psychology*〔未訳〕において詳しく探求している。

(15) このことは、システム科学が右下象限だけにしか適用されないという意味ではない。近頃はますます、右上象限の内容――例えば脳のさまざまな仕組みなど――にも、システム科学のアプローチが適用されるようになってきている。私のモデルが意味しているのは単に、右上象限は**「個的ホロン」**の領域であり、右下象限は**「社会的ホロン」**（あるいは**集合的ホロン**）の領域であるということなのだ。しかしどちらの象限のリアリティにも、システムとしての側面は存在している。なぜなら、全ての個は、実際には、〔さまざまな個を包含した〕複合的な個だからである。この論点についての詳細は『進化の

構造』を参照されたい。

だが、注意しておこう。システム理論が扱っているのは、右側象限だけ（右上象限だろうと右下象限だろうと）である。**だからこそ、システム理論（そしてカオス理論や複雑系の科学）は、意識（つまり内面象限）に関する適切なモデルを構築することができない**のである。さらに、アルフレッド・ノース・ホワイトヘッド、チャールズ・ハーツホーン、デヴィッド・レイ・グリフィンが指摘しているように、意識をもっているホロンは、個的ホロンだけである。言い換えれば、個的ホロンのみが、意識をもっている。他方、集合的ホロンないし社会的ホロンは、意識をもっていないのである（もっとも、こうした集合的ホロンを成立させている一つひとつの個的ホロンは、意識をもっているが)。簡単に言えば、さまざまな種類のシステム理論はどれも「それ（It)」の言語によって構築されているのに対して、意識は「私（I)」の言語によって構築されているのだ。こういうわけで、システム理論の言語（例えばカオス、複雑性、オートポイエーシス〔自己創出〕）によって意識のモデルを構築しようとする多くのアプローチは、相当に的外れなことをやっているのである。

とはいえ、システム理論が重要ではないということではない。私のモデルにおいては、右下象限もまた、意識に関する包括的な物語《ストーリー》を構成する重要な要素である。なぜなら、どんなホロンも、四つの領域〔象限〕をもっているからである。意識に対するシステム的なアプローチは、意識が集合的システムの中でどんな外面的形態をとるのかを明らかにしてくれるという点で、重要なのである。しかし、こうしたアプローチは、「私（I)」や「私たち（We)」の言葉に基づくモデルや方法論によって、補完される必要がある。詳細は*The Collected Works of Ken Wilber, Volume 7*〔未訳〕における「An Integral Theory of Consciousness」の項を参照のこと。

⒃ 厳密に言えば、「私たち（We)」は１人称の複数形であり、２人称は「あなた（You)」である。しかし私は、１人称の複数形である「私たち（We)」と、２人称である「あなた（You)」ないし「汝《なんじ》（Thou)」を、どちらも左下象限に含めて、その両方を「私たち（We)」という言葉で表現している。なぜそうするかと言えば、英語には２人称の複数形が存在していないからである（だからこそ、アメリカ南部ではyou all、アメリカ北部ではyou guysという言葉が使われているのだ)。言い換えれば、「私たち（We)」という言葉には、丁寧に見れば、「我-汝《われなんじ》」関係が含まれているのである（実際、「私たち（We)」が存在し、一連の知覚様式を共有しているのでなければ、私は汝の思いに真に共感することはできないだろう)。

それゆえ、私の意見では、「我-汝」関係について論じている理論家たちはみな、左下象限の一部分、すなわち、広い意味での「私たち（We)」の領域の一部分を扱っているのである。実際、「私たち（We)」の領域を扱っている大半の理論家（例えばハーバーマス）は、間-主観的な領域を、そのように認識している（すなわち、「我-汝」関係は、「私たち（We)」領域の下位集合であると考えている）のだ。もし**そうした認識がなければ、２人称の「あなた（You)」は、観察の対象すなわち「それ（It)」へと縮退してしまうだろう**。それゆえ、本物の２人称のアプローチは全て、１人称の複数形、すなわち間-主観的な「私たち（We)」に基づくものなのである（たとえ「私たち」とは区別された「汝」を扱っているとしても、部分的には、「私たち」に基づいている)。言い換えれば、単に「我-汝」関係すなわち２人称の視点のみを強調する研究は、相手をモノとみなし、相手の存在をおとしめてしまう可能性があるのだ。

いずれにせよ、私は——解釈学的哲学を展開する偉大な哲学者たちの大半と同じく——「私たち／汝」（We/Thou）の領域、すなわち間-主観的な領域に関する研究を強く支持

している。加えて、こうした間-主観的な領域（「私たち」と「汝」の両方）が、「それ(It)」領域を扱う科学からも、「私（I）」領域を扱う主観主義の立場からも、恐ろしいほどに無視され続けてきたことにも、私は非常に強く同意する。「全象限、全レベル」のアプローチ、すなわち「1-2-3アプローチ」においては、「私（I）」「私たち（We)」「それ（It)」の全ての研究に対して、十分な居場所が与えられるのである。

⒄ 意識状態（state of consciousness）と意識構造（structure of consciousness）の関係については、*Integral Psychology*〔未訳〕を参照されたい。

⒅ 自己、病理の諸段階、典型的な治療法についての議論は、*Integral Psychology*〔未訳〕を参照のこと。

第4章 宗教をどう考えるか
～「瞑想の科学」としてのスピリチュアリティ～

(1) 特に、『眼には眼を』『科学と宗教の統合』そして*Integral Psychology*〔未訳〕を参照されたい。

(2) Ian G. Barbour, *Religion and Science: Historical and Contemporary Issues*より。

(3) Eugene Scott, "The 'Science and Religion Movement,'" *Skeptical Inquirer*, July/August 1999より。

(4)「構築的ポストモダニズム」(constructive postmodernism) の重要性については、『科学と宗教の統合』、*Integral Psychology*〔未訳〕、*Boomeritis*〔未訳〕を参照されたい。

(5) この論点についてのバーバーの主要な文献は*Religion and Science: Historical and Contemporary Issues*である。バーバーはこの本の中で、宗教において「データ」に相当するのは、精神的《スピリチュアル》／霊的な体験であると指摘している。「宗教的共同体にとってのデータとは、各個人の明瞭な諸体験、および、その宗教的伝統に含まれるさまざまな物語や儀式である」 データという言葉は何らかの実証主義を前提としていると考える批評家たちとは異なり、バーバーが認識しているのは、どんな領域からのどんな生《なま》の情報も――それゆえさまざまな神秘体験も――データであるということだ。しかし、バーバーが実際にこうしたデータについて論じている箇所は非常に短く、(400ページ近い本の中の) 2ページにも満たない。神秘体験とは何であり、どうすれば到達可能であり、どのようにして承認または否定されるのかについて説明して終わりである。こうした大きな「空白」が見られることは、私が本文中で要約したさまざまなアプローチにおいては典型的なことであり、私は著書『科学と宗教の統合』で、この空白を埋めようと試みている。本文では、後で、こうしたデータがなぜそしてどのような点で本物の科学だと言えるのかを説明していく。

　バーバーの述べている内容の多くは、洞察にあふれた有益なものである。そうした多くの内容に関しては、私はバーバーの主張に同意している。だが、バーバーは、宗教におけるデータとは実際にどんなものなのかということを十分に扱っておらず、それゆえに問題の核心にたどり着けないでいる、というのが私の見方である。

(6) S. Gould, "Non-Overlapping Magisteria," *Skeptical Inquirer*, July/August 1999より。強調は原文のもの〔一部改〕。

(7) S. Gould, "Non-Overlapping Magisteria," *Skeptical Inquirer*, July/August 1999より。強調は私によるもの。

(8)「永遠の哲学」や「存在の大いなる連鎖」に対する私からの強い批判については、本章の注16を参照されたい。

(9) 私の著書『統合心理学への道』、および、AlexanderとLangerによる*Higher Stages of Human Development*を参照のこと。

(10) 図4-4の左上象限において、「規則」とは「具体操作的な思考」のことであり、およそブルー段階に対応している。「形式」とは「形式操作的な思考」のことであり、およそオレンジ段階に対応している。そして**「ヴィジョン・ロジック」(vision logic)** とは「システム的な思考」のことであり、グリーン段階、イエロー段階、ターコイズ段階に対応している。

　〔訳注: ヴィジョン・ロジックとは、合理性 (形式操作的思考) のように、単にありうるさまざまな視点を並列させて考えられるだけではなく、さまざまな視点がどう組み合わされるのかを判断できるような思考のことを指す。ヴィジョン・ロジックにおいては、

矛盾をそのまま心にとどめることも、対立を総合することもできる。それは弁証法的であり、非線形的である。一見したところ両立しがたい観念を、それぞれの部分性を否定しながら、積極的に寄与できる点を保存することで、新しい高位のホロンの中の諸関係として位置づけ、織り合わせることができる。差異の中に同一性を見出すことができる。詳しくは『進化の構造Ⅰ』pp.293-294を参照。第１章の注13も参照〕

右上象限において、SFとは、脳における「構造-機能」（structure-function）のことを意味している。左上象限における具体操作的思考に対応するものがSF１、形式操作的思考に対応するものがSF２、ヴィジョン・ロジックに対応するものがSF３である。そして左下象限において、「ウロボロス的」とは、爬虫類的な脳幹に対応する世界観のことを指しており、「テュポーン的」とは、大脳辺縁系に対応する世界観のことを指している。

⑾ 詳しくは『進化の構造』『万物の歴史』そして*Integral Psychology*〔未訳〕を参照のこと。

⑿ 一般的には、「宗教」（権威主義的で組織的な形態をとるもの）と「精神性／霊性《スピリチュアリティ》」（個人の信仰や体験として現れるもの）は区別される。こうした区別は有益であることも多いが、逆に、物事を見えにくくしてしまうことも多い。**ほとんどの組織的な宗教には、個人の体験を重視する神秘主義的な宗派が存在している**からである。実際、多くの点で、宗教とは単に「組織化されたスピリチュアリティ」なのである（例えば、もしニューエイジ思想におけるスピリチュアリティが影響力を拡大し、確固とした地位を手にしたなら、それはやがて宗教のようになることだろう）。それゆえ私は、宗教とスピリチュアリティを区別するよりも、「狭い宗教／スピリチュアリティ」と「深い宗教／スピリチュアリティ」という区分を設けるようにしている（この区別については、本文で詳しく説明している）。言い換えれば、**私の議論は、「宗教」にも「スピリチュアリティ」にも、どちらにも当てはまる**ものである。

⒀『構造としての神』において、私はこうした二種類の宗教のことを「**正当な（legitimate）**宗教」〔注:「合法的な宗教」とも訳される〕および「**本物の（authentic）**宗教」〔注:「本格的な宗教」とも訳される〕と名づけた。正当な宗教とは、人々に効果的な変換をもたらそうとする（意識の表層的な構造を変化させようとする）ものであり、本物の宗教とは、人々に効果的な変容をもたらそうとする（意識の深層的な構造を変化させようとする）ものである。たとえて言えば、正当な宗教は、ひとつの階の中で家具の配置を変えることを目指しているのに対して、本物の宗教は、別の階へと移動することを目指しているのである。

⒁『眼には眼を』の第２章を参照のこと。まず、「直接体験」が存在するのか、それとも「媒介された体験」のみが存在するのかということについて、簡単に述べよう。**たとえある体験**——感覚的な体験であれ、心的な体験であれ、精神的／霊的《スピリチュアル》な体験であれ——**が文化的な要因によって媒介されているとしても**（そして全てのホロンは四つの領域〔象限〕をもっているということを考慮すると、現に媒介されているのだが）、**認識や把握が生じるその瞬間においては、その体験は直接的なものである**。私が「直接体験」ないし「データ」という言葉で示しているのは、こうした意味での体験なのである。

科学の三つの要素（指示、把握、チェック）を説明するとき、私がいつも強調していることがある。それは、パラダイムすなわち指示とは、単にデータを開示するだけのものではなく、データを**生み出す**ものであるということだ。こうした見方は、カント以後のさまざまな立場、あるいは後-近代《ポストモダン》のさまざまな立場とも、方向性を同じくするものである。なぜなら、どちらも**「所与の神話」（myth of the given）**〔リアリティとは単

に与えられているものである〕を否定するものであるからだ。さらに、フランシスコ・ヴァレラの「エナクティブ」(enactive) なアプローチ〔認知とは行為によって世界を生み出すこと (enactment) でもある〕とも、同じ方向性である。だが、『科学と宗教の統合』でも論じたように、所与の神話を否定するということは——たとえどんな領域の話であったとしても——その領域に確かな客観的特徴が存在していることや、固有の特徴が内在していることを否定するものではない。**私たちの知覚作用によって影響を受けていない純粋な対象がありうるという見方も、全てのリアリティは社会的に構築〔構成〕されたものにすぎないという見方も、どちらも偏ったものであり、満足できない考え方である**。それに対して、四象限に基づく認識論は、単なる客観主義にも単なる主観主義にも傾くことなく、その間で舵を取ろうとするものである。両方の立場に含まれている部分的な真実を尊重し、その間で本来のバランスを保とうとするのである。しかし現状では、極端な形態の構成主義的認識論が浸透しているために、私は多くの場合、さまざまな種類の知には客観的でリアルな要素が含まれていることを強調している。なぜなら、このことは部分的だが重要な真実であるのに、不幸にも、大抵の場合、否定されていることだからである。

こうした論点については、ジョン・サールの著書*The Construction of Social Reality*(要するに、この本は「リアリティとは社会的に構築されたものにすぎない (the social construction of reality)」という見方に反対しているのである)、および、私の著書『統合心理学への道』と*Boomeritis*〔未訳〕を参照されたい。

(15) だが、先にも述べたように、科学——広い科学《ブロード・サイエンス》だろうと狭い科学《ナロー・サイエンス》だろうと——だけが、深い霊性《ディープ・スピリチュアリティ》の全体ではない。内面領域に関する広い科学《ブロード・サイエンス》が明らかにしてくれるのは、内面領域において、どのようなデータないし直接体験が得られるかということだけである。そうしたデータをもとにして、美や表現の領域、あるいは倫理や規範の領域における価値判断をさらに磨き上げていくことが大切なのだ。それゆえ私たちは、広い科学《ブロード・サイエンス》に関わるときでさえ、内面領域を単なる科学的対象へと還元してしまうことのないように注意しなければならない。**科学は常に——広い科学《ブロード・サイエンス》であれ狭い科学《ナロー・サイエンス》であれ——ビッグ・スリーの中のひとつにすぎない**のであり、私たちがデータあるいは直接体験を調べることを手助けしてくれるだけなのだ。そうした体験を生《なま》データとして、私たちは、さまざまな美的体験や規範的体験を生み出していくのである。したがって、私のアプローチを実証主義的だと非難するのは的を外している。

実際、私は『科学と宗教の統合』において、粗大《グロス》領域(身体の領域)に関する科学、微細《サトル》領域(心の領域)に関する科学、元因《コーザル》領域(スピリットの領域)に関する科学が存在していることを示そうとした。しかし同時に私は、身体の領域に関する芸術、心の領域に関する芸術、スピリットの領域に関する芸術が存在していることも指摘した。さらに、身体の領域に関する倫理、心の領域に関する倫理、スピリットの領域に関する倫理が存在していることも指摘した。このように、「存在の大いなる入れ子」の全ての段階には、「私 (I)」「私たち (We)」「それ (It)」の領域が——すなわち、芸術、倫理、科学が——存在している。それゆえ、科学だけを高次の領域へと拡張しようとしても、科学とその方法論は、物語《ストーリー》全体のいわば「3分の1」を構成しているにすぎないのである。なぜなら、高次の段階には、科学だけでなく芸術と倫理も存在しているからであり、それらは科学とは全く異なる方法論に依拠しているものだからである(加えて、芸術と倫理に課せられる「妥当性要求」も科学とは異なるものである。科学には「真理」、芸術には「正直さ」、倫理には「公正さ」という妥当性要求がそれぞれ課せられている)。

そういうわけで、次の二つの点を心に留めておこう。まず、私が提案しているのは、

科学の探求対象を、身体の領域や感覚運動的な領域（狭い意味での経験論）だけでなく、心やスピリットの領域へも拡張する（精神《ガイスト》に関する科学）のは、全く正当なことだということである。そしてもうひとつは、たとえ科学をこのように拡張したとしても、それはあくまで高次の領域に関する科学であり、**高次の領域に関する芸術と倫理もまた存在している**ということである（もっと正確に言えば、高次の諸段階のそれぞれにも四つの象限が存在しているということである。各象限は異なる方法論に依拠しており、異なる「妥当性要求」――**真理（truth）**〔右上〕、**正直さ（truthfulness）**〔左上:「真実性」とも訳される〕、**公正さ（justness）**〔左下〕、**機能的適合（functional fit）**〔右下〕――を課しているのである）。

図4-7●４種類の妥当性要求

左上 正直さ	右上 真理
左下 公正さ	右下 機能的適合

※図は訳者作成。

このように、私は科学の定義を拡張してはいるが、高次の領域を科学だけに還元することは決しておこなっていない。なぜなら、高次の領域に関する芸術と倫理もまた存在しているからだ。しかも、芸術と倫理には、科学とは異なる固有の方法論が存在しているということは、私が明確に説明している通りである。にもかかわらず、批評家の中には、私が科学の対象を高次の領域にまで拡張することで、高次の領域を科学に還元しようとしていると主張する人たちがいるのである。

同時に注意しておきたいのは、本書では、個人の領域にだけ焦点を当てているということだ。広い科学《ブロード・サイエンス》は、左下象限のリアリティを探求するうえでもまた、重要な要素なのである。そしてこうした内面の領域を探求するにあたり、広い科学《ブロード・サイエンス》は、単に独白的《モノロジカル》ではなく、**対話的《ダイアロジカル》**（さらには超-論理的《トランスロジカル》）な方法論を用いる――例えば、現象学、質的研究、解釈学といったものだ。他方、狭い科学《ナロー・サイエンス》は、個を対象とするものであれ（例：物理学、化学、生物学）、集団を対象とするものであれ（例：システム理論、カオス理論、複雑系の科学）、本質的に**独白的《モノロジカル》**である。こうした狭い科学《ナロー・サイエンス》が探求しているのは「それ（It）」や「それら（Its）」の領域であり、「私（Ｉ）」や「私たち（We）」の領域を、その領域自身の言葉で（つまり還元主義的ではない方法で）探求しているわけではないのである。詳しくは『眼には眼を』第１章と第２章、『統合心理学への道』、そして『進化の構造』の膨大な注を参照されたい。

⒃『科学と宗教の統合』p.263（原著p.204）より。

批判者の中には、『科学と宗教の統合』をいわゆる「永遠の哲学」〔世界の諸宗教に共通するとされる真理や教え〕と同じものだとみなし、この本を攻撃する者たちもいた。こうした批判者たちは、「永遠の哲学」の考え方が嫌いなのである。過去30年間、多元的相対主義者たちによって、そしてまた、グリーンの段階に基づくさまざまな精神的／霊的《スピリチュアル》なアプローチによって、永遠の哲学という見方は攻撃的に批判されてきた。その典型的な主張のひとつは、普遍的な真理は存在しない（ただし自分自身の多元的な見方は例外であり、全ての文化に普遍的に当てはまる真理である）というものである。さらに、たとえ永遠の哲学が実際に存在するとしても、それは硬直的で、権威主義的なものであると批判されることになる（しかし多くの場合、こうした人々は、ポリティカ

ル・コレクトネスに基づく信条《イデオロギー》を権威主義的に推進しているのであるが)。だが、それでも、私は永遠の哲学に対する批判の多くに共感している。永遠の哲学に対する私からの広範な批判については、『統合心理学への道』、『科学と宗教の統合』、*Integral Psychology*〔未訳〕、『ワン・テイスト』、『進化の構造』、そして*The Collected Works of Ken Wilber, Volume 2, 3, 4*〔未訳〕の序文を参照されたい。

批判者たちが私の立場を永遠の哲学と同じものだとみなすときに見落としているのは、永遠の哲学の中で私が実際に擁護しているのは「存在と認識にはさまざまな領域がある」という考え方だけだということである。しかも、私が忠実に擁護しているのは、その中の三つの領域——物質、心、スピリット(あるいは粗大《グロス》、微細《サトル》、元因《コーザル》)——だけである。「物質、身体、心、魂、スピリット」という五つの領域に拡張することもあるが、私が強く擁護したいと思うのは、先の三つの領域だけである。言い換えれば、私の主張とは、**人類の主要な文化の全てが——少なくともホモ・サピエンスの時代までには——主要な三つの存在領域の全てを認識していた**ということなのだ(このことは「目覚めの状態」「夢を見ている状態」「夢のない眠りの状態」という三つの状態が存在することからも裏づけられる)。「永遠の哲学」に関して私が擁護している内容とは、ほとんどこれだけである。一方で、伝統的なバージョンの「永遠の哲学」(例えばフリッチョフ・シュオン、アーナンダ・クーマラスワミ、アンリ・コルバン、セイイェド・ホセイン・ナスル、ヒューストン・スミス、マルコ・パリス、ルネ・ゲノンなどが主張しているもの)には、他にもさまざまな内容が含まれている(例えば、全ての元型は永遠不変のものであるとみなされたり、内化〔involution: スピリットが世界を生み出すプロセス〕と進化はあらかじめ決定された固定的なプロセスであると捉えられたり、リアリティは——ホロン的でも四象限的でもなく——厳格に階層的なものであると考えられたりしている)が、私はこうした側面のほとんどを、普遍的なものだとも、真実だとも考えていない。この点において、私はこうした理論家たちとは、明確に距離を置いてきたのである。

私は永遠の哲学に対する辛辣《しんらつ》な批判者であるものの、それでもなお、永遠の哲学は——特にその洗練された形態においては——この上なき叡智の源泉であると考えている。たとえ、そこについているほこりを少し払う必要があるとしてもだ。私の考えでは、本物の「万物の理論」にたどり着くためには、前-近代《プレモダン》、近代《モダン》、後-近代《ポストモダン》のそれぞれの最良の部分を賢明な形で結び合わせることが必要である。そしてこれこそ、私が『進化の構造』およびそれ以降の全ての著作の中で、明示的に実行していることなのである。

(17) 狭い宗教《ナロー・リリジョン》とは、ある意味では単に、それぞれの発達段階における「世界観」のことであるとも言える。この意味で、パープルの宗教、レッドの宗教、ブルーの宗教、オレンジの宗教、グリーンの宗教……などが存在しているのである。狭い宗教《ナロー・リリジョン》とは、現在の段階の自己に対して、意味と慰めを与えようとするものである(それに対して、深い宗教《ディープ・リリジョン》とは、段階そのものを変化させようとするものであり、自己を(一時的にであれ、永続的にであれ)心霊《サイキック》領域、微細《サトル》領域、元因《コーザル》領域、非二元《ノンデュアル》領域といった高次の領域へと移行させようとするものである。そしてもう一度言えば、私は『構造としての神』において、両者を「正当《レジティメット》な宗教」と「本物《オーセンティック》の宗教」とも呼んでいる)。

私の述べる狭い宗教《ナロー・リリジョン》とは、あの人は宗教にハマったと言うときの「宗教」であり、あるいは、あの人は何かを宗教的に信じていると言うときの「宗教」である(信じている内容が本当に宗教的である必要はなく、ただ単に、その内容を強烈に信奉していればよい)。例えば、『スター・トレック』シリーズの愛好者は、「論理はスポックにとっての宗教である」と言うだろう。自己が特定の発達段階と同一化すると、自己はその段階の世界観を宗教的に信奉し、その世界観に必死でしがみつくようになる。こうした強烈な

同一化こそが、たとえどの段階であろうと、その段階における（狭い）「宗教」を生み出すのである。言い換えれば、自己はその段階の世界観に情動的な愛着を抱き、情動的に同一化するのであり、そしてこうした感情は、発達のどの段階においても避けられないものなのである（しかしやがて、自己はその段階と脱同一化し、次の段階へと移行しうるようになるが、今度はその新しい段階を宗教的に信奉するようになるだろう。このプロセスは、発達が停止するまで、あるいは、その人が魂やスピリットの領域へと発達するまで続いていく。後者の場合、私たちは深い霊性《ディープ・スピリチュアリティ》および神聖な自己を発見し、自らの狭い宗教《ナロー・リリジョン》を、深い宗教《ディープ・リリジョン》へと変化させることになるのである）。

各段階における狭い宗教《ナロー・リリジョン》の例を簡単に見ておこう。**パープルの宗教**とは、ある種の形態のブードゥー教や、いわゆる「ことばの魔法」に対する信仰などである。**レッドの宗教**とは、さまざまな神話的信念からなる宗教であるが、元型的人物が行使する呪術的な力《パワー》（例えば「モーセは紅海を二つに分けた」「キリストは処女から生まれた」「老子は生まれたときには既に900歳だった」）に焦点が当てられているものである。**ブルーの宗教**とは、いわゆる「法と秩序《ロー・アンド・オーダー》」に基づく宗教であり、神話的-順応的な構造をもっており、大いなる「絶対的秩序《オーダー》」や「絶対的他者《アザー》」に服従することを通して、人々は結びついている。権威主義的であり、厳格で固定的な階層をもっており、罪の感情を用いることで社会を統制している（例えばモーセの十戒《じっかい》、孔子の『論語』、コーランの大部分の内容）。だが、その気遣い《ケア》の範囲はレッド段階よりも広がっており、同じ神話的信念を大切にしている全ての人々に向けられている（ただし、同じ神話的信念を大切にしない人々は、永遠に地獄で焼かれることになる）。**オレンジの宗教**は、実証主義と科学的唯物論からなる宗教である。この宗教の擁護者たちも、あらゆる原理主義者と同じくらい宗教的に、自分たちの世界観の正しさを信じて疑わない。そこには、オレンジ段階に特有の懐疑的な異端審問官がいて、他の全ての段階の世界観を攻撃し、あざ笑うのである（実際、近代科学的な実証主義の父と言われているオーギュスト・コントは――これはコント自身の言葉なのだが――「実証主義の教皇」が必要ではないかと提案していた。これは、合理的-自我的な段階において現れうる狭い宗教《ナロー・リリジョン》とはどんなものであるのかを教えてくれる良い例である。もう一度述べると、こうした在り方は、スポックの「宗教」でもある）。しかし同時に、オレンジの宗教において、全ての個人は――人種、肌の色、性別、信条等に関わりなく――平等な権利をもっているという信念が現れ始める。**グリーンの宗教**においては、こうした見方はさらに拡張されて、全ての人間に対する優しさと内面的な気遣い《ケア》、さらには地球に暮らす全ての生命に対する豊かな感受性が現れるようになる（もっとも、グリーンの宗教は「意地悪なグリーンのミーム《ミーン・グリーン・ミーム》」へと変化していくことになる。ポリティカル・コレクトネスという自分たちの宗教に同意しない人々に対して、非常に意地悪な態度を示すのである）。**第二層の宗教**は、全体論的《ホーリズム》な見方、宇宙との一体性《ワンネス》、普遍的なパターンなどに基づく宗教である（ベックとコーワンが述べているように、第二層では「地球はひとつの有機的組織体《オーガニズム》であり、集合的な心《コレクティブ・マインド》をもっている」という信念が現れる）。そして、宇宙との一体性に関する統合的な信念さえも超えるようになるのが、心霊《サイキック》段階の宗教である。ここにおいて、宇宙との一体性は、単なる信念ではなく、**現実の体験**となる（ある種の「自然神秘主義」である）。微細《サトル》段階の宗教では、この宇宙の秩序を支えている神聖な基底《グラウンド》を、直接に体験するようになる（「神性神秘主義」）。元因《コーザル》段階の宗教では、この基底《グラウンド》が根本的に無限であり、どのような制約からも完全に自由であるということを、直接に体験するようになる（「無形神秘主義」）。

それゆえ、狭い宗教《ナロー・リリジョン》とは単に、現在の段階における世界観を変換し信奉することを手助けしてくれるようなさまざまな信念、実践、慣習、体験、伝統のことである。他方、

深い宗教《ディープ・リリジョン》とは、現在の段階よりも高次の超-個的《トランスパーソナル》な諸段階（心霊《サイキック》、微細《サトル》、元因《コーザル》、非二元《ノンデュアル》の段階、あるいは別の言い方をすれば、魂とスピリットの段階）へと変容することを手助けしてくれるようなさまざまな実践や技法や伝統のことを指している。そしてこうした深い霊性《ディープ・スピリチュアリティ》の実践とは、本当のリアリティを開示するもの、本物の真理の中へと入り込んでいくものなのである。それゆえ、深い霊性《ディープ・スピリチュアリティ》とは——部分的には——瞑想の科学であると（あるいは単に、本物の科学であると）認識されている。なぜなら、それは単なる信念ではなく、現実の実践であり、指示、経験的証拠、専門家同士の相互評価《ピア・レビュー》という三つの手続きに基づいているものだからである。こうした実践は、反復可能で、共有可能で、公共的なものであり、単に文化的な意味や地域に固有の価値構造を明らかにするものではなく、リアリティすなわち実際の真理を明らかにするものなのである。高次の超-個的《トランスパーソナル》な諸段階が存在することは、ブルーやオレンジやグリーンの段階が存在するのと同じくらいには事実なのであり、もしブルーやオレンジやグリーンの存在を示す十分な証拠があると考えるのなら、同じように、超-個的《トランスパーソナル》な諸段階の存在を示す証拠も十分にあると言える。そしてこうした超-個的《トランスパーソナル》な諸段階においては、神的存在を直接に体験することができるとされているのだ。

(18) このことは、発達段階を飛ばすことが可能であるという意味なのだろうか？　全くそうではない。なぜなら、例えば**「啓蒙思想以前の世界はブルー段階であった」と述べたとしても、そのことが意味しているのは、人々の意識段階の平均がブルーであったということだけ**だからだ。一人ひとりの個人は、ブルーよりも遥かに高次の段階に位置しているかもしれないし、遥かに低次の段階に位置しているかもしれない。多くの神秘家たちは、第二層の普遍的な意識を基礎にして、その上に、心霊《サイキック》段階や微細《サトル》段階や元因《コーザル》段階の意識を進化させていったのである。だが、社会全体は、そうした高次の段階への発達を支援することはなかった。そしてそれゆえに、周りから保護された小さな地域《エンクレーブ》や共同体の中でないと、そうした発達を達成することは困難だった。だからこそ、高次の発達は非常に珍しいものであり、それを達成するのは偉大なシャーマンや聖者や賢者だけに限られていたのである。こうした論点についての詳細な議論、および、高次の発達段階の存在を示す膨大な文化横断的証拠については、*Integral Psychology*〔未訳〕を参照されたい。

(19) 同じことを本章の注17の観点から述べるなら、次のように言えるだろう。「啓蒙思想の普及とともに、オレンジの狭い宗教《ナロー・リリジョン》である科学的唯物論が、ブルーの狭い宗教《ナロー・リリジョン》である教会勢力に対して、ひどく敵対的な立場をとるようになった」

(20)「リベラル以後《ポスト・リベラル》」の精神性《スピリチュアリティ》／霊性とはどんなものであるかという議論については、『統合心理学への道』『科学と宗教の統合』そして*Boomeritis*〔未訳〕を参照のこと。

第 5 章　インテグラル理論を活用する
〜現実世界への応用――ビジネス、医療、政治、教育など〜

(1)「フラットランド」の概念については、『科学と宗教の統合』で説明している。それよりも詳細な説明は『進化の構造』と『万物の歴史』を参照してほしいが、私はフラットランドという言葉を、次の二つの意味で用いている。

1. フラットランドとは、厳密に言えば、右側象限のリアリティだけが他の領域に還元されない現実のものであるという考え方のことである。言い換えれば、**左側象限の全ての出来事を、それに対応する右側象限の出来事に還元してしまう考え方**のことを指している。
2. 加えて、私はフラットランドという言葉によって、ある特定の意識段階だけに依拠して形成された内面的な考え方の全てを、あるいは、**ある特定の意識段階だけを正しいものだとみなす内面的な考え方**の全てを指すこともある。

それゆえ、例えば行動主義の信奉者たちは、一つ目の意味において、フラットランドに陥っている（客観的に観察可能な行動だけを現実のものであると考えているから）。そして多元的相対主義の信奉者たちは、二つ目の意味において、フラットランドに陥っているのである（グリーン段階の価値観だけが正しいものだと考えているから）。

さらに、還元主義型のフラットランド（一つ目の意味におけるフラットランド）の中にも、その還元の程度に応じて、２種類のものが存在する。一つ目は、私が**「微細な還元主義」**と呼んでいるものであり、**全てのリアリティを右下象限**（例：力学的なモデル、カオス理論、複雑系の科学、伝統的なシステム理論、社会的オートポイエーシス論、生命の網の見方《ウェブ・オブ・ライフ》）**に還元してしまう**のである。二つ目は、私が**「粗い還元主義」**と呼んでいるものである。微細な還元主義よりもさらに還元の程度は大きく、こうした**右側象限の客観的システムを全て、原子や素粒子の運動にまで還元してしまう**（全てのリアリティを右上象限における原子レベルの出来事に還元してしまう）のである。微細な還元主義は、外面だけの全体論《ホーリズム》、あるいは、フラットランド型の全体論《ホーリズム》と呼ばれることもある（なぜなら、統合的な全体論《ホーリズム》においては、内面の全体論《ホーリズム》と外面の全体論《ホーリズム》の両方がひとつに結びつけられるから）。そして、粗い還元主義と微細な還元主義の両方が、世界全体を３人称の「それ（It）」の言葉によって説明できると考えている（つまり、両者はどちらも独白的《モノロジカル》であり、対話的《ダイアロジカル》でもなければ、超-論理的《トランスロジカル》でもない）のである。

ちなみに、**いわゆる「啓蒙主義の罪」の正体は、微細な還元主義であり、粗い還元主義ではない**。なぜなら、啓蒙思想の哲学者たちは、多くの場合、システム思考の偉大な使い手であったからだ。こうした啓蒙時代の哲学者こそ、「自然の体系」〔ドルバック〕や「大いなる相互連結的秩序」〔ロック〕という見方を卓越した形で提唱した最初の人々なのである（チャールズ・テイラー著*Sources of the Self*〔邦題『自我の源泉――近代的アイデンティティの形成』〕を参照のこと。加えて、私の著書『進化の構造』の第12章および第13章も参照されたい）。

(2) 人間の心は「空白の石板《タブラ・ラサ》」であるというこうした見方――そしてそれに付随して生まれてくる行動主義心理学、連合主義心理学、経験論的認識論などの見方――が、リベラル派の思想《リベラリズム》に受け容れられたことには、多くの理由がある。中でも重要なのは、**こうした見方をとれば、さまざまな種類の客観的な社会工学的アプローチを通して、全ての人間を「何の制約もなく、完全な存在にすることができる」ことが約束された**という点である。一人ひとりの人間にそなわる生まれもった差異、能力、構造などは、端的

に否定された。人間は、いわば粘土の塊のような状態で生まれてくるのであり、外的な制度や外界からの刺激（行動主義心理学、連合主義心理学）によって、お望みのどんな状態にでも成形することができるとみなされたのである。

デイヴィッド・ハートリーは、著書*Observations on Man*（1749）において、新たな心理学理論（連合主義）を創始したが、この理論においては、心とは感覚の集まりであるとみなされていた。そしてこの見方は、経験論的認識論（ロック、バークリー、ヒュームなど）と非常に相性が良かったのである。その結果、こうした一連の見方はひとつにまとまり、自由主義《リベラリズム》という新たな政治理論によって採用されることになった。ジェームズ・ミルと彼の息子ジョン・スチュアート・ミルがこうした考え方を採用したのも、単純明快な理由からである。ジョン・スチュアート・ミルは、父ジェームズ・ミルのことをこう書いている。

「心理学に関して父が採用していた根本原則とは、人間の特性は、周囲の環境に影響を受けながら、連合という普遍的な原理を通して形成されるということであり、それゆえに、人類の道徳的および知的な条件を改善できる可能性には、何の制約もないということであった」

そしてこうした改善は、行動主義的な教育によって可能になるとされた。適切な外面を、内面へと「刷り込む《インプリント》」のである。あるいは、さらに後の時代においては、そうした改善は、もっと積極的な社会工学的手法を通して可能になるとされた（だからこそ、行動主義心理学は――ほとんどの点において極めて粗雑で不正確な理論だったとしても――ソ連が国家として用いていた心理学だったのであり、そして今なお、多くの伝統的なリベラル派思想《リベラリズム》において、暗黙に合意された心理学であり続けているのである）。

ジョン・パスモアは、著書*A Hundred Years of Philosophy*において、こう指摘している。

「ジョン・スチュアート・ミルは、その最初期の演説の中で、人間をどのように完全な存在にするかという点について、自分は父と同じ考え方をもっていると発表していた。同様の考え方は、ミルの晩年の著作の中でも明確に表現されている。ミルは常に、生まれもった差異という考え方を拒絶していたが、そうした態度がもっとも強力に現れているのは、著書*The Subjection of Women*（1869）〔邦題『女性の解放』〕である。ミルが主張したのは、男性と女性の間に見受けられる『もっとも異論の余地のない差異』でさえも、『おそらくは周囲の環境によって生み出されたものであり、生まれもった能力には何の違いも存在していない』ということであった」

言い換えれば、空白の石板は常に存在しているのであり、その石板の上に、今よりもっと完全な世界を外から注ぎ込んでいけばよいのだ。内面にも外的世界と同じように扱うべき独自のリアリティが存在しているとは、少しも考えないのである。さらに、空白の石板という見方を支持することは、急進的な社会政策を支持することでもあった。

「連合主義とは、ミルにとって、単なる心理学的な仮説ではなかった。ただ真偽を調べるだけの仮説ではなかったのだ。それは本質的に、ある種の急進的な社会政策を想定するものだったのである」

同じことが、経験論についても言える。それは単なる認識論ではなく、社会運動を行うための見取り図でもあったのだ。こうした認識論は、ほとんど全面的に、客観的な要因だけを信じるものであった（そして主観的な要因を暗黙のうちに否定するものであった）が、だからこそ、自由主義《リベラリズム》の支持者によって採用されたのである。

「同じように、経験論も、単なる認識論的な分析ではなかった。経験論者にならないということは、『エスタブリッシュメント』〔既存の秩序，支配者層〕を支持するという

ことであり、その『聖なる』教義や組織に身を投じることを意味していた」

ミルが言うように、経験論以外のものを信じることは、「誤った教義や問題のある組織を知的に支持する」ことと同じだったのである。こうして、経験論を信じることによって、人間の特性を制約なく改善していくための道が開かれたのであった（そして、人間を「完全な存在にすること」が、社会工学的な目標となった）。

確かに一方において、生まれもった「違い」という見方は自民族中心的な差別をもたらすことも多く（例えば「異教徒には生まれつき魂がない」）、その意味において、こうした自由主義《リベラリズム》の試みは、世界中心的で後-慣習的な倫理観――先入観や偏見からできるだけ自由な見方――を実現しようとする高尚な努力であった（だからこそ、私はその内容をここで説明したのである）。実際、「エスタブリッシュメント」〔既存の秩序〕の大部分（それはミルの時代においては、教会が定める神話的-順応的で自民族中心的な教義のことを指していた）は、批判的に再検討されるべきものであったし、経験論的な見方こそが、そうした再検討（狭い宗教《ナロー・リリジョン》による経験論的な主張に異議を唱えること）をもっとも確実に実行してくれるものだったのである。

しかし他方で、自由主義《リベラリズム》の哲学と心理学は、内面領域にも固有のリアリティや領域、段階《ステージ》や状態《ステート》などが存在していることを否定することによって――要するに、内面領域とは感覚運動的な世界を刷り込《インプリント》んだものにすぎないと考えることによって――自分たちの目標の達成そのものを深く妨害《サボタージュ》してしまったのだ。**自由主義《リベラリズム》の哲学と心理学は、単なる感覚的経験論と「空白の石板」という見方に忠誠を誓うことによって、他のどんな勢力よりも、科学的唯物論の世界観――宇宙に対するフラットランド的な見方――を広く普及させた**のである。実際、こうした見方は、内面領域における本物の成長や発達を停滞させる方向に作用し、ときには、その道を大きく脱線させることもあった。もし人間を「制約なく完全にすること」が可能だとしても、それは、外面だけを改善することで実現することはできず、同時に、内面における発達の螺旋《スパイラル》をも理解することが必要なのだ。このように、リベラル派の「空白の石板」という見方は、気高くも世界中心的な道徳性の確立を目指していたのだが、実際には、世界中心的な道徳性へと向かう道を自ら塞《ふさ》いでしまったのである（この点については本章全体を通して見ていく）。

(3) だからこそ、**社会が「リベラル」あるいは「寛容」になればなるほど、リベラル派の思想《リベラリズム》は衰退していく**のである。全ての立場が平等であるとみなされ、さまざまな立場に対してどんな「価値判断」もなされない（それゆえに、どんな立場も「周縁化」されない）となると、自己中心的な立場や自民族中心的な立場も、自由に繁栄できるようになる。そうなれば、世界中心的なリベラル派思想《リベラリズム》の存続そのものが、深刻な脅威にさらされることになるのだ。言い換えれば、伝統的なリベラル派思想《リベラリズム》は、その活動を通して、自らの土台そのものを切り崩してしまっているのである。（『ワン・テイスト』における10月3日、10月15日、12月10日の項を参照のこと。加えて、*Boomeritis*〔未訳〕も参照されたい）

(4) 神話的-順応的段階（ブルーの段階）は、人間の発達にとって正常な段階であり、必要な段階である。それゆえ、真に統合的な政治（最優先指令《プライム・ディレクティブ》に基づく）とは、ブルーの段階が（たとえ限界はあるにせよ）どんな社会においても絶対的に必要なものであることを認識したものとなる。グリーンのリベラル派のように、ブルーを見つけるたびに解体しようとすることはないのだ。グリーンによるブルーの破壊は、アメリカにおいても他の国においても、正真正銘の政治的悪夢のひとつになっている。

(5) こういうわけで、統合的政治においては、さまざまな政治的志向性《ポリティカル・オリエンテーション》を少なくとも三つの切り口から分析し、スペクトラム上に位置づけることになる。三つの切り口とは「内

面／外面」「個人／集団」そして「発達の段階」である。以下で述べるのは入門的な説明であるため、この三つしか扱わないが、他にも分析軸はいくつか存在する。例えば、変革の方向（回帰志向、進歩志向、維持志向。あるいは「失われた善を取り戻す」対「善へと成長していく」)、変革の方法（批判志向、変換志向、変容志向)、自由の種類（消極的自由〔～からの自由〕、積極的自由〔～への自由〕）といったものだ。しかし、次の三つがもっとも重要である。

1. 内面／外面

ある人が苦しんでいたり、不利な立場に置かれていたり、権利を奪われていたりするとき、私たちは、その基本的な原因をどこに探し求めるべきだろうか？　その個人自身の中に求めるべきだろうか、それとも、社会組織の中に求めるべきだろうか？　遺伝による影響を重視すべきだろうか、それとも、環境による影響を重視すべきだろうか？内面的要因に着目すべきだろうか、それとも、外面的要因に着目すべきだろうか？

私の見解では、リベラル派は、苦しみの主な原因を客観的な制度の中に求める傾向がある。人々が苦しんでいるのは、社会が公正ではないからだ。あなたが貧しいのは、社会によって抑圧されており、周縁化されており、権利を奪われているからだ。あるいは少なくとも、公平な機会を与えられていないからなのだ（例えばJ.S.ミルが述べているように)。

他方で保守派は、苦しみの主な原因を個人自身の中に求める傾向がある。あなたが貧しいのは、あなたが怠け者だからだ。保守派は、大半の苦しみは人々の内面的な要因によって生じたものであると考え、そうした内面的要因を非難するのである。社会制度は、人々を抑圧する以上に、人々が自らの潜在的可能性を実現することを手助けしているのだから（例えばエドマンド・バークが述べているように)。保守派にとって、苦しみの基本的な原因は個人の中にあるのであり、周囲がどんな環境であるかということや、どのように育てられてきたかということや、社会制度がどうなっているかということは、副次的な要因なのである。

私がリベラル派と保守派を以上のような形で明確に定義したのは、著書『エデンから』が最初である。それ以来、この考え方はとても人気があるようだ。例えばランス・モローは、雑誌『タイム』（1999年11月22日）において、デヴィット・ホロウィッツの著書*Hating Whitey and Other Progressive Causes*への書評を執筆しているが、その中で次のように記している。

「こうした違いを、外面主義者《エクスターナリスト》と内面主義者《インターナリスト》という言葉で表現することもできるかもしれない。外面主義者は、政治的には左派の立場をとる傾向にあり、アメリカの人種問題の解決に必要なことは、外面的な介入であると主張する（例えば『アファーマティブ・アクション』や『差別撤廃のためのバス通学』などのさまざまな政策を実行することで、これまでの損害を回復するとともに、人種に関する正義を強制的に実現する)。他方、内面主義者は、保守派の立場をとる傾向にあり、内面的な努力を必要とする解決策を重視する。例えば、教育、勤勉、動機づけ、道徳観、士気を高めること、富を貪欲に求めるブルジョア的根性をもつこと、欲求の充足を延期させること、移民としての伝統的な美徳を大切にすることなどである」

このような区別――内面的要因と外面的要因という区別――が、統合的政治《インテグラル・ポリティクス》を構成するひとつ目の要素である。

2. 個人／集団

公正な社会をつくるために、私たちは、個人と集団のどちらに重点を置くべきだろうか？　これは古くからの難問であるが、かなり最近になって、啓蒙思想が広まり、個人

としての自己が出現したことで、注目を浴びるようになった（『エデンから』参照）。ローレンス・チッカリングは、著書*Beyond Left and Right: Breaking the Political Stalemate*において、どんな政党にも見受けられるこうした二つの勢力を「自由重視派《フリー》」〔個人重視派〕と「秩序重視派《オーダー》」〔集団重視派〕と名づけている。そしてこの分析軸を、リベラル派（左派）および保守派（右派）という先ほどの分析軸と組み合わせれば、「自由重視型の左派《フリー・レフト》」「秩序重視型の左派《オーダー・レフト》」「自由重視型の右派《フリー・ライト》」「秩序重視型の右派《オーダー・ライト》」という政治的志向性のマトリクスを得ることができる（こうした「チッカリング／シュプレッヒャーマトリクス」については、本章の注８も参照のこと）。

例えば、経済的リバタリアニズム《エコノミック・リバタリアニズム》の支持者は、自由重視型右派《フリー・ライト》であることが多い（自由重視型であるのは、個人の自由に重点を置いているからであり、右派であるのは、内面的な要因を重視しているからである。あなたが貧しいのは、あなたが十分熱心に働いていないからなのだ。それゆえ、政府は市場に手を出すことなく、市場が個人の自発的努力《イニシアチブ》に対して報酬を与える仕組みに任せておけばよい）。他方、伝統的な保守派は、秩序重視型右派《オーダー・ライト》である（秩序重視型であるのは、集団としての価値観、市民的道徳、家族の価値などを重視しているからであり、右派であるのは、内面的な要因を重視しているからである。この社会の問題とは、人々が伝統的な価値観を十分に教え込まれていないことなのだ。それゆえ、学校で祈りの時間を設け始めたり、勤労の素晴らしさを主張したり、家族の価値を擁護したりすることになる）。

啓蒙思想の担い手であった古典的なリベラル派は、自由重視型左派《フリー・レフト》であった（自由重視型であるのは、集団心理や自民族中心的な宗教に対抗するものとして、個人の自由を支持しているからである。左派であるのは、人々が苦しんでいる原因を、社会制度が不公正で抑圧的であるという点に見出しているからである。全ての人間は平等に生まれてくるのだが、社会が人々を不公平に扱うのだ。それゆえ、この立場は、革命志向の政治運動をもたらすことが多い――もし社会が公正ではないならば、そんな社会は取り除いてしまおう、というわけだ。こうして、フランスとアメリカで革命が起きたのであった）。こうした自由重視型左派《フリー・レフト》の立場は、現在、市民的リバタリアニズム《シビック・リバタリアニズム》の支持者によって継承されており、個人としての自由な権利を、基本的に他のどんな課題よりも優先して実現しようとしているのである。

他方、グリーンのリベラル派は、ほとんど常に、秩序重視型左派《オーダー・レフト》である。自分たちの重視している価値（例えば多文化的な価値、フェミニズム的な価値など）を、教育および政府の行動を通して、社会全体に強要したいと考えているからである。だからこそ、秩序重視型右派《オーダー・ライト》と秩序重視型左派《オーダー・レフト》は、しばしば手を組んで、極めて強力な協力関係を築いてきたのだ。例えば、保守派の一部とラディカル・フェミニストの一部は、どちらも、ポルノグラフィの撲滅を主張している。両者に共通しているのは、自分たちの重視している価値を他者に強要することを厭《いと》わないという点であり、そこでは、保守とリベラルという違いは大きな問題ではないのである。

一般的に言われているのは、**リベラル派の思想《リベラリズム》は、自由重視型左派《フリー・レフト》として始まった**（政府は各個人の生き方に対して余計な手出しをするべきではない）**が、やがて、秩序重視型左派《オーダー・レフト》へと移行していった**（「大きな政府」が倫理的な観点から各個人の生活に対して日常的に干渉していくべきだ）ということである。代表的な例は、市民権に関するものである。もし政府が介入していなければ、今も人種差別は残り続けていただろう。こうした見方にも一定の真実があることは明らかだ。だが、同じように明らかなことは、秩序重視型左派《オーダー・レフト》は――健全で重要な贈り物を多数与えてくれるのだが、それだけでなく――ベビーブーム世代の病《ブーマライティス》（後-慣習的なグリーンの多元主義が前-慣習的な

自己愛《ナルシシズム》に感染してしまう病）の本拠地でもあるということだ。ベビーブーム世代の病《ブーマライティス》に陥った人は、ただ自らの力を拡大させるためだけに、人々の生活に干渉しようとする。それゆえ、秩序重視型左派《オーダー・レフト》は、いわば「ブーマライティス型フェミニズム」や「ブーマライティス型多文化主義」や「ブーマライティス型エコロジー」（これは「エコファシズム」とも呼ばれる）とでも呼べるものの温床になっているのである。なお、自由《フリー》重視志向と秩序《オーダー》重視志向（あるいは、エイジェンシーとコミュニオン）をどう統合するかという論点については、本章の注７を参照されたい。

3. 発達の段階

三つ目の切り口は、それぞれの政治的立場がどの発達段階の論理に基づく傾向にあるかという点である。保守派は慣習的な諸段階（ブルーやオレンジ）を支持する傾向にあり、それに対して、リベラル派は非-慣習的な諸段階（パープルやレッド、および、オレンジやグリーン）を支持する傾向にある〔訳注: 第６章の注８も参照〕。

こういうわけで、統合的政治《インテグラル・ポリティクス》における基本的な主張は、次の二点となる。一つ目は、これら三つの分析軸（さらには最初に述べた他の分析軸）を用いることで、政治的志向性のスペクトラム全体を図式化することができるということ。そして二つ目は、こうした政治的志向性の全て（ただし、極端な形態のものではなく、健全な形態のもの）を十分に統合する方法は存在しているということである。以上三つの切り口に対応させて述べれば、その方法とは次の通りである。

1. 内面領域の要因と外面領域の要因の両方を重視し、そのことによって、内面の発達と外面の発達の両方を支援する
2. 参加型民主主義の原則を認識し、各個人が「自分たちの行動を統制する集合的な法律を自分たちの手で作り上げているのだ」と感じられる社会を実現する
3. 最優先指令《プライム・ディレクティブ》を認識し、発達の螺旋《スパイラル》全体の健全さを維持し向上させる

こうした三つの切り口を首尾一貫した形で統合するためには、基礎となる哲学が必要である。その哲学は、それぞれの切り口が互いにどのように関係しているのかを、統合的な方法で示すことのできる哲学でなければならない。私は多くの著作の中で、こうした「統合哲学」——あるいは「全象限、全レベル」〔AQAL〕モデル——とはどんなものであるかを提示してきた。本書は、統合哲学への簡単な入門書である。こうした統合的アプローチを用いることで、理論的には、以上の三つの切り口を十分に統合することができる。残された課題は、**この理論を、政治的な実践へと翻訳する**ということである。保守派の最良の部分とリベラル派の最良の部分をひとつに結びつけることで、私たちは、統合的な未来へといざなわれることになるだろう。

⑹ さらに言えば、最優先指令《プライム・ディレクティブ》によって明確に支持されているのは、「失われた善を取り戻す」と主張する理論モデル（recaptured-goodness model, 善性回復モデル）ではなく、「善へと成長していく」と主張する理論モデル（growth-to-goodness model, 善性への成長モデル）である（『ワン・テイスト』の12月10日の項、および、*Boomeritis*〔未訳〕も参照のこと）。

伝統的なリベラル派の人々は、人間には「本来の善性」がそなわっているが、社会制度が腐敗しているために、そうした善性が抑圧されたり圧迫されたりしているのだと考えている。確かにこうした見方にも一定の真実はあるのだが（この点については『ワン・テイスト』12月10日を参照）、心理学の研究によって明確に支持されてきたのは、善性への成長モデルなのである。こうした研究によれば、人は、前-慣習的な段階から慣習的な段階へ、そして後-慣習的な段階へと次第に発達していくとされる。言い換え

れば、リベラル派における「本来の善性」という見方は――人間の心に関する「空白の石板」モデルや、経験論的認識論、行動主義心理学と同じく――広範な調査によっては支持されていないのだ。それゆえ、**伝統的なリベラル派には、信頼できる哲学や心理学や倫理学が欠如している**のである。「全象限、全レベル」のアプローチによって、リベラル派の掲げる高潔な目標は、もっと信頼できる基礎の上に位置づけられるようになる。そしてそのとき、そうした目標は、保守派の伝統に含まれる最良の部分とも結びつくことになるのである。

なお、**いわゆる「内面の諸段階」とは、実際には、四つの象限全てにおける諸段階のことを意味している**。すなわち、主観的領域（内面的領域）における諸段階、客観的領域（行動的領域）における諸段階、間-主観的領域（文化的領域）における諸段階、間-客観的領域（社会的領域）における諸段階の全てを指しているのである。発達の各段階は、四つの象限全てにおいて開き出されていくのであり、こうした四つの側面全てを考慮に入れる必要があるのだ。さらに、各象限における発達は極めて不均衡な形で進行していくことがある。例えば、たとえ科学技術（それら（Its）の領域）が高度に発達していたとしても、そうした技術が自民族中心的な文化（私たち（We）の領域）によって用いられると、悪夢のような結果が起きてしまうのである（例えばコソボで起きたように）。

それゆえ私は、統合的政治《インテグラル・ポリティクス》へと向かう道筋として、次の二つのステップが必要であると主張したい。もちろん、本物の統合的政治のためには、本章の注５で述べた全ての切り口が必要不可欠であるが、次の二つの点が、もっとも急を要する問題である。

1. 内面と外面を結びつけること
2. 内面の諸段階と外面の諸段階の両方を理解し、そのことによって最優先指令《プライム・ディレクティブ》に到達すること

この二つのステップは、具体的な実践としては、保守派とリベラル派のそれぞれに対して少々異なる内容を要求することになる。なぜなら、どちらの陣営も、自分たちの現在の目標《アジェンダ》に含まれていない内容を補完する必要があるからだ。

大部分の保守派（内面領域の要因および内面の諸段階を認識しているが、神話的-順応的な段階、あるいはブルー／オレンジの段階までしか認識していない人々）にとって、ステップ１とは、多くの状況において**外面領域の要因が（部分的ながらも）重要な影響を及ぼしていることを積極的に認識し、そのことによって、不利な状況に置かれている人々に対してもっと「情けをもって」行動する**ということを意味している（ジョージ・W・ブッシュの言う「思いやりのある保守主義」である）。そしてステップ２とは――こちらはまだほとんど実行されていないが――**神話的-順応的な価値観から世界中心的な価値観へと移行する**ということ、**ただしそのとき、神話的-順応的な価値観を捨て去るのではなく、それをもっと豊かなものに変化させる**（ブルー以後の諸段階の価値によって補完する）ということを意味している。

他方、大部分のリベラル派（外面領域の要因を認識しているが、内面領域の諸段階を全く認識していない人々）にとって、ステップ１とは、そもそもまず**内面領域の要因を認める**ということ意味している。ビル・クリントンは、「機会と責任」（oppportunity and responsibility）という理念（福祉制度改革や他のさまざまな政策課題へと応用された）によって、まさにこのステップ１を実行したのである。これは伝統的なリベラル派思想《リベラリズム》からの脱却であった。なぜなら、「責任」という部分によって、内面領域の要因を認めたからである（人々が不利な状況に置かれているのは、部分的には、制度ではなく、その人たち自身のせいでもある）。このように、「責任」（人々が実行する

もの）と「機会」（政府が実行するもの）を結びつけるということは、内面と外面を結びつけるということであり、ビル・クリントンにとってのステップ１だったのである（シュプレッツヒャーが私に指摘してくれたように）。そしてステップ２は――こちらはまだほとんど実行されていないが――**単に内面領域の存在を認識するだけではなく、内面領域における諸段階の存在を認識する**ということである（皮肉なことだが、伝統的なリベラル派の立場は世界中心的な段階の視点に基づいたものなので、ステップ２は、一見して思うほどには難しいことではない。必要なことはただ、リベラル派がもっと正確な「自己像」を描くということ、自らの立場とはどんなもので、**どんな発達段階を経て自らの立場が生み出されたのかを正しく認識する**ということである）。

2000年現在においては、どちらの陣営も何らかの形態のステップ１を実行しつつあるが、ステップ２は――そうした方向への悪戦苦闘は見られるものの――ほとんど実行されていない。保守派とリベラル派は、どちらのほうが先に、自らの欠点を認識して改善し、今よりも統合的な政治を実現するのだろうか。現状では、それはあたかも競馬のレースのようである。伝統的な保守派が、神話的-順応的な段階から世界中心的な段階へと移行することのほうが難しいのだろうか？　リベラル派が、内面の諸段階を認識することのほうが難しいのだろうか？　自分たちの欠点をより上手に克服できたほうの陣営が、統合的政治のステップ２へと先に到達することになるだろう。そしてそのことによって、最優先指令《プライム・ディレクティブ》（最大の範囲《スパン》にわたって最大の深さ《デプス》を抱擁する）を理解し実行するようになれば、当面の未来において、政治的活動を有利に進められるようになるだろう。

(7) 自由《フリー》志向（エイジェンシー〔自律性〕）と秩序《オーダー》志向（コミュニオン〔共同性〕）の統合という論点について。

自律性という単語は、ほとんどあらゆる点において、不運な言葉である。一つ目の理由は――有限な自己に関して言えば――完全に自律的な自己というものは存在せず、相対的に自律的な自己だけが存在しているからである（もっとも、発達段階を進むごとに、相対的な自律性は増大していく）。二つ目の理由は、各発達段階における相対的に自律的な自己は、さまざまな関係性やプロセスからなる広大な網の目（例えば自然界のネットワーク、客観的なネットワーク、文化的なネットワーク、社会的なネットワーク）の中に存在しているからである。要するに、エイジェンシー〔自律性〕とは常に、「コミュニオンの中のエイジェンシー」（agency-in-communion）〔共同性の中の自律性〕なのだ。それゆえに、他と切り離された「自律性」を獲得しようという試みは、一般的に言って、無駄な努力に終わるのである。三つ目の理由は、各発達段階における相対的に自律的な自己はまた、**同じような発達段階にある他の相対的に自律的な自己との間に、ある種の交換システム（system of exchanges）を形成しており、この交換システムの中に存在している**からである。

最後の点は特に重要である。パープルの自己は、他のパープルの自己との「交換システム」の中に存在しており、ブルーの自己は、他のブルーの自己との「交換システム」の中に存在しており、オレンジの自己は、他のオレンジの自己との「交換システム」の中に存在しており、グリーンの自己は……以下同様である（もちろんブルーは、パープルやレッドやオレンジやグリーンやイエローとも関わり合う。こうした見方が意味しているのはただ、各段階の自己は、**同じような深さにある他の自己と〔さまざまな情動や概念や行為などを〕交換することで、自分自身がどんな存在であるかを認識する**ということなのだ）。要するに、どの段階における自己も、「他の自己との関係の中の自己」（コミュニオンの中のエイジェンシー）なのである。

さらに、こうした分析は、リベラル派とコミュニタリアン〔共同体主義《コミュニタリアニズム》の支持者〕と

の間の激しい論争を理解するための手がかりを与えてくれる。どちらの陣営も、「重要だが部分的」な真実のかけらをもっているのである。コミュニタリアンは、自己とは常に「状況の中に埋め込まれた自己」(situated self)〔「位置づけられた自己」とも訳される〕であることを認識しており、その点において正しい——自己とは常に、「文脈の中の自己」(self-in-context)(コミュニオンの中のエイジェンシー、関係性の中の自律性)なのである。他方、リベラル派は、オレンジの自己がブルーの自己よりも相対的に大きな自律性をもっていること、そしてこうした自律性がブルーの集団心理から保護されなければならないことを認識しており(それゆえリベラルな諸権利を主張することになる)、その点において正しい。だが、リベラルな自己(オレンジの自己)もやはり、関係性の中の自己であり、他の自己とのやりとり〔交換〕を通してのみ、自分自身がどんな存在であるかを認識するのである。要するに、ある段階における自律性は前の段階における自律性よりも相対的に大きなものなのだが、自律性とは常に、関係性の中の自律性なのだ(エイジェンシーとは常に、コミュニオンの中のエイジェンシーなのである)。極めて統合的な自己である「自律的な自己」(図2-1参照)でさえも、他の自律的な自己との間の関係性を探し求める。言い換えれば、エイジェンシーは、同じような深さにある他のエイジェンシーを探し求め、そこでの関係性に基づいて、お互いを認識していくのである。そしてこれは、どの段階の自己にとっても、偽りなき本物の欲求として現れてくるものなのだ。発達の初期の段階においては、こうした関係性は自己を形成するうえで必須のものである。成人においては、こうした関係性は幸福で健康な生活を送るために必要なものであり、さらに、自己が互いの認識のなかで自らを現実の存在として確立するために必要なものである。もちろん成人は、こうした関係性がなくても生きていくことはできるが(例えば無人島に一人で漂着した場合のように)、そうした不毛な環境のなかでは、自己は次第に衰弱していくだけだろう。

自律性に関して、標準的なリベラル派の考えでは、オレンジの自己はブルーの自己よりも自律性が相対的に増大していると理解されてきたが、この点は正しい。さらに、オレンジの個人性をブルーの抑圧から保護するために、一連の権利体系が必要であると主張されてきたが、この点も正しい。しかし正しくないのは、そうした自律性を、孤立した個人からなる原子論的な自由であると考えていた点である。リベラル派の理論は、自律性とは原子論的な自由(他から切り離されたエイジェンシー)のことであると誤って理解してきたのだ。それゆえに、自己とはどんなものであるか——自己とはコミュニオンの中のエイジェンシーである——を根本的に誤解してきたし、さらには、社会とはどんなものであるかも誤解してきた。社会とは、孤立した原子論的な自己の間に結ばれる契約ではなく、「コミュニオンの中のエイジェンシー」という原則から必然的に生じるものなのである。

著書『進化の構造』および『万物の歴史』で述べたように、エイジェンシーとは**権利(right)**のことを意味しており、コミュニオンとは**責任(responsibility)**のことを意味している。それゆえ、コミュニオンの中のエイジェンシーという原則が意味しているのは、それぞれの自己は(どんな発達段階にあろうと)常に、「責任の中の権利」(rights-in-responsibilities)あるいは「義務を伴う自由」(freedom-with-duties)を与えられているということである。だが、啓蒙思想におけるリベラルな自己(オレンジ)は、**自分自身を権利や自由とだけ同一化させて、義務や責任はブルーだけのものであるとみなした。**こうしたリベラルな自己は、気高くもオレンジの自己をブルーの群集から守ろうとしたのだが、そのときに——オレンジの「コミュニオンの中のエイジェンシー」(責任の中の権利)をブルーの「コミュニオンの中のエイジェンシー」(責任の中の権利)

から守るのではなく――権利を責任から切り離し、**オレンジを権利と同一視し、ブルーを責任と同一視してしまった**のである。それゆえに、オレンジをブルーから守るなかで、不注意にも、責任がなくとも権利は与えられる、コミュニオンがなくともエイジェンシーは確立できる、義務を伴わずとも自由は実現できる、務めを果たさなくともお祭り騒ぎを起こすことはできると考えてしまったのだ。この点において、自律性に関するリベラル派の考えは、退行的で、自己愛的で、自己中心的なものであり、社会的な共同性や気遣《ケア》いや義務を解体する方向に作用してきたのである。

したがって、真に統合的な政治における最初の課題のひとつは、権利と責任を再び結びつけるということ――ただしそのとき、単なるブルーの権利／責任へと退行するのではなく、**後-慣習的な段階（オレンジおよびそれ以降の段階）において、両者を結びつける**ということになる。なぜなら、リベラルな自己は、他のリベラルな自己との相互作用のネットワークの中でのみ存在しているのであり、そうしたネットワーク（コミュニオンの中のエイジェンシー）は、新たな自由や機会を生み出すだけでなく、新たな義務や責任を課するものでもあるからだ。要するに、権利と責任の両方が、十分に尊重されなければならないのである（各段階の自己が他の自己とどんな交換をしているのかについての詳細は、『エデンから』を参照のこと。「コミュニオンの中のエイジェンシー」ないし「責任の中の権利」についての詳細は、『進化の構造』および『万物の歴史』を参照のこと）。

(8) 現時点では、シュプレッヒャーもチッカリングも、左派と右派に関するこうした定義を正式には公表していない。だが、シュプレッヒャーは、私がこの定義に到達した約１年後に、同様の考えに到達したと主張しており、私もそのことを認めている。保守派とリベラル派に関するこうした定義を、秩序重視《オーダー》派と自由重視《フリー》派という視点と組み合わせることで、四つの立場――秩序重視型左派《オーダー・レフト》、自由重視型左派《フリー・レフト》、秩序重視型右派《オーダー・ライト》、自由重視型右派《フリー・ライト》――からなるマトリクスを得ることができる。このマトリクスは、「チッカリング／シュプレッヒャーマトリクス」と呼ばれることも多い（本章の注５も参照されたい）。

シュプレッヒャーは二種類の統合的なトレーニング手法を創り上げた。「生成的リーダーシップ」（内面的発達を重視する）と「脱中心的-統合的ガバナンス」（外面的発達を重視する）である。さらにシュプレッヒャーは、政治的リーダーシップの養成に関する有力なアプローチをつくり上げた。このアプローチには、指示、直接体験、妥当性確認のそれぞれに対応するエクササイズが含まれており、こうした鍛錬を通して、統合的な洞察を身につけさせるものとなっている。

統合的政治のための二つのステップ――「内面と外面を結びつける」「内面の諸段階と外面の諸段階の両方を理解し、最優先指令《プライム・ディレクティブ》に到達する」（本章の注６で述べたもの）――は私自身の案であるが、シュプレッヒャーもまた、私とは独立に、ある程度似たような考え方に到達している（私はそこから多くの刺激を受けた）。とはいえ、シュプレッヒャーは、自らのアプローチを「第三の道」と名づけている。シュプレッヒャーによれば、第三の道に向けた「二つのステップ」とは、一つ目が経済的および水平的な変革を実現することであり、二つ目が文化的および垂直的な変革を実現することである。言い換えれば、ステップ１は、左派と右派を水平的に統合することであり、ステップ２は、秩序重視《オーダー》派と自由重視《フリー》派を垂直的に統合することなのである。

(9) それゆえ、もしある人が秩序重視型左派《オーダー・レフト》（例えば社会主義者）であるならば、集団の外面、すなわち、右下象限の要因（経済システムや客観的な社会システム）を重視し、この象限における政府の介入（例えば福祉国家的な政策）を要求することになる。もし

ある人が秩序重視型右派《オーダー・ライト》（例えば伝統主義者ないし原理主義者）であるならば、集団の内面、すなわち、左下象限の要因（文化的な信念や世界観）を重視し、全ての人に自分たちと同様の規範や価値に従うように要求することになる。その際、もし必要であれば、政府による介入（例えば、学校での祈り）を行っても構わない。

あるいは、もしある人が自由重視型右派《フリー・ライト》（例えば経済的リバタリアニズム《エコノミック・リバタリアニズム》の支持者）であるならば、個人の内面、すなわち、左上象限の要因を重視することになる。個人が自らの成功や失敗に対して責任を負うべきなのだから、政府は右側象限（例えば経済）に対して手を出すべきではないのだ（ただし、前提となる権利や自由は保護すべきである）。もしある人が自由重視型左派《フリー・レフト》（例えば市民的リバタリアニズム《シビック・リバタリアニズム》の支持者）であるならば、個人の外面、すなわち、右上象限の要因（個人の行動の自由）を重視することになる。政府はただ、こうした自由を保護するためにのみ、介入すべきなのだ。

こうした分析には他にもさまざまな種類のものがあるし、さらに、発達段階の存在も考慮に入れなければならないが、以上のような単純な例を考えるだけでも、既存の分析よりもっと統合的な分析が必要であることがわかるだろう。

(10) 地球的な統治《ガバナンス》に対する統合的アプローチは、部分的には、イエローとターコイズの段階、クレア・グレイブスが「第二層」の心理的発達段階と呼んでいる諸段階の見方に基づくものになるだろう（なお、さまざまな理論家が、発達におけるさまざまな「層」を定義している。例えば、第一層、第二層、第三層、第四層といったものだ。ただ、私の主張したい論点を明確化するためには、二つの層からなるグレイブスのモデルが非常に適している。次章では、この二つの層に加えて、超-個的《トランスパーソナル》なリアリティに対応する諸段階として「第三層」の諸段階も紹介する。第三層の一つ目の段階は「心霊段階《サイキック》」（コーラル）である）。

スパイラル・ダイナミクスの言葉を用いるなら、アメリカの憲法は、第一層の統治《ガバナンス》の最高点とも言える輝かしいもの（主にオレンジやグリーンの理念に基づいて作成されたもの）であり、その統治《ガバナンス》のシステムは、法人型国家（さらには価値の共同体）を目指すものであった。しかし現在、この国家以後《ポストナショナル》の世界、そしてグリーン以後の世界にあって、私たちが必要としているのは、「世界文明」（第６章参照）のための統治《ガバナンス》システムなのである。こうした統治《ガバナンス》システムこそが、ホリスティックで地球的な網目細工《メッシュワーク》を花開かせることになるだろう。もちろん、私の考えでは、それは「全象限、全レベル」のアプローチであり、私が**「基本的道徳直観」（basic moral intuition: BMI）**と呼んでいる直観（「最大範囲《スパン》の最大深度《デプス》を維持し向上させる」）に導かれたものになると思われる。さらに、この統治《ガバナンス》システムは、最優先指令《プライム・ディレクティブ》（どの段階も不当に特権化することなく、螺旋《スパイラル》全体の健全性を向上させる）としても作動すると同時に、「変容のペースメーカー」としても作動し、全スペクトラムにわたる人々の心理的資源《リソース》を穏やかに押し上げる（自らの潜在的可能性を——内面と外面の両方において——最大限にまで成長させてみないかと人々を招待する）ものでもある。

私の考えでは、こうした要素（「全象限、全レベル」「基本的道徳直観」「最優先指令《プライム・ディレクティブ》」「変容のペースメーカー」）は全て、どんな第二層の自己統治《セルフ・ガバナンス》においても鍵となる要素である。こうした発想を具体化し、地球的な統治の網目細工《メッシュワーク》をつくり上げていくこと——各国の政治体制の違いを完全に認めながらも、同時に、全ての国々がひとつにまとまり、互いに高め合えるような網目細工《メッシュワーク》をつくり上げていくこと——は、これからの政治に課せられた大いなる課題なのである。

(11) 中でも、ラリー・ドッシー〔本文参照〕、ジョン・カバット＝ジン〔訳書に『マインドフルネスストレス低減法』など多数〕、ジーン・アクターバーク〔訳書に『自己治癒力

——イメージのサイエンス』など〕、ケネス・R・ペルティエ〔訳書に『心が生かし心が殺す——ストレスの心身医学』など〕、ジョーン・ボリセンコ〔訳書に『愛とゆるしの心理学』など〕の業績を参照のこと。

(12) John Astin, "The Integral Philosophy of Ken Wilber: Contributions to the Study of CAM [Complemantary and Alternative Medicine] and Conventional Medicine"を参照のこと。

(13) ボストン大学医学部とハーバード医科大学の後援によるPsychological Trauma conferenceにて発表された"Sensorimotor Sequencing"を参照。

(14) G. Schwartz and L. Russek, "The Challenge of One Medicine: Theories of Health and Eight World Hypotheses," *Advances: The Journal of Mind-Body Health*を参照。

(15) L. Dossey, "The Great Chain of Healing: Toward an Integral Vision of Medicine"を参照。

(16) 以上の内容はD. Paulson, "Management: A Multidimensional/Multilevel Perspective"による。加えて、彼の著書*Topical Antimicrobial Testing and Evaluation*（1999, マルセルデッカー社）、論文"Successully Marketing Skin Moisturizing Products," *Soap/Cosmetics/Chemical Specialities*, August 1999、論文"Developing Effective Topical Antimicrobials," *Soap/Cosmetics/Chemical Specialities*, December 1999も参照のこと。

ポールソンは、さまざまな分野において「全象限、全レベル」モデルを適用した事例を発表しており、中には「臨死体験」について説明した論文も存在するが、その内容は幅広い人々から高く評価されている（"The Near-Death Experience: An Integration of Cultural, Spiritual, and Physical Perspectives," *Journal of Near Death Studies*, 18（I）, Fall 1999）。さらにポールソンは、食品の安全性に関するFDA〔米国食品医薬局〕の専門家グループの一員でもある。

「私たちは、四象限モデルを用いることで、大腸菌O157:H7などへの感染を減少させることができる」

「全レベル」の部分について言えば、高く評価されている発達モデル——例えばマズローの欲求階層理論、グレイブスのスパイラル・ダイナミクス、レヴィンジャーの自我発達理論——であれば、どのモデルを用いても構わない。例えば、スパイラル・ダイナミクスはこれまで非常に大きな成功を収めており、さらに今では、自らのモデルを「全象限、全レベル」型のもの（図3-1と非常に似通ったもの）へと発展させている。

(17) G. Gioja, "Creating Leaders (Beyond Transformation: An Integral Manifesto)"、およびOn Purpose Associates (Cleveland et al.)、"The Practical Philospher: How Ken Wilber Changed Our Practice"、およびL. Burke, "Not Just Money, Meaning"を参照のこと。

なお、リーダーシップ・サークル（アンダーソンとスチュアートとクライン）からの引用文は"The Leadership Circle: Bringing Spiritual Intelligence to the Work"によるものであり、3人には、クラインの著作*Awakening Corporate Soul*を発刊した出版社から連絡をとることができる。

(18) 統合的なアプローチを使い始めている環境理論家《エコセオリスト》は多く存在するが、中でも特筆すべきは、マシュー・カルマン、マイケル・ジマーマン（著書に*Contesting Earth's Future: Radical Ecology and Postmodernity*）、そしてガス・ディゼレガの業績であろう。ディゼレガと私の間には、理論的に一致しない点がいくつか存在しているが、それでも、エコロジーに関する多くの論点について、意見を一致させることができたと私は考えている。実際、私たちは、共同出版物を公刊しようと計画している。ディゼレガは以前、私のモデルに対して不満を抱いていたが、その中核には次のような誤解があった。私は著

作中で、自然神秘主義に傾倒している多くの人々が、前-合理的ないし退行的な在り方に傾倒していると暗に主張していたのだが、そこから彼は、全ての自然神秘主義は前-合理的ないし退行的なものにすぎないというのが私の意見だと考えたのである。しかし、それは私の見方では決してないし、ディゼレガも今はそのことを認めている。もちろん、だからと言って、ディゼレガがいずれ私の考えの全てに同意してくれるだろうという意味ではない。だが、ディゼレガが現在、私の「全象限、全レベル」アプローチ——「自然神秘主義」(心霊《サイキック》段階)、「神性神秘主義」(微細《サトル》段階)、「無形神秘主義」(元因《コーザル》段階)、「非二元神秘主義」(非二元《ノンデュアル》段階)の全てを包含するアプローチ——を快く受け入れていることは述べておいてもよいだろう。加えて、ディゼレガと私は、近代や啓蒙思想が世界にどんな負の面をもたらしたかという点だけでなく、どんな素晴らしいことをもたらしたかという点についても、認識を共有している。**近代や啓蒙思想がもたらした正の面は、ほとんどの環境理論家《エコセオリスト》によって、不公平なまでに見過ごされている**のである。

(19) こうした主張は、リベラル派による「インクルーシブネス」〔さまざまな在り方を全て包含すること〕の概念と似ているように感じられるかもしれない。しかし異なる点は、リベラル派は内面的発達の諸段階を無視ないし否定しており、内面には自然な発達段階が存在すること、そして内面的な発達のためにはそうした各段階(中でも特に、順応的で原理主義的な「法と秩序《ロー・アンド・オーダー》」の段階)を進んでいくことが必要であるということを、簡単には受け入れられないということである。それゆえに、リベラル派の人々は、こうした構造(本当は必要不可欠な構造であるのだが)を見つけるたびに、それを解体しようと活動し始めるのだ。結果として、非常に破滅的で、退行的な影響が及ぼされることになる。スパイラル・ダイナミクスでも述べられているように、グリーンはブルーを解体しようとするのだが、そうすることで、多くの場合、最優先指令《プライム・ディレクティブ》の実行に対して驚くほど有害な影響を与えることになるのだ。しかもその悪影響は、国内だけでなく、外交政策にまで及んでいる(例えば、ブルーの段階にある国々に対して、グリーンの「人権」を押しつけようとしても、よくて時間の無駄であり、悪ければ、ブルーを強化するという真逆の効果をもたらすことになる。ブルーの硬直性を変えていくのは、グリーンの感受性ではなく、例えば、オレンジの科学技術である)。

マイノリティ(および発展途上国)に対する統合的アプローチに好意的な理論家としては、ドン・ベック、コニー・ヒリアード、モーリーン・シロスを挙げることができる。

(20) 統合的政治への二つのステップを思い出しておこう。一つ目は、内面領域の存在を認めること、二つ目は、内面領域における発達の諸段階を認識するということである。

(21) 人工知能(AI)やロボット工学に関する問題とは、その推進者のほとんどが、人間の心について単純な認識しかもっていないということである。意識とはどんなものであり、どのように発達していくのかについて、驚くほど貧弱な見方しかもっていないのだ。図4-4の左上象限を見れば、人間の意識がこれまでどんな歴史を歩んできたのかを(そしてどんなホロンから構成されているのかを)確認することができる——原子や分子における「抱握」〔ホワイトヘッド哲学の用語〕は、細胞における「被刺激性」の中へと包含され、それはさらに神経組織における「感覚」の中へと包含される。それはさらに神経管を有する動物における「知覚」へと、爬虫類的脳幹を有する動物における「衝動」へと、大脳辺縁系を有する動物における「情動」や「感情」へと、大脳新皮質を有する動物における「象徴《シンボル》」や「概念」へと、次々に包含されてきた。そしてとうとう、人間の脳のような複雑な大脳新皮質において、「形式操作的思考」あるいは「論理」が出現したのである。大事な点は、こうした全てのホロンは、以後のホロンの中に包含されており、それゆえ、人間の意識という最新のホロンにとっても、極めて重要な一部分を構

成しているということである。

だが、コンピュータ・プログラマーたちは、自分たちがもっともよく知っているタイプの意識——論理的-数学的な意識——にばかり焦点を当てる傾向にある。意識の薄っぺらな外層だけをいわば「すくい取り」、その規則とアルゴリズムをコンピュータにプログラムしようとしているのである。そして、**こうした表層的で、抽象的で、身体性を欠いており、意識の他の部分から解離した「人工知能」が、本当に人間の意識と同じものであると想像している**のだ。しかも、今後10年か20年の間に、人間の「意識」は半導体チップの中にアップロードされて永遠の生命を得るようになるだろう、と当然のように考えている。しかし実際にアップロードされるのは、自分たちの抽象的で解離した薄っぺらな意識だけなのである。

本当の意味で人間に似た人工知能をつくるためには、AIの技術者たちは、人間の意識というホロンを構成している全てのホロンの意識を再現しなければならないだろう。言い換えれば、細胞に対応する「被刺激性」、爬虫類的脳幹に対応する「本能」、大脳辺縁系に対応する「情動」、大脳新皮質に対応する「合理性」と「相互連結性」（大脳新皮質におけるニューロンの結合パターンは、既知の宇宙に存在する恒星の総数よりも多い）といったあらゆるものをつくり出し、そこに命を吹き込まなくてはならないのだ。AIは現在、生物の細胞に対応する被刺激性を再現することにさえ、少しも近づいていない。それゆえ、当面の未来においては、AI技術者たちの大げさな主張は無視しておいてよいと思われる。21世紀のロボット工学において再現される人間の特性は、特定のアルゴリズムやデジタルな論理規則、ある種のファジー論理〔真理値として１（真）から０（偽）までの連続的な範囲の値を扱う論理〕やニューラルネットワーク〔脳内の神経回路網を模倣した数学的モデル〕による学習などを通してプログラム可能なものだけに限られるだろう。そしてこうした試みは全て、人間の意識の最も表層にあるものを再現しようとしているにすぎないのである。

他にも大きな難点が存在する。意識とは、四象限的な事柄なのである。AIが扱っているのは、単に、右上象限における行動の規則や学習の仕組みだけである。そうした要素だけでは、私たちが「意識」と呼んでいる四象限的なリアリティを生み出すことは決してないだろう。そしてこうした議論の一部は、ジョン・サールの主張でもある。実際、サールは、行動（右上象限）は志向性（左上象限）と決して同じものではないと述べている。彼は全く正しい。さらに言えば、行動（右上象限）それ自体によって間-主観的な文化的価値が生み出されることも決してないのである。

最後に、深い霊性《ディープ・スピリチュアリティ》の立場からの反論が存在する。意識とは、何か（例えば人間の脳、あるいはロボット）によって生み出されたものではないのである。純粋な意識とは、世界に顕現している全てのものの「源《ソース》」ないし「基底《グラウンド》」なのだ。したがって、もし意識をコンピュータにアップロードできるのなら……。コンピュータが意識の顕現なのであり、その逆ではないのである。繰り返すと、あなたがコンピュータにアップロードできる（あるいはそこからダウンロードできる）のは、コスモスという驚くべき全体《パイ》の中の小さな一片《スライス》、薄っぺらく表層的なほんの一部分だけなのだ。さらに言えば、意識を超小型集積回路《マイクロチップ》にアップロードできるという考えを支持しているのは、ほとんどの場合、コンピュータオタク《ギーク》の若い男性である。誰とも寝ることができないので、一晩中起きてコンピュータの画面を見つめ、抽象的で、解離した、身体性を伴わない思考の中に埋没しているような人たちなのだ。とはいえ、私自身もオタク《ギーク》なので、どうか悪く思わないでほしいのだが……。人間の意識は、私たちがAIの中に実現しようと夢想している内容よりも、遥かに多くのホロンから構成されているのである。

(22) Edwin Firmage, *Leaving the Fold: Candid Conversations with Inactive Mormons*, J. Ure (ed.), p.229より。

(23) 私が本文中で提案したのは、こうした課題に対処するためには、外面における法的な規制と内面における倫理的な知恵の両方を組み合わせることが——要するに、統合的なアプローチが——必要だということである。別の言い方をすれば、第二層の統治《ガバナンス》システムを整えることがどうしても必要なのだ（なぜなら、第二層に到達していなければ、真に統合的な解決策を実行することはできないからである)。おそらく、当面はまだ、人類の大半は前-合理的な段階（自己中心的段階や自民族中心的段階）に位置しているであろうから、第二層に由来する地球的統治の網目細工《メッシュワーク》によって、こうした課題に対処していく必要がある。これはちょうど、アメリカの憲法が、オレンジ段階の道徳性に基づいて作成された文書でありながら、国民全体（実際にオレンジ段階の道徳性に到達していたのは人口の10パーセントにも満たなかったと思われる）を治めていたことに似ている。同じように、第二層に由来する地球的統治の網目細工《メッシュワーク》によって、世界全体（実際に第二層に到達している人々が10パーセントに満たない世界）を治めることが必要なのだ。こうした統治《ガバナンス》システムが具体的にどのようにして実現されるのか、それは現時点ではわからない。なぜなら、統合的政治《インテグラル・ポリティクス》は、今まさに新しく出現〔創発〕し始めたところであり、**新たな複雑性がどのように創発《エマージェンス》するかということは、究極的には、予測不可能なものである**からだ。こうした地球的統治の網目細工《メッシュワーク》がやがて現れるということは（もしそれまで人類が生きていれば）ほぼ確実だと思われるが、いつ、どこで、どのようにして現れるかということは、多かれ少なかれ、私たちの予想を裏切るものになるだろう（もし私たちの予想通りなのであれば、それは真の創発ではない)。とはいえ、現時点でも、その一般的特徴の多くを大まかに描くことは可能であるし、どんな要因があればそうした網目細工《メッシュワーク》が出現しやすくなるのかを調べることはできる。

ジョー・ファーメイジ（USWeb社、Intend Change社、およびProject Voyagerの共同創業者）によれば、こうした統治《ガバナンス》の問題には、大きく二つの側面が存在している。彼はこうした二つの側面を「強制的」な側面と「非強制的」な側面と呼んでいるが、要するに、力に基づいて法的な規制（外面）を実行するか、倫理的な知恵（内面）によって自分たちを導くかということである。そして問うべきは、こうした２種類の抑制手段をどのように組み合わせれば、統合的発達なきゆえに生じうる未来の悪夢を防げるかということだ。

一方では、「脱中心的かつ統合的」な形の統治《ガバナンス》システムが必要である。ファーメイジは次のように述べている。

「イデオテクノミクス〔成熟した思想《イデオ》と優れた科学技術《テクノロジー》に基づく経済システム《エコノミクス》〕を実現することで、各個人は新しいホリスティックな特性を身につけるようになる。そしてそうなれば、統治《ガバナンス》システムは、さらに小さくて、さらに統制が少ないにもかかわらず、さらに一貫していて、さらに援助志向のものへと進化していくことになるだろう」

しかし他方では、人々の内面的な発達に対しても、新たな形で注意を向けなければならない。例えば、意識のスペクトラム全体を包括する教育、市民の意識を高めるための活動、統合的な政治的リーダーシップの実現、深い霊性《ディープ・スピリチュアリティ》の実践などが必要なのだ。ファーメイジの考えは次の通りである。

「私の目から見れば、統合的《インテグラル》で精神的／霊的《スピリチュアル》な大改革を起こす以外には、十分に効果的な方法は存在していない。なぜなら、どのような外的規制を設けても、そうした規制では防げないものが必ず現れるからであり、もしそうした規制を完璧に機能させようと思えば、とても生きていけないような世界になるだろうからである」

もちろん、このようにして外的発達と内的発達をバランスよく統合することは、単に統合的政治《インテグラル・ポリティクス》の一種であるとも言える。

私たちは現在、統合的アプローチがなければ、こうした問題の本質を適確に捉えることさえできないように思われる（本章の注５、注６、注７、注８、注10も参照のこと）。しかしいずれにせよ、次の結論は変わることがない。**地球的な統治《ガバナンス》において必要となる「強制的」な側面は、人々が内面的に発達していないほど、それに比例して、大きくなる**のである。

第6章 多種多様な世界観を結び合わせる ～世界観のメタ分析～

(1) 私は、「ホロニック」〔ホロン的〕という自分の用語を使わずに、「ホリスティック」〔全体的、全体論的〕という言葉を用いたことで、ある批評家から強い非難を受けた。とはいえ、その批評家も、ほとんどの形のホーリズム〔全体論的思想〕――「全体《ホール》」を強調する立場――には数多くの重大な欠陥があり、そうした不十分さを克服できるのがホロニックなアプローチ――ホロンすなわち「全体と部分の両方」を強調する立場――であると考えている点では、私と同じ意見である。確かにその通りであり、ホリスティックなモデルとホロニックなモデルには重要な違いが存在している。にもかかわらず、私は多くの場合、この二つの言葉を同義語として用いている。なぜなら、「ホロニック」という単語はあまり知られていないからだ。

(2) 観念論の長所と短所については『進化の構造』『万物の歴史』および『科学と宗教の統合』を参照されたい。

(3) シュワルツらは、ホロニックなモデルを用いることで八つの立場全てを包括できるのではないかと述べている。G. Schwartz, C. Santerre, and L. Russek, “Bring Order to the Whole: Eight World Hypotheses Applied to Ken Wilber’s Integral Approach to Consciousness” を参照のこと。

(4) こうした索引システムが有益な図式であることは明らかだが、私が「段階横断的《クロスレベル》分析」と呼んでいる分析を組み合わせることで、さらに有益な図式となる。これは非常に重要な論点であり、本章の注19において詳しく議論する。

(5) なぜ発達という見方がなければさまざまな世界観を統合することは難しいのか。この論点についてのさらなる議論は、『ワン・テイスト』における10月3日および10月15日の項を参照されたい。

もちろん、**ある段階の世界観が、それ以後の段階について何らかの主張をしようとするなら、その主張は、そうした後の段階それ自身の基準によって検証されなければならない**。例えば、もし占星術が合理的-経験的な主張をする――チャクラ３がチャクラ４の主張をする（「チャクラ」については本章の注18を参照）――のであれば、そうした主張は合理的-経験的な手段によって検証されなければならないが、大抵の場合、そうした検証には全く合格できないのである（例えば占星術は、占星術師たち自身によって考え出された経験論的なテストに落ちてばかりいる。『ワン・テイスト』における７月29日と12月21日の項を参照）。にもかかわらず、占星術は、神話的な意識段階において獲得可能な無数の妥当な世界観のうちのひとつであり、その段階において達成すべき内容を全て達成している――意味、宇宙とのつながりの感覚、広大な宇宙における自らの役割といったものを、全て提供しているのだ。しかし占星術は、予測能力をもった合理的な科学（チャクラ４）ではないのである（だからこそ、経験論的なテストに一貫して落ち続けているのだ）。これと同じ理由から、私たちは、合理的な科学がチャクラ５やチャクラ６やチャクラ７に関して述べていることについても、あまり信頼を置く必要はないと言える。

私が「全ての見方は正しい」と述べるとき、私はこの言葉を次のような一般的な意味で用いている――どんな段階もそれ自身の重要な真実をもっており、しかもこうした真理は、単にその段階自身の性質を示すだけのものではなく、さらに高次の段階においても重要かつ必要な構成要素として作動し続けるという意味である。例えば神話的段階において、私たちは、集団に所属し続けていたい、集団の一員であるために必要な能力を

もち続けていたいと思う。しかし**どんな段階の内部においても、相対的により妥当な見方と、相対的にあまり妥当でない見方が存在しているのであり、こうした妥当性は、その段階自身の基準によって決められる**のである。例えば、占星術は神話的段階の一部分を構成するものであるが、優れた占星術師もいれば、ダメな占星術師もいる。これまで合理的-経験的なテストに合格した占星術師はいないが、そもそもこうした経験論的なテストは、神話的段階における妥当性の基準ではないのである。神話的段階も、他の全ての段階と同じように、意味や一貫性、宇宙とのつながりの感覚、他者への思いやりの気持ち、実践的な行動指針などを私たちに与えてくれる。神話や占星術は、私たち全員の中に存在している神話的段階の部分に語りかけてくるのであり、私たちはこの段階に触れることで、自分自身の極めて重要な起源《ルーツ》とつながることができるのだ。優れた占星術師は、妥当でしかも価値のある方法によって意味や価値や指針を与えてくれるが、ダメな占星術師は（神話的段階自身の基準によって判断しても）こうした役割を果たせていないのである。もちろん、低次の段階に触れなおすことと、低次の段階にとどまり続ける（その段階が究極のリアリティであると考える）ことは、全く異なることである。占星術によって神話的段階よりも高次のことを主張しようとする人々のことは――もしその主張が確かめようのないことなのであれば――どんな場合であれ、疑ったほうがよいだろう。

他方、合理的な科学者の中には、低次の段階である（合理的-経験的なテストに合格できない）からという理由で全ての占星術を軽蔑している人もいるが、こうした人々は単に、**自分自身の起源《ルーツ》と接触することをやめてしまった**人たちなのだ。統合された個人は、自分の中に存在している（そして自分を通して表現されている）全ての段階のリアリティに心地よく触れることができる。そしてさまざまな状況に応じて、どの段階のチャクラ（あるいはミーム）の言葉でも話すことができるのである。いつものように、ほとんどの問題は、特定のチャクラだけに愛着をもつことが原因なのだ。

(6) ベラーの重要な業績についての包括的な議論は、著書『進化の構造』、および、論考「Sociocultural Evolution」（*The Collected Works of Ken Wilber, Volume 4* に所収）を参照されたい。

(7) ガーゾンが今日のアメリカに見出した６種類の「国民《ネイション》」ないし「国家《ステイト》」とは、パトリア（Patria, 宗教的国家）、コーポラティア（Corporatia, 資本主義的国家）、ディシア（Disia, 反抗的国家）、メディア（Media, 情報的国家）、ガイア（Gaia, ニューエイジ的国家）、そしてオフィシア（Officia, 政治的国家）である。

パトリア〔宗教的国家〕の市民は、神話的-順応的な段階に基礎を置いており、多くの場合、秩序重視型右派《オーダー・ライト》である。コーポラティア〔資本主義的国家〕の市民は、自我に基づく道具的な合理性（オレンジ）に基礎を置いており、多くの場合、自由重視型右派《フリー・ライト》の経済的リバタリアンである。ディシア〔反抗的国家〕の市民は、一般的には前-慣習的（パープルやレッド）ないし後-慣習的（グリーン）であり、慣習的な諸段階（ブルーとオレンジ）と闘争しているが、多くの場合、秩序重視型左派《オーダー・レフト》である。メディア〔情報的国家〕の市民は、一般的には自由重視型左派《フリー・レフト》のオレンジである。ガイア〔ニューエイジ的国家〕の市民は、前-慣習的な要素と後-慣習的な要素の複合体であるが、多くの場合、パープルやレッドと結びついた自由重視型左派《フリー・レフト》のグリーンであり、退行的な影響を及ぼしている。そしてオフィシア〔政治的国家〕の市民は、複数の段階にまたがって存在しているが、大抵の場合、ブルーないしオレンジないしグリーンであり、その比率は各段階に位置する人口の割合を反映したものになっている。

(8) さまざまな政治的志向性はどれも「タイプ」であり、多くの段階において利用可能な

立場である（例えばあなたは、レッド左派であることもレッド右派であることもできるし、ブルー左派であることもブルー右派であることも、オレンジ左派であることもオレンジ右派であることもできる）が、伝統的には、左派にも右派にも、特定の段階に位置する人々が多く集まってきた。具体的に言えば、左派にはパープルとグリーン、右派にはブルーが集まってきたのである。「全象限、全レベル」の索引システムを用いれば、こうした人口構成も簡単に調べることができる。

(9) 垂直的な深さという視点は、ほとんどの標準的な著作家によって見落とされているだけでなく、非主流的《オルタナティブ》、超-個的《トランスパーソナル》、あるいは精神的《スピリチュアル》／霊的な内容を扱う著作家によっても見落とされている。その主要な理由のひとつは、こうした著作家の多くが、グリーン段階の在り方を称賛しようとしているか、あるいは、グリーン段階の在り方の中に無意識のうちに浸りきっているために、ホロン階層《ホラーキー》という見方を認めようとしないという点にある。不幸なことに、こうした**「フラットランド型スピリチュアリティ」**は極めて一般的なものであり、多くの場合、人々を自分の現在の発達段階から動けなくさせてしまっている。

(10) ハンティントンは、歴史は進化していくものなのか、それとも循環していくものなのかという問いを提起している。私の意見では、両方の見方が正しい。進化の諸段階は存在するが、そうした各段階の中には、さまざまな周期や時期や局面が存在しているのである。前者は変容的な発達に対応しており、後者は変換的な発達に対応している。多くの場合、ひとつの周期が終わると、システム（個におけるシステムであれ、集団におけるシステムであれ）は垂直的変化に対して開かれるが、その結果、超越し進歩することもあれば、崩壊し退行することもある。こうした論点については、*Integral Psychology*〔未訳〕を参照されたい。

(11) ある箇所でハンティントンは、ドイツ人が文明と文化を区別することに対して文句を言っている。「ドイツの思想家たちは、文明（機械、テクノロジー、物質的な要因など）と文化（価値、理想、高次の知性や美や道徳など）を厳格に区別してしまった」。だが、こうした区別は全くリアルなものである。実際、両者はそれぞれ右下象限（社会的領域）と左下象限（文化的領域）のことであり、ハンティントン自身、両方の言葉を用いている（哲学に関してドイツ人に異議を唱えても、よい結果になることはほとんどない）。ハンティントンは文化と社会を厳格に区別できるという見方に反対しているが、私もこの意見には同意する。**各象限は互いに異なるものではあるが、同時に、完全に分けることはできない**ものだからである。異なるという面と完全には分けられないという面、この両方を包含することが必要なのである。

　ハンティントンの定義によれば、文明とは、広範囲におよぶ文化的なパターンのことであり（ただし、彼の「文化的」は「社会文化的《ソシオカルチュラル》」という意味である）、包括的なものであり（「すなわち、どんな構成単位も、それを包み込んでいる文明というものを考慮せずには十分に理解することができない」）、発達や進化といった特徴を示すものであり（「文明とは動的なものであり、進化し、適応するものである」――さらに言えば、文明は衰退し、滅びるものであり、大抵の場合はそうなる）、政治よりも深いレベルにあるものである（「文明に含まれる政治的単位は、ひとつであることもあれば、複数であることもある」）。こうした見方はどれも本質的に正しいと思うが、同時に、少し論点を付け加えておきたい。

　私の見方では、文明とは、ある種の混合体《アマルガム》であり、さまざまなライン（価値、認知、言語、道徳、倫理、慣習、伝統など）が、四つの象限（志向的、行動的、文化的、社会的）のそれぞれにおいて、一連の段階（パープル、レッド、ブルー、オレンジ、グリー

ンなど）を進んでいくことを特徴とするものである。ホロニックな索引システムを用いることで、こうした各要素を調べることも容易になるだろう。

⑿「微細な還元主義」についての議論は、第５章の注１を参照されたい。

⒀ フリードマンやギャディスやケネディが「生命の網《ウェブ・オブ・ライフ》」型の解釈、すなわち「２つの象限、０個のレベル」型の解釈を行っているというのは、次のような意味である。

こうした分析家たちは、内面領域（文化、世界観、価値など）の重要性を認めてはいるものの、内面領域そのものの中にも多くの段階が存在しているということを認識しておらず、それゆえ、**内面領域の全てを、それ以上区別できない単一の実体（例えば「文化」といった言葉で表現される）へと折りたたんでしまう**。そしてほとんどあっという間に、内面領域の全てを、右側象限のリアリティ――例えば金融、市場、安全保障、世界銀行の活動、科学技術のグローバル化、生態学的な生物網――に対して従属的なものへとおとしめてしまうのである。だからこそ、こうした生命の網《ウェブ・オブ・ライフ》の見方は、「２象限、０レベル」型のモデル（すなわち「微細な還元主義」）なのだ。他方で、システム理論家の中には、階層的な諸段階の存在を認める人たちもいれば、積極的に支持する人たちさえいる。だが、そこで認識されているのは右側象限のリアリティだけであり（つまり「２象限、全レベル」型のモデルであり）、それゆえに、フラットランドの世界観と微細な還元主義からは少しも脱却できていないのである。とはいえ、右側象限における多くのライン（金融、グローバル市場、環境的要因、技術的進歩、軍事的な安全保障）を考慮に入れて、それらを互いに絡み合った全体として扱っている（右側象限に関する限り、これは正しい）という点では、こうした分析家たちは、ゆっくりと、統合的な見方へ向かっていると言える。

これと同じことが、未来研究〔未来学〕の分野についても言える。現状の未来研究は、右側象限のフラットランド的図式によって支配されており、そうした図式の中で、さまざまなシナリオに基づいて、ありうる未来の姿を予測しようとしている。だが、**こうしたシナリオの中には、内面領域のデータが含まれていない**のだ。一方で、現実の世界においては内面領域の螺旋《スパイラル》全体が常に作動しているために、未来のシナリオは、ひどく歪められたものになってしまうのである。必要なのは、四つの象限全てを扱っている包括的なデータセットなのだ。だからこそ、未来のシナリオのほとんどが、人々が今後何をするかという点については、かなり的外れなことばかり予測してしまうのである。「全象限、全レベル、全ライン」のモデルを用いることで、現実の主体が現実の世界の中でどのように行動していくのかについて、遥かに精確に予測できるようになるだろう。

⒁ 内面的発達と外面的発達を均衡《バランス》させることが必要だという議論については、『ワン・テイスト』における12月15日の項も参照のこと。

⒂ 人類が統合的文化に向かって成長していくにつれて、遠い未来に――おそらく何世紀も後のことであるが――単一の「世界文明」が出現し、水平的な諸文明の間の明確な境界がなくなってしまうということは、十分にありうることである。さまざまな文化は完全に混ざり合うことになり、さらには、遺伝的にも人々が完全に混ざり合うのである。しかし、たとえそうなったとしても、一人ひとりが進んでいく基本的な発達段階はあまり変わらないだろう。おそらく、文化の重心はイエローやターコイズやそれ以上の段階にある（さらには制度や統治《ガバナンス》もこうした段階に対応するものに変化している）だろうが、それでも、全ての人間は生まれたときにはベージュ段階に位置しており、そこから発達の螺旋《スパイラル》を進んでいくことになるだろう。それゆえ、人々はなお、発達の垂直的スペクトラム全体にわたって分布していると思われる。

さらに、人間は複合的存在（すなわちホロン）として、さまざまな下位ホロンから構

成されている（すなわち、原子、分子、細胞、爬虫類の脳幹、古哺乳類の大脳辺縁系などを含んでいる）のであり、こうした下位ホロンは、高次のホロンが出現しても捨て去られるわけではない。同じことが内面領域においても言える。たとえ私たちが統合的段階に到達しても、古代的段階、呪術的段階、神話的段階、合理的段階などの各段階は、捨て去られるわけではなく、私たちとともにあり続けるのである。

⒃ こうした論点については、『アートマン・プロジェクト』『エデンから』『眼には眼を』『統合心理学への道』『進化の構造』、および*Transformations of Consciousness*〔未訳〕、*Integral Psychology*〔未訳〕を参照されたい。

⒄ このことは、例えばある先住民の部族がいて、もしその文化の重心がパープルの呪術的段階にあるならば、こうした人々が本物の超-個的《トランスパーソナル》な精神性／霊性《スピリチュアリティ》を経験することは不可能だということを意味しているのだろうか？　全くそんなことはない。文化の重心とは、あくまで、その文化の**平均**であるにすぎない。平均より高い位置にいる人もいれば、平均より低い位置にいる人もいる。実際、パープルの呪術的時代（およそ紀元前５万年頃）において、もっとも高度に発達した個人（すなわちシャーマン）が少なくとも心霊《サイキック》段階の意識にまで到達していたという証拠は数多く存在している。もっとも、そうした意識を永続的〔恒久的〕な特性として確立していた場合もあれば、至高体験や高原体験として経験していたという場合（こちらのほうが多いと思われるが）もあった。ただし、どちらの場合においても、こうした個人は段階を飛ばしたわけではない（この点についてはIntegral Psychology〔未訳〕の中で丁寧に説明している）。

⒅ ヒューストン・スミス著『忘れられた真理』および*The World's Religions*、ケン・ウィルバー著*Integral Psychology*、ロジャー・ウォルシュ著*Essential Spirituality*、イヴリン・アンダーヒル著『神秘主義──超越的世界へ到る途』、チョギャム・トゥルンパ著『シャンバラ──勇者の道』、マイケル・マーフィー著*The Future of the Body*などを参照されたい。

東洋において（しばしば西洋においても）最も一般的な「存在の大いなる連鎖」モデルとして、七つのチャクラからなるモデルを挙げることができる。このモデルは、人間が関わりうる存在と認識の諸段階を表したものである。チャクラそのものは、人間の身体に流れる**「微細エネルギー《サトル・エネルギー》」**の中枢であり、さまざまなタイプの認識や存在を支えていると言われている。一般的に言えば、チャクラは七つであり、それぞれ次のような場所に位置している──身体の基底部、生殖器の近く、腹部、心臓の近く、のど、額《ひたい》、そして頭頂である。加えて、これらのチャクラの上方や下方にも、無数の補助的なチャクラが存在していると言われている（例えば、鍼《はり》治療における「経絡《けいらく》」という概念は、微細エネルギー《サトル・エネルギー》の通り道として考え出されたものである）。

もちろん、チャクラという見方を迷信として否定する人たちもいるだろうが、ここでは、もっと寛大に、本当の意味で多文化的な立場をとってみよう。東洋のほぼ全ての文明の中に見られる考え方には、西洋人が単なる迷信だと考える以上のものが含まれていると仮定し、その中にどんな知恵が含まれているのかを確かめてみるのである。なぜなら、本質的に言って、七つのチャクラとは単に、「物質」「身体」「心」「魂」「スピリット」という諸段階の少し複雑なバージョンであるからだ。

ここでは、チャクラの諸段階と、存在の大いなる連鎖の諸段階を、次のように対応させることにしよう（もし読者自身が馴染んでいるチャクラ論があれば、そちらを使ってもらって構わない。なぜなら、以下で述べる例の本質にあるのは、意識には七つの構造が存在するということだけであり、細かな点はどのようにでも埋められるからである）。ただし、チャクラは開いているか閉じているかで機能が変わるので、定義することが非

常に難しい。こうした注意点を踏まえたうえで、私はチャクラを大まかに次のように定義したい。

チャクラ1:

物質、古代的世界観（ベージュ）

チャクラ2:

生物学的な生命力、プラーナ、情動的-性的エネルギー、リビドー、エラン・ヴィタール、呪術的世界観（パープル）

チャクラ3:

低位の心《ロウアー・マインド》、力《パワー》、順応、神話的世界観（レッド、ブルー）

チャクラ4:

中位の心《ミドル・マインド》、理性、深い感情（例えば愛）の始まり、オレンジからグリーンまで

チャクラ5:

高位の心《ハイアー・マインド》、第二層から心霊《サイキック》段階まで、創造的ヴィジョン、霊的意識と超越的意識の初期段階、自然神秘主義

チャクラ6:

微細《サトル》な意識、霊的直観《グノーシス》、本物の元型、神性神秘主義

チャクラ7:

輝けるスピリット（顕現したスピリットと非顕現のスピリットの両方）、深淵《アビス》、空なる基底《グラウンド》、無形神秘主義

この「存在と認識の諸段階」という考え方——スパイラル・ダイナミクスであれ、存在の大いなる連鎖であれ、七つのチャクラであれ——を用いた段階横断的《クロスレベル》分析については、本章の注19に重要な例を示しているので、参照されたい。

⒆ 以下では、**段階横断的分析《クロスレベル》**〔段階交差的分析〕という考え方について論じるために、しかもその際、西洋中心主義的な偏見を避けるために、チャクラの理論を用いることにしよう（チャクラについては本章の注18を参照）。とはいえ、以下の分析は、他のどんな発達論的図式——例えばスパイラル・ダイナミクス、あるいはジェーン・レヴィンジャー、ロバート・キーガン、ジェニー・ウェイド、キャロル・ギリガンの発達モデル——を用いても実行できるものである。さらに以下で述べる基本的な段階は、事実上、普遍的に当てはまるものであるため、西洋の人々に対しても、東洋の人々に対しても、確実に適用することができるものである。

これまで述べてきたように、七つのチャクラは、リアリティの諸段階を表しているものである。それゆえ、さまざまな世界観を、その世界観がどのチャクラに由来するものなのかという点から分類することができる。実際、無数の理論家たちが、何らかのチャクラを重視して理論を形成してきたのだ。例えば、物質的な世界観（ホッブズやマルクス）はチャクラ1に由来するものである。生命的-プラーナ的な世界観（フロイトやベルクソン）はチャクラ2に由来するものである。力に基づく世界観（例えばニーチェ）はチャクラ3に由来する。合理的な世界観（例えばデカルト）はチャクラ4に由来する。自然神秘主義（例えばソロー）はチャクラ5に由来する。神性神秘主義（例えばアヴィラの聖テレサ）はチャクラ6に由来する。無形神秘主義（例えばマイスター・エックハルト）はチャクラ7に由来する。

こうした段階別分類は有用なものではあるが、ただちに、いくつかの問題点が浮上してくる。そしてこうした問題点を解決するためには、段階横断的《クロスレベル》分析と呼びうるものを導入する必要がある。なぜなら、**それぞれの世界観について、その世界観がどの段階から生じたものなのかという点と、その世界観がどの段階を対象としているのかという点**

を区別しなければならないからだ。例えば、マルクスは唯物論（チャクラ１）の例として扱われることが多いが、マルクス自身は、チャクラ１に由来するわけでもなければ、チャクラ１の次元に存在しているわけでもない。マルクス自身は、極めて合理的な思想家である。彼はチャクラ４に由来している、すなわち、チャクラ４として機能している。しかしマルクスは、フォイエルバッハの影響を受けて、世界の根本的なリアリティとは、基本的に、物質的なものであると考えていた。言い換えれば、マルクスの思想そのものはチャクラ４から生じていたが、その関心の対象はチャクラ１に限られていたのである。フロイトについても、同じことが言える。リビドーに基づく彼の心理モデルは、チャクラ４に由来するものであるが、その心理モデルが対象として扱っているのはチャクラ２である。あるいは、反対の極に目を向ければ、例えばこうも言えるかもしれない。理神論は、チャクラ４に由来しているが、その関心の対象はチャクラ６である（すなわち、合理的な方法によって、スピリットを理解しようと試みている）。

言い換えれば、こうした分析によって、ある**主体**がどの意識段階に位置しているのかということと、その主体がどの段階のリアリティ（すなわち**客体**）をもっとも本当のものであると考えているのかということの両方を調べることが可能になる。そしてそうなれば、私たちは、さまざまな世界観をもっと豊かに分類できるようになるのだ。さらに言えば、主体の諸段階と、主体によって認識されている客体の諸段階の両方を「二重追跡《ダブル・トラッキング》」することができるようになる。このとき、両者はそれぞれ「自己の諸段階」および「世界の諸段階」と呼ばれることもある。ヒューストン・スミスによる図４-１と図４-２には、どちらの段階も描かれている。

こうした「段階横断的分析」および「二重追跡」の方法は、私が著書『構造としての神』『眼には眼を』において紹介し、*Integral Psychology*〔未訳〕において洗練させたものである。世界の諸段階について言えば、私は、段階《レベル》の代わりに領域《レルム》という言葉を用いることもあれば（例えば粗大《グロス》領域、微細《サトル》領域、元因《コーザル》領域）、圏《スフィア》という言葉を用いることもある（例えば生物圏、心圏、神圏）。そして自己の諸段階について言えば、私は、自己の代わりに「意識」の諸段階と述べたり、「内面」の諸段階と述べたりすることも多い。しかし、私は大抵の場合、自己の諸段階と世界の諸段階の両方をまとめて、「基本的段階」「基本構造」などという言葉で表現している。なぜなら、両方の諸段階の間には対応関係が存在する（世界の諸段階と同じ数だけ自己の諸段階が存在する）からである。

大事な点は、それぞれのチャクラに位置する主体は——特に真ん中のチャクラ（チャクラ３、４、５）においては——どの段階のチャクラを（どの段階のリアリティを）客体にすることもできるということだ。どのチャクラについて思考することも、どのチャクラについての理論を形成することも、どのチャクラに関する芸術作品をつくり上げることもできるのである。私たちは、こうした点を考慮に入れる必要がある。たとえ、段階横断的《クロスレベル》分析を行えるのは真ん中付近のチャクラだけだと考えるとしても（なぜなら低次のチャクラ——例えば岩石——ではこうした分析は行えないし、逆にもっと高次のチャクラでは超-心的《トランスメンタル》な在り方を示すことが多いからである。確かに、超-心的《トランスメンタル》な高次のチャクラでも心的《メンタル》な理論を形成することはできるが、ここでは話を単純にするために省略して考えている）、チャクラ３やチャクラ４やチャクラ５に位置する主体は、七つのチャクラ全てに注意を向けられるのであり、それぞれの場合において、異なる世界観が形成されるのである。言い換えれば、私たちは、人間の心身に関する七つの段階をもとに、**25種類の世界観**を形成しうるのだ（チャクラ３と４と５のそれぞれから７種類の世界観、他の四つのチャクラのそれぞれから一種類の世界観が形成されるので、合計す

ると25個)。要するに、七つの段階だけからでも、何十種類もの世界観が生まれるのだ！

そしてもちろん、これは始まりにすぎない。もし統合的モデルが「全象限、全レベル、全ライン、全ステート、全タイプ」であるならば、私たちが扱ったのは、レベル〔段階〕という要素だけである。段階《レベル》の数については、私は七つの段階《レベル》からなるモデルを用いることもあれば、12個の段階《レベル》からなるモデルを用いることもある。重要なのは、厳密に何個の段階《レベル》が存在しているかということよりも、私たちの存在と認識はホロン階層《ホラーキー》をなしているということを認識することなのだ。

私たちは、こうした各**レベル**のそれぞれにおいて、**象限**という要素を考えることが必要である。さらに、さまざまな**ライン**がこうした各レベルを通って成長していくということも考慮する必要があるし、それぞれのレベルには、さまざまな**タイプ**が存在している。加えて、各レベルにおいて、さまざまな**ステート**〔状態〕に入ることがある。さらに言えば、個人や組織や国家や文明は、こうした変数の全てに影響を受けながら、さまざまな形で**発達**していくのである。言い換えれば、上述の要因全てが作用して、さまざまな種類の世界観が生み出されているのであり、現在どんな世界観が存在しうるのかについて真に統合的な全体像を描こうと思えば、こうした要因を全て考慮しなければならないのだ。とはいえ、本文中で述べたように、その結果として生まれるのは「ホリスティックな索引システム」であり、この索引システムは、全てがごちゃ混ぜになった現在の状態を驚くほど平易な形で要約してくれるのである（本章の注20も参照のこと）。

(20) もちろん、こうした一時的な状態《ステート》を永続的〔恒久的〕な性質にするためには、発達の螺旋《スパイラル》を地道に進んでいき、一時的ではなく永続的な形で、高次の領域に到達しなければならない。現れては消えていく**状態**《ステート》を、永続的な**特性**《トレイト》へと変化させることが必要なのだ。こうした論点についての包括的な議論は、*Integral Psychology*〔未訳〕を参照されたい。

さて、ここまで見てきたのは、チャクラの理論を用いて垂直的深さという視点を紹介するには、複数の方法がありうるということである。例えば、マルクスは唯物論の例であり（チャクラ１)、フロイトは全てを性の問題として捉えており（チャクラ２)、アドラーの心理学はある種の力《パワー》を重視したものであり（チャクラ３)、カール・ロジャーズは人間性心理学の代表的な心理学者であり（チャクラ４）……というように説明することもできる。しかし先にも述べたように、こうした図式では、段階横断的《クロスレベル》な側面が考慮されておらず、それゆえ、「深さ」に対する理解がひどく歪められてしまうのである。マルクスも、フロイトも、アドラーも、合理的な思想家であり、チャクラ４に基づいて思考している。ただ、彼らが主に焦点を当てている対象が、チャクラ４よりも低次のチャクラなのだ。

低次のチャクラそのものは、古代的世界観（ベージュ、チャクラ１)、呪術的世界観（パープル、チャクラ２)、神話的世界観（レッドおよびブルー、チャクラ３）といった世界観を形成している。そして合理的-自我的な世界観（オレンジおよびグリーン、チャクラ４）が出現すると、他の全てのチャクラを**対象**〔客体〕として扱うことができるようになる。もしチャクラ４が、チャクラ１こそ本当の実在であると考えると、唯物論という合理的哲学に至ることになる（例えばホッブズやマルクス)。もしチャクラ４が、チャクラ２（情動的-性的な次元）こそがもっとも重要な要因であると考えると、例えばフロイトが生まれることになる。そしてもしチャクラ４が、チャクラ３を大きく重要視すると、例えばアドラーが生まれることになる。

もしチャクラ４が自分よりも上の領域へと目を向けて、高次の超-合理的《トランスラショナル》な領域について思考すると――すなわち、**高次の領域へと実際に変容するのではなく、高次の領域についてただ考える**のだとすると――精神性／霊性《スピリチュアリティ》に関する心的レベルの哲学が生み出

されることになる。例えば、理神論（チャクラ４がチャクラ６に目を向けた場合）、合理的なシステム理論を通してガイアに精神《スピリット》を見出そうとする思想（チャクラ４がチャクラ５に目を向けた場合）、「深淵」や「存在の基底《グラウンド》」に関する哲学的概念（チャクラ４がチャクラ７に目を向けた場合）などが形成されるのである。こうした心的哲学は全て、チャクラ４に由来するものである。なぜなら、思考の対象はチャクラ４よりも高次のチャクラであるが、主体はまだチャクラ４に位置しているからだ。

図6-3●チャクラを用いた段階横断的《クロスレベル》分析の例

主体（自己）の段階	客体の段階		例
1（ベージュ）	1	⟶	マルクス、ホッブズ
2（パープル）	2	⟶	フロイト
3（レッド、ブルー）	3	⟶	アドラー
4（オレンジ、グリーン）	4	⟶	ロジャーズ
5（第二層、コーラル）	5	⟶	ガイアに精神《スピリット》を見出すシステム理論
6（微細《サトル》）	6	⟶	理神論
7（元因《コーザル》）	7	⟶	存在の基底《グラウンド》に関する哲学

※図は訳者作成。

もし主体そのものが実際に高次の段階へと変容すれば、高次のチャクラから見た世界観が生まれることになる。チャクラ５においては、生命の網《ウェブ・オブ・ライフ》についてただ思考するのではなく、宇宙的意識を直接に体験するようになる——明確な体験として、自然界あるいは粗大《グロス》領域全体とひとつになるのである。チャクラ６においては、プラトン的な元型について単に思考したり、神的存在にただ祈ったりするのではなく、神的存在と直接に結びつき、その交わりの中に没入するようになる。そしてチャクラ７においては、形なき非顕現、深淵、空性、根源的基底（Urgrund）〔シェリング哲学の用語〕、アイン〔ユダヤ教カバラの用語〕、ニルヴィカルパ・サマーディ〔無分別三昧《むふんべつざんまい》〕といったものの中へと入り込んでいくのである（本章の注19も参照のこと）。

現在、ほとんどの宗教的信念はパープルやレッドやブルーの段階（チャクラ２およびチャクラ３）に由来するものであり、こうした信念を有する人たちが、世界の人口のおよそ70パーセントを構成している（だからこそ、この世界は「宗教信者だらけ」なのである）。だが、**狭い宗教《ナロー・リリジョン》における信念と、深い霊性《ディープ・スピリチュアリティ》における直接体験は、全く別のものである**。結局、高次の段階から見える世界観とは、高次の段階からしか見ることはできないのだ。

それゆえ、私たちは、例えばチャクラ３にいながら高次の領域を一時的に体験することや、高次の領域について単に思考することと、実際にそうした高次の段階に到達することを明確に区別することが必要となる。なぜなら、両者の場合において、実際に形成される世界観は劇的なまでに異なるものであるからだ。

〔参考〕ウィルバーの主要著作一覧

原著名	邦題
The Spectrum of Consciousness	『意識のスペクトル』
No Boundary	『無境界』
The Atman Project	『アートマン・プロジェクト』
Up From Eden	『エデンから』
The Holographic Paradigm and Other Paradoxes	『空像としての世界』
A Sociable God	『構造としての神』
Quantum Questions	『量子の公案』
Eye to Eye	『眼には眼を』
Transformations of Consciousness	（未訳）
Spiritual Choices	（未訳）
Grace and Grit	『グレース＆グリット』
Sex, Ecology, Spirituality	『進化の構造』
A Brief History of Everything	『万物の歴史』
The Eye of Spirit	『統合心理学への道』
The Essential Ken Wilber	（未訳）
The Marriage of Sense and Soul	『科学と宗教の統合』
One Taste	『ワン・テイスト』
The Collected Works of Ken Wilber, Volume 1-8	（未訳）
Integral Psychology	（未訳）
A Theory of Everything	『インテグラル理論』（本書）
Boomeritis	（未訳）
The Simple Feeling of Being	『存在することのシンプルな感覚』
Excerpts from volume 2 of the Kosmos Trilogy[1]	（未訳）
Integral Spirituality	『インテグラル・スピリチュアリティ』
The Integral Vision	（未訳）
Integral Life Practice	『実践インテグラル・ライフ』
Integral Buddhism	（未訳）
Integral Meditation	（未訳）[2]
The Religion of Tomorrow	（未訳）
Trump and a Post-Truth World	（未訳）

[1] 書籍ではなくWeb上の文章としてのみ公開されている。

[2] 訳書の出版予定あり。